요가 수트라
Yoga Sutra

서 론 -

    요가는 상캬, 느야야, 바이세시카, 미맘사, 베단타 학파와 더불어 인도정통 6파 철학 중의 하나로서 우빠니샤드를 비롯하여 인도의 대서사시인 마하바라타, 바그바드 기따, 라마야나, 그리고 뿌라나 등 대부분의 성스럽고 철학적인 인도문학에는 요가에 대하여 잘 설명하고 있다. 대부분의 인도 철학자들은 요가와 상캬를 하나의 같은 철학 체계로 간주하는데, 실천적 수행 측면에서는 요가를, 이론적 바탕은 상캬적 철학체계를 가진 체계는 둘이지만 하나의 체계로 간주한다. 그러나 그 원리는 같을 수 있으나 본질과 핵심에서는 다르다는 것을 분명하게 알아야한다.

    요가학파의 형성시기를 두고서 학자들 간의 의견이 다르기는 하지만 요가 자체의 형성시기는 5,000년 전 인더스 문명 하랍파와 모헨조다로의 발굴에서 요가 자세를 취하고 있는 유물들이 발굴됨에 따라 5,000년 전으로 거슬러 올라가는 것은 분명하다. 그래서 요가의 형성시기를 두고서 5,000년에서 10,000년 전에 형성되었다라고 말하는 데에는 이의가 없다.

    그러나 요가학파가 형성된 것은 요가수트라가 편찬되면서 정통 6파 철학으로 인정을 받게 되는데, 요가수트라의 편찬자인 빠딴잘리(Patanjali)의 생몰 연대가 정확하지는 않지만 대체로 B. C 3세기경으로 추측한다.

인도 철학의 모든 학파는 그 창시자가 명확하나 요가만큼은 빠딴잘리를 창시자가 아닌 편찬자로 인정한다. 왜냐면 요가의 형성시기가 인류 문명의 역사와 같이 하면서 문자가 없던 시기부터 그 동안 구전되어 내려오고 실천 수행되어 오던 요가를 빠딴잘리가 정리하여 편집하여 집대성하였기 때문이다.

요가 수트라의 내용은 우리가 너무나 잘 아는 요가의 근본 수행체계인 아스탕가 요가(Astanga yoga)가 들어 있으면서 요가의 수행 방법에서부터 수행 중 일어나는 마음 작용과 요가의 최고 경지인 사마디(Samadhi)를 이루기까지의 과정 그리고 사마디 상태에서 일어나는 현상까지도 최대한 설명하려 하고 있다. 또한 요가 수행 중에 나타날 수 있는 초자연적인 현상과 초인간적인 능력도 설명하고 있다.

About Patanjali -

빠딴잘리는 B. C 3세기경의 사람으로 추측되고 빠딴잘리란 말은 "빠딴(patan=떨어지다)+ 잘리(jali=물)라는 두 단어의 합성어이다. 따라서 빠딴잘리는 '물에 떨어진 사람'이라는 뜻이다. 빠딴잘리의 탄생신화에 따르면 자식이 없는 어느 노부부가 매일 강가(Ganga, 갠지스 강) 강변에서 정화수를 손바닥으로 떠 올리면서 아침마다 떠오르는 태양신(Surya)에게 자식을 점지해 달라는 간절한 기도에 의해 노부부의 정화수 손바닥에 아주 작은 물체가 하늘에서 떨어졌다고 한다. 자세히 보니 사람은 사람인데 상체는 사람이고 하체는 뱀이 똬리를 틀고 있는 형상을 하고 있었다 한다.(그림참조) 그래서 물에 떨어진 사람이라는 뜻으로 빠딴잘리라 불리게 되었다. 이후

성장한 빠딴잘리는 요가의 대가, 의학의 대가, 문법의 대가가
되었다. 고 전해진다. 그래서 요가 수행자들이 요가수련을 시
작하기 전에 인용하는 주기도문을 보면,

योगेनचित्तस्य पदेनवाच ॥

yogena cittasya pade naa vacam

(요게나 찌따스야 빠데 나와쨤)

मलंशरीरस्यचवैद्यकेन ॥।

malam sarirasya ca vaidyakena

(말람 사리라스야 짜 와이 댜께나)

योऽपाकरोत्तंप्रवरंमुनीना॥

yopa karottam pravaram muninam

(요빠 까로땀 쁘라와람 무니남)

पतञ्जलिप्रिराञ्जलिर्इआनतोऽस्मि॥

patanjalim pran jalira nato'smi

(빠딴잘림 쁘란잘리라 나또스미)

आबाहुपुरुषाकार ॥

abahu purusakaram

(아바후 뿌루샤 까람)

शङ्खचक्रासिधारणिम्॥

sankha carkra sidharinam

(샹카 짜꾸라 시다람)

सहस्रशरिसंश्वेता॥

sahasra sirasam svetam

(사하스라 시라삼 스웨땀)

प्रणमामपितञ्जलम्॥

pranamami patanjalim

(쁘라나 마미 빠딴잘림)

'hari aum(하리 오움)

aum shanti shanti shanti

(옴 샨띠 샨띠 샨띠)

'요게나(yogena)'는 요가를 통해, '찌따스야(cittasya)는 의식 혹은 마음을, '빠데나(pade naa)'는 문법을 통해, '와쩜(vacam)'은 언어를, '말람(malam)'은 아픈, '사리라스야(sarirasya)'는 몸을, '짜(ca)'는 그리고, '와이댜께나(vaidyakena)'는 약을 통해, '요빠까로땀(yopa karottam)'은 이것을 전해준 사람' '쁘라와람(pravaram)'은 많은, '무니남(muninam)'은 현인들에게, '빠딴잘림(patanjalim)'는 빼만잘리님에게, '쁘란잘리라(pran jalira)'는 두 손 모아 경배 올리다. '나또시미(nato'smi)'는 내가 절로서, 라는 뜻으로 풀이한다. 그리고 '아바후(abhahuh)'는 상체, '뿌루사까람(purusakaram)'은 인간의 형상, '샹카짜끄라(sankha carkra)'는 소라와 빛의 바퀴, '시다람(sidharinam)'은 칼, '사하스라(sahasra)'는 천개의, '시라삼(sirasam)'은 머리, '스웨땀(svetam)'은 하얗게 빛나는, '쁘라나마미(pranamami)'는 절하며 경의를 표하다. 로 해석한다. '하리(hari)'는 제거하다 혹은 지우다. 라는 뜻으로, 이 구절을 외움으로 해서 모든 지은 죄와 업, 고통과 번뇌를 제거하고 소멸시켜 준다는 의미이다. 그리고 비쉬누(vishnu)신의 다른 이름이기도 하다. '옴(AUM)'은 지고한 절대자로 풀이한다.

따라서 이 말들을 연결해 보면,

"요가를 통해 마음을, 문법을 통해 언어를,
그리고 아픈 몸은 약을 통해 다스리는 법을,
많은 현자들에게 전수해주신 빠딴잘리님에게 두 손 모아 경배 올리나이다.
그리고 상체는 인간의 형상을 하고, 손에는 소라와 빛의 바퀴를 들고, 머리위에는 천개의 하얀 뱀의 머리로 보호를 받고 있는 빠딴잘리님에게 경배를 올리나이다.
모든 업장(業障)과 번뇌를 사해주시고,
평화롭고, 평화롭고, 평화롭게 하소서." 라는 감사의 기도문을 외우고 요가를 시작하는 것을 볼 수 있다.

아울러 스승과 제자를 포함한 모두의 화목과 평화를 위해,
ॐ सह नाववतु॥

Om saha nau vavatu

(옴 사하나 와와뚜)

सह नौ भुनक्तु॥

saha nau bhunaktu

(사하나우 부나뚜)

सह वीर्यं करवावहै॥

saha viryam karvavahai

(사하비람 까르와 와헤)

तेजस्वि नावधीतमस्तु॥

tejasvinav adhi tam astu

(떼자 스위나 와디 따마스뚜)

मा विद्विषावहै॥

ma vidvisavahai

(마 위드 위사와헤)

ॐ शान्तिः शान्तिः शान्तिः॥

aum shanti shanti shanti

(옴 샨띠 샨띠 샨띠)

'옴(om)'은 지고한 절대자, '사하(saha)'는 양쪽 혹은 함께, '나우(nau)'는 우리 혹은 둘, '와와뚜(vavatu)'는 보호하다. '부나뚜(bhunaktu)'는 힘 또는 에너지, '비람(viryam)'은 힘, '까르와와헤(karavavahai)'는 공부 혹은 일 '떼자스위(tejasvi)'는 대단한 힘을 가지고, '아디(adhi)'는 지혜, 지식 혹은 공부, '따마(tama)'는 더 높은 수준의, '아스뚜(astu)'는 그렇게 하다. '마(ma)'는 아니다. '위드위사(vidvis)'는 적대감, '와헤(avahai)'는 갖다. '샨띠(shanti)'는 평화, 로 풀이한다.

따라서 다시 이 구절을 연결해 보면,
'지고한 절대자시여(om),
스승과 제자 모두를(saha nau) 보호(vavatu)하여 주시고,
스승과 제자 모두(saha nau)에게 힘과 에너지(bhunaktu)를
주시고, 스승과 제자 모두가 함께(saha nau) 힘과 활력
(viryam)으로 정진(karavavahai)하게 하여주시고,
스승과 제자 모두(nau)가 불굴의 힘(tejasvi)으로 더 높은 수
준(tama)의 지혜(adhi)에 이르게(astu) 하여주시고,
서로 대립과 적대감(vidvis)을 갖지(avahai) 않게(ma)하여 주
소서,
지고한 절대자시여(aum), 평화롭고(shanti, 내 자신의), 평화
롭고(shanti, 자연의), 평화롭게(shanti, 신성함에) 하소서!!

차 례

삼매 품 혹은 요가의 목적

(요가의 목적과 사마디)

제 1장 사마디 빠다

Samadhi-pada

제 1장 삼매품은 요가 성자(聖者) 빠딴잘리(Patanjaali)가 요가를 설하게 된 동기(1장 1절)를 설명하고 자아의 참모습(1장 3절), 그리고 요가의 수련 목적을 설명하고(1장 2절), 그 목적을 실현하기 위해서는 마음이 작용하는 현상과 요가 수련으로 마음 작용을 조절하는 방법 그리고 마음 조절을 통해 이루어지는 요가의 최상경지인 사마디(삼매)에 대한 설명을 하고 있다.

अथ योगानुशासनम्   ॥

'atha yoga anusasanam'

'아따 요가 아누사사남'

'지금(atha)부터 요가 (yoga)의 가르침(anusasanam)을 시작한다.'

해석 ; '아따(atha)'란 '지금 또는 그래서' 라는 뜻이고, '아누사사나(anusasana)'는 '설명하다'라는 뜻이다. 따라서

이 말은 '지금부터 요가를 설명하겠다.' 라는 말이 된다.

주:- 실지로 '아누(anu)'라는 말은 계시라는 말의 의미도 가지고 있는데, 이 말은 빠딴잘리 역시 자신이 쓰는 것이 아니라 자신도 누군가의 계시를 받아 이글을 쓰게 되었다는 뜻이다. 따라서 다른 정통 육파철학에서는 각 파의 창시자가 있으나 요가 만큼은 창시자가 아닌 그 동안 전해져 내려오던 요가를 한권의 책으로 편집한 편찬자일 뿐이라고 말하는 것이다.

그렇다고 빠딴잘리가 요가 성인이 아니라는 말은 아니다. 빠딴잘리 역시 요가 수행자로서 성인의 반열에 들어선 사람임에 틀림없다.

이러한 표현법은 인도인들 특유의 겸손함을 보여주는 대목이다. 자신이 쓰지 않고 스승이나 누군가에게서 들은 말들은 '나는 이와 같이 들었다. 혹은 나는 누구에게서 들은 바를 이제

부터 설명한다.'라는 형식으로 서두를 시작한다.

1-2 절

योगश्चद्तिवृत्तिनिरोधः॥

'yogas citta vrtti nirodhah'

'요가스 찌따 브르띠 니로다'

'요가(yogas)란 의식(citta) 작용(vrtti)을 억제하는 것(nirodhah)이다.'

해석 ; '찌따(citta)'는 '의식'이라 해석하고, '브르띠(vrtti)'란 '동요 또는 작용'이라 번역한다. 그리고 '니로다(nirodha)'는 억제 또는 제거'라 해석한다. 따라서 이 말은 요가란 동요하는 의식 작용의 억제 또는 제거하는 것을 뜻한다.

주:– 요가에서는 의식과 마음은 다르다. 마음은 상캬철학의 25원리에서 뿌루사와 쁘라끄르띠의 결합에 의한 산물이지만 의식은 뿌루사와 쁘라끄르띠의 산물인 붇디와 마음, 아함까라를 모두 통괄 지휘하는 기능을 가진다. 마음은 지성에 의해 '나'라는 개념의 아함까라를 통해 갈대처럼 이리저리 흔들리는 모습을 보이지만 이 모든 흔들림을 일시에 잠재우는 것은 의식이다.

그래서 우리는 의식개혁운동을 통해 더욱 확고한 사회 통합을 이룩하려고 의식 개혁을 강조한다. 반면 마음은 작심3일이라 하여 변화무상한 믿을 수 없는 존재를 마음이라 표현한다.

의식(citta)이 샹카 철학의 25원리에는 들어가 있지 않으나 뿌루사와 쁘라끄르띠의 산물로서 이 또한 억제되어야 만이 참자아인 뿌루사를 볼 수 있기 때문에 의식 작용 또한 억제 되어야 하는 존재이다. 의식 작용이 억제 되었을 때 비로소 우리는 뿌루사와 쁘라끄르띠의 분리를 경험하고 참 자아인 뿌루사를 만날 수 있게 된다.

마음이 명상을 통해 하나의 대상에 몰입을 하게 되면 사뜨와 (satva)로 충만하여 에까그라(ekagra) 즉 마음이 대상과 하나로 일치되면서 의식작용이 억제된 상태를 니로다(nirodha) 라 한다. 이렇게 의식작용이 멈춘 상태에서 우리는 선정 (dhyana)과 사마디(samadhi)를 경험할 수 있다. 사마디 상태 에서는 대상과 하나로 일치된 의식 속에서 현상세계의 현상 들이 느껴진다.

이러한 상태를 유상삼매(samprajnatha samadhi)라 하고, 그 러한 현상세계의 현상들이 느껴지지 않는 더욱 몰입된 집중 상태는 무상삼매(asamprajnatha samadhi)라고 한다.

1-3 절

तदा द्रष्टुः स्व रूपेऽव स्थानम् ॥

'tada drastuh svarupe vasthanam'

'따다 드라스뚜 스와루빠 와스타남'

'그 때(tada)에 자아(眞我, svarupa)는 관찰자(drastu)로

나타난다(avasthanam).'

해석 ; '따다(tada)'는 그러면 이란 뜻이고, '드라스뚜(drastu)'는 관찰자 혹은 관조자, '스와루빠(svarupa)'는 자아 또는 본질, '아와스타(avastha)'는 나타나다. 라 풀이한다.

주:- 앞 1/2절과 같이 의식 작용이 억제되면 의식작용 뒤에 머무르던 자아의 본모습이 관찰자 내지는 관조자의 형태로 나타난다. 이 구절은 요가의 지향점인 최고 경지를 나타내는 말로서 최고 경지에 올랐을 때 관찰자의 형태로 참 자아 즉 아뜨만(atman)이 나타난다는 것을 의미한다.

여기서 인도(India)라는 같은 뿌리를 갖고 있는 불교철학과 요가철학의 핵심이 달라진다. 불교에서는 참자아가 없다는 무아(無我)론을 말할 때 요가에서는 참자아가 있다는 유아(有我)를 말하고 있기 때문이다. 그러나 알고 보면 있고(有), 없고(無)가 차이가 없다. 왜냐면 있다, 없다. 라는 형이상학 적으로 구별 지으면 참 자아(atman)가 있을 수도 있고 없을 수도 있지만 형이하학 적으로 따지면 그 존재는 없기 때문이다.

1-4 절

वृव्तिसारूप्यमतिरव्र ॥

'vrtti sarupyam itaratra'

'브르띠 사루쁘얌 이따라뜨라'

'그렇지 않으면(itaratra) (의식)은 작용(vrtti)하는 바에 따

른다(sarupyam).'

해석 ; '브르띠'(vrtti)는 동요 또는 작용하는 것으로 '사루쁘야
(sarupya)'는 따르다. '이따라뜨라(itaratra)'는 그렇지 않으면 혹
은 다른 때에는, 이라고 풀이한다.

주:- 의식 작용이 억제된 상태에서는 자아의 모습이 관찰자
로 나타나지만 그렇지 못한 경우에 의식(마음)은 어떤 상태
로 존재하는가? 라는 의문과 함께 이때의 의식(마음)은 평
소와 같이 변화무상하게 작용하다는 말이다. 따라서 이 구
절에서 알아야 할 것은 의식작용과 참자아의 구별을 통해
참자아의 모습을 이해하고 피상적인 의식작용의 억제를 통
해 관조자로서의 참자아를 발견하는데 있다.

1-5 절

卍त्तय पञ्चतयय क्लष्टिाक्लष्टिाः ॥

'vrttayah pancatayah klista aklistah'

'브르따야 빤짜따야 끌리스따 아끌리스따'

'동요(vrtti)하는 의식이란 고통스럽고(klista) 고통스럽지 않
은(aklista) 다섯 가지 요소(pancataya)로 되어 있다.'

해석 ; '브르띠(vrtti)'는 작용, '빤짜따야(pancataya)'는 다섯
부분 내지 다섯 요소, '끌리스따(klista)'는 고통 받는다. '아끌
리스따(aklista)'는 끌리스따에 '아'가 붙어 고통스럽지 않다.
라는 반대말이 된다.

주:- 따라서 의식의 흐름은 다음 구절 1/6절에 나오는 다섯 가지로 구성된 인식 기능에 의해 나타나는데, 고통스러운 것과 고통스럽지 않은 것으로 나누어진다.

그러나 실지로 우리 인간의 마음은 고통스러운 것이든 고통스럽지 않은 것이든 할 것 없이 의식 작용이 일어나는 모든 생각들은 갈등을 불러일으킨다. 따라서 이 두 형태의 생각의 흐름 모두는 억제되어야하는 것이다.

예를 들어 물질에 탐닉하는 사람은 그 물질을 얻기 위해 많은 고통을 감내한다. 그러한 고통을 감내하면서 물질을 얻으면 그것도 잠시이고 더 많은 물질을 얻으려고 더 큰 탐욕이 생기면서 또 다른 고통을 수반한다. 반면 그렇게 모은 물질을 잃을까봐 고통스럽고, 그것을 지키려고 하는 것도 고통이고 그것을 잃으면 잃음으로서 또 고통을 당한다. 쾌락도 마찬가지이다. 쾌락을 즐긴 뒤에 더 자극적이고 더 쾌락적인 것을 추구하게 된다. 가중될 때마다 그것을 충족시키고자 더 많은 고통도 수반하게 된다. 그리고 그러한 쾌락을 얻지 못하면 그 욕망이 충족되지 않아 또다시 고통스럽다. 이와 같이 모든게 고통스러우면서도 고통스럽지 않은 일들이 갈등과 번뇌를 야기한다. 그래서 이 모든게 인간이 갖고 태어나는 다섯 가지의 기질 끌레샤(kleshas)와 연관 짓기도 한다. 끌레샤(kleshas)는

1) 무지(avidy): 무지로 인해 무상한 것을 영원하다 믿고, 부정한 것을 순수하다 믿고, 고통과 괴로움이 되는 것을 즐거움으로 착각하게 하는 무지가 모든 끌레샤의 우두머리 격이다.

2) 아스미따(asmita)는 자아의식으로 이것을 참 자아(atman)로 우리자신들을 동일시한다. 다시 말해 참자아가 아닌 개아(個我)

를 참 자아로 착각하고 개아(個我)가 하자는 대로하게 되면서 탐욕과 성냄, 어리석은 행위들이 나타난다.

3) 라가(raga)는 내가 원하는 것을 갖지 못할 때 혹은 내가 원하는 것을 가질 때 생기는 더 갖고 싶어서 생기는 애착과 갖지 못해서 갖고 싶다는 집착에서 생기는 애착과 집착을 말한다.

4) 드웨샤(dvesha)는 라가와는 반대의 개념으로 싫어하고 혐오하고 증오하는 마음이다. 가져서 좋은 것이 있고, 마주쳐서 좋은 것이 있는 반면 갖지 않았으면 하는 것을 갖게 되고, 마주치지 않았으면 좋겠는데 마주치게 되면 싫어하고 미워하고 혐오하는 마음이 생기는 것을 말한다.

5) 아비니웨샤(abhinivesha)는 삶에 대한 의지를 말하는데, 이것은 가장 보편적인 기질 중의 하나로 우리 인간은 언젠가는 죽는다는 것을 알면서도 죽음에 대한 두려움과 더 오래 살고 싶다는 의식이 우리 인간의 내면 깊숙이 자리하고 있다. 이로 인해 자신(ego)에게 좋다는 것은 다 하려고 하고 몸에 좋다는 것은 다 먹으려고 하면서 또 다른 라가(raga)와 드웨샤(dvesa)가 생긴다.

이 중에 가장 문제가 되는 것은 무지(avidya)로서 이 무지만 타파하면 나머지 다른 끌레샤들은 자연스럽게 소멸된다. 왜냐면 모든게 결국은 어리석음에서 기인한 것이고 그 어리석음을 타파하게 되면 모든게 명백해지고 분명해 지기 때문에 다른 끌레샤들은 자연스럽게 소멸된다. 인간은 이러한 기질을 갖고 태어났기 때문에 알게 모르게 업(業)을 지으면서 살아가게 된다.

그래서 까르마 요가의 수행도 매우 중요하다. 모든 행위를 함에 있어서 업(sankara)를 남기지 않는 것이 무엇보다 중요하다. 어떤 행위를 하더라도 아무런 상카라(업, 業)을 남기지 않음으로서 그 여운 즉 잠재인상을 남기지 않음으로 고통의 원인을 근원적으로 차단 할 수 있기 때문이다.

　정신세계를 추구하는 사람 역시도 처음에는 고통이 따른다. 그런데 그 결과는 다르다. 물질적 고통은 끝이 없이 계속되지만 정신적인 고통은 깨달음을 이루고 나면 고통이 사라지기 때문에 결과는 근본적으로 달라진다. 물질과 쾌락을 얻기 위해 고통을 감내하는 것처럼 정신세계도 고통을 감내할 수밖에 없지만 고통 뒤에는 물질적으로 얻을 수 없는 영적이고 영구적인 기쁨과 지고한 행복, 대 자유를 얻게 된다. 이것을 해탈(moksa)이라 한다.

1-6 절

पुरमाणवपिर्ययवकिल्पनद्रिरास्मृतयः॥

'pramana viparyaya vikalpa nidra smrtayah'

'쁘라마나 비빠르야야 비깔빠 니드라 스므르따야'

　'(의식이 작용하는 형태는)올바른 지각(pramana)과 그릇된 생각(viparyaya), 부질없는 망상(vikalpa), 그리고 잠(nidra), 기억(smrti)'이라는 것이다.'

해석 ; '쁘라마나(pramana)'는 가치 있는 인식 내지 증거, '비빠르야야(viparyaya)'는 '오해, 혹은 착각, 그릇된 생각이란 뜻이다. '비깔빠(vikalpa)'는 상상 내지 부질없는 망상을 뜻하고, '니드라(nidra)'는 잠, '스므르띠(smrti)'는 기억이란 뜻이다.

주:- 앞 1/5절에 이어 일반적인 의식작용으로 우리는 고통을

수반하기도 하고 하지 않기도 하지만 그러한 의식 활동은 결국 무언가를 받아들이는 인식기능을 통해서이다. 그 인식하는 방법에 있어서 여기서 말하는 다섯 가지 올바른 생각, 오해와 착각에 의한 그릇된 지식, 이런저런 생각으로 꽃을 피우는 공상이나 부질없는 생각, 그리고 수면(睡眠), 기억(記憶) 등으로 받아들이는 것이다. 다음구절에 이 다섯 가지를 하나하나 풀어나간다.

1-7 절

प्रत्यक्षानुमानागमाः प्रमाणानि ॥

'pratyaksa anumana agamah pramanani'

'쁘라뜨약사 아누마나 아가마 쁘라마나니'

'올바른 지식(pramana)이란, 지각(pratyaksa)과 추론(anugama), 증언(agama)을 통해 얻을 수 있다.'

해석 ; '쁘라뜨약사(pratyaksa)'는 지각 내지 인식하는 것, '아누마나(anumana)'는 추측 혹은 추론, '아가마(agama)'는 증거 또는 증언하다' 로 해석하고, '쁘라마나(pramana)'는 올바른 지각 혹은 가치 있는 지식으로 해석한다.

주:- 올바른 지식이란 직접 오감으로 인지하는 것과 이미 알고 있는 것이나 어떤 믿을 만한 근거에 의한 추론, 예를 들어 그 동안 불을 경험해 보고 뜨거운 것을 알고, 젖소가 우유를 생산하는 것을 보고 우유는 모든 젖소에게서 생산된다는 것을 아는 학습한 것을 토대로, 산에 연기가 나는 것을 보고 우리는 산에 불이 났다는 것을 알 수 있고, 젖소가 우유를 생산하는 것을 보고 다른 모든 젖소들도 우유를 생산

할 수 있다고 생각하는 것과 같다.

그리고 증언(agama)은 영적 깨달음을 얻은 현자나 성인들의 글과 말을 모아 놓은 경전들도 우리는 의심하지 않고 올바른 지식이라 받아들인다.

그러나 이렇게 올바른 지식이라고 하는 것들도 요가에서는 절대적으로 올바른 것은 아니라고 말한다. 그 이유는 이렇게 습득한 지식은 어디까지나 뿌루사와 쁘라끄르띠의 결합에 의해 생성된 붓디 즉 지성에 의해 얻어지는 경험적이기 때문이다. 따라서 어떤 사람이 어떤 학습을 받았고 어떤 경험을 했느냐에 따라 제각각 다른 생각과 견해를 가질 수 있기 때문에 항상 갈등을 겪는다.

어떤 실체에 대한 진실을 알기위해서는 요가의 실천 수련에 의해 뿌루사(atman)의 본질을 깨달은 후라야 비로소 그 실체를 바로 알 수 있다고 한다. 따라서 경전 '요가 바쉬야 (Yoga vashya)'에 경전을 통해 논리적인 추리를 하고 다라나(dharana)의 실천으로 영적 통찰력을 얻게 되면 요가의 최상경지에 오를 뿐만 아니라 어떤 사물에 대한 본질도 올바르게 파악하게 된다. 라고 말하고 있다.

1-8 절

वपिर्ययो मथ्यिाज्ञानम् अतद्रूपप्रतष्ठिम् ॥

'viparyayo mithya jnanam atad rupa pratistham'

'위빠르야요 미트야 즈나남 아따드 루빠 쁘라띠스탐'

'그릇된 지식(viparyayo)은 그(atad) 대상의 실질적인 모습(rupa)에 기초하지 않은 (pratistham) 잘못된(mitya) 지식(jnana)이다.'

해석 ; '비빠르야요(viparyayo)'는 오해, 착각으로 인한 그릇된 생각(오류)을 말한다. '미트야(mithya)'는 거짓 혹은 잘못된, '즈나나(jnana)'는 지식, '아따드(atad)'는 그것이 아니다. 라는 뜻으로 '따드(tad)' 즉 그것이다. 라는 말의 부정사이다. '루빠(rupa)'는 모양 혹은 형태, 등의 뜻이 있고, '쁘라띠스타(pratistha)'는 기초 혹은 근거하다. 로 풀이한다. 따라서 '아따드 루빠 쁘라띠스탐'을 연결하여 '어떤 대상의 실질적인 모습에 기초(근거)하지 않은 것'으로 풀이한다.

주:- '비빠르야요' 즉 착각이나 오해에 의한 그릇된 지식은 그 대상의 본질에 근거하지 않은 잘못된 인식을 말하는데, 예를 들어 어두운 밤길에 새끼줄을 뱀으로 착각하는 것과 같다. 실제로는 뱀이 아닌 착각일 뿐이지만 그럼에도 불구하고 우리의 마음에는 두려움이 생긴다. 이렇듯 1/7절과 같이 올바른 지각이라고 믿는 부분뿐만 아니라 1/8절과 같이 그릇된 지각 역시 마음의 파장을 일으키게 한다. 옳은 것은 옳다고 잘못된 것은 잘못된 것이라고 서로의 잘잘 못을 따지면서 마음의 갈등을 부추기는 것이다. 그래서 우리에게 필요한 이것은 어떤 상황, 어떤 현상에서도 흔들림이 없는 사뜨와(satva)적인 평정심이 필요한 것이다. 그리고 본질을 바로 볼 수 있는 지혜의 통찰력이다. 이것은 실천수련만으로 이루어진다.

शब्दज्ञानानुपाती वस्तुशून्यो वकिल्पः ॥

'sabda jnana anupati vastu sunyo vikalpah'

'삽다 즈나나 아누빠띠 바스뚜 슈요 비깔빠'

'부질없는 망상(vikalpa)은 본질적 대상이 없는(vastu sunyo) 말뿐인 지식(sabdajnana)을 추구하는 것(anupati)이다.'

해석 ; '삽다(sabda)'는 말 혹은 소리라고 풀이하고, '아누빠띠 (anupati)'는 쫓다, 따르다, 추구하다. '바스뚜(vastu)'는 대상, '순요(sunyo)'는 아무것도 없는 공을 뜻한다. 그리고 '비깔빠 (vikalpa)'는 실체가 없는 말뿐인 부질없는 상상을 뜻한다.

주:- 따라서 이 말은 공허하게 개념만이 난무하는 말장난을 경계하는 구절로서 말의 유희는 아무것도 이룰 것이 없는 공허 (sunya)하다는 것을 나타내는 구절이다.

우리는 흔히 실체가 없는 것을 두고 싸우는 경우가 많다. 예를 들면, 지옥은 있는 것인가 아니면 천당은 있는 것인가 등이다. 모두가 무의미하고 어리석은 행위이다.

한편 1/7절에서 올바른 지식의 습득 방법 중의 하나로 옛 선 현들의 증언(agama)을 들고 있다. 선현들은 영적인 깨달음의 지혜를 경전으로 전해 주었다. 후대의 사람들이 경전을 읽고 머리로만 해석하고 이해하였다하여 마치 그 이치를 다 아는 것처럼 말하고 다닌다면 이 또한 말의 유희(vikalpa)에 그치는 것이다. 이는 지식은 많지만 실천 수행은 하지 않고 말과 생각 으로만 이해하고 다 아는 것처럼 행동하는 사람들이다.

내적인 완성은 머리로 이해한 것으로는 결코 완성할 수 없다.
실천 수행으로 경험과 체득에 의해서만 가능하다.

1-10 절

अभावप्रत्ययालम्बना वृत्तिर्निद्रा

'abhava pratyaya alambana vrttir nidra'

'아바와 쁘라뜨야야 알람바나 브르띠르 니드라'

'잠(smrti)이란 존재하지 않는(abhava) 관념(pratyaya)을
토대(alambana)로 한(의식) 작용(vrttir)이다.'

해석 ; '아바와(abhava)'는 비존재 혹은 발생이 멈춘, '쁘라
뜨야야(pratyaya)'는 현재의 생각 또는 느낌, 인상, 관념을
의미한다. '알람바(alambana)'는 토대, 기반, 근거라고 풀이
한다. '브르띠(vrttir)'는 작용, '니드라(nidra)'는 잠이다.

주:- 일상에서의 깨어있는 의식은 아주 다양하게 작용하고 있다.
그렇다면 잠속에서는 의식작용이 멈출까? 일반적으로 잠을 자게
되면 의식작용이 멈추는 것으로 생각 할 수 있는데, 깨어 있을
때와는 또 다른 의식작용이 잠을 자고 있는 상태에서도 멈추지
않고 흐른다는 것을 말하고 있다. 잠속에서는 일상에서 겪는 다
양한 많은 의식작용이 중단된 상태로 있지만 잠을 자고 있는 상
태에서 만 느낄 수 있는(정작 본인은 잠을 자고 있기 때문에 모
를 수도 있지만) 느낌을 토대로 한 또 다른 의식의 흐름이 작용
하고 있다.

잠을 자고 있는 상태에서는 깨어있을 때와는 다르게 의식이 외부로 나가고 실질적인 외부의 대상들을 접촉하면서 내 자신의 의지를 반영시키는 작용들은 할 수 없지만, 끊임없이 활동하는 의식은 잠자는 동안에도 자신의 기억 속으로 혹은 잠재의식 속으로 들어가 그동안 축적되어 있는 과거와 미래를 오가면서 잠속에서도 의식은 작용하고 있고 이것을 원인으로 꿈도 꾸게 된다.

그렇다면 아주 완전히 깊이 꿈 없는 잠을 자는 것은 의식작용이 없는 것이냐 하면 이때에도 의식작용은 있으나 더 느리게 작용하면서 마치 자신의 의식 작용이 없는 것처럼 느껴질 뿐 그 상태에서도 의식작용은 멈추지 않는다.

우리의 의식작용이 확고하게 멈추는 때는 사마디(samadhi)에 들었을 때이다. 이때의 의식상태는 바라보기만 하는 관조자(drastu)의 상태이다. 단지 바라만 볼 뿐 어떤 관여도 하지 않는다. 따라서 이때는 어떠한 작용도 볼 수가 없다.

그래서 잠을 자면서도 의식상태의 변화에 따라 우리는 잠을 자고 일어났을 때 어떤 사람은 '잠을 아주 잘 잤다.'라고 말을 하거나 아니면 그 반대로 잠을 잘 자지 못했노라고 말하는 것이다.

그래도 사람들은 잠을 자고 나면 어느 정도의 휴식감은 느낀다. 이것은 수면 중에는 신경계를 비롯한 우리 몸의 모든 기능들이 느리게 작용하면서 어느 정도의 휴식을 취할 수 있기 때문이다.

그래서 요가에서는 능률적이면서 완전한 휴식을 제공하는 요가 니드라(yoga nidra)를 개발해서 '요기의 잠'이라고 부르고 있다.

일반적인 잠에서는 의식이 깨어있거나 혹은 잠을 자고 있다는 것을 자각하지 못한다. 그러면서 마음은 과거와 미래를 방황하고 있다.

그러나 요가 니드라에는 의식이 깨어있으면서도 잠을 자고 있다는 것을 자각한다. 그러면서 마음은 과거나 미래를 방황하지 않는다. 잠을 자면서도 잠에 취해 잠에 매몰되어 자는 게 아니라 잠을 내가 조절 하면서 자는 것이다. 그러면서 요가 니드라 중에는 마음은 더욱 신선해지고 깨어있으면서 모든 게 더욱 선명해 진다고 한다. 이러한 현상은 요가 니드라 중에는 몸과 마음이 완전히 이완되고 모든 방해물들로부터 해방되기 때문이라고 한다.

본문에서 말하는 존재하지 않는 관념이란 의식이 깨어 있을 때 나타나는 생각들이다. 깨어 있을 때의 의식들은 모두가 기억 혹은 잠재의식 속으로 저장된다. 이렇게 저장된 생각(관념)들은 잠 속의 의식 작용의 토대가 되는 것이다.

1-11 절

अनुभूतविषियासंप्रमोषः स्मृतिः ॥

'anubhuta visaya asampramosah smrtih'

'아누부따 비사야 아삼쁘라모샤 스므르띠'

'기억(smrtih)이란 경험(anubhuta)했던 대상(visaya)을 잃어버리지 않는 것(asampramosah)이다.'

해석 ; '스므르띠(smrtih)는 기억', '아누부따(anubhuta)'는 경험, '비사야(visaya)는 대상 혹은 목적, '아삼쁘라모사(asampramosah)'는 비상실, 비 손실이란 뜻이다.

주:- 의식이 작용하는 인식방법 중 기억 (記憶-Smrtih)은 지난 과거에 마음속에 남겨졌던 인상들이 의식의 표면으로 떠오르는 것을 말한다. 한번 경험한 일들은 모두 기억이라는 저장창고에 저장된다. 금방 겪은 기억과 사소한 일들은 단기간 짧은 기억 속으로 저장되고 빨리 잊어버린다. 그러나 오래되었거나 강한 정신적 육체적 충격이나 경험은 장기기억의 잠재의식 속으로 깊이 저장된다. 이러한 기억을 통해 좋은 기억은 좋은 느낌으로 나쁜 기억은 나쁜 느낌으로 때로는 원할 때, 때로는 원하지 않아도 떠오르면서 또 한 번의 의식 작용의 소용돌이를 경험하게 된다. 이러한 기억들은 결국 까르마(karma)와 연결되고 윤회의 사슬고리로 작용한다.

지금까지 설명한 올바른 지각, 그릇된 생각, 부질없는 망상, 잠, 기억 등 다섯 가지는 의식의 흐름에 파장을 일으키는 것들로서 그것들이 옳고 그름을 떠나 모두가 부질없는 것들로서 통제의 대상이다.

마음을 비우고 내적인 평화에 들기 위해서는 이상의 다섯 가지 생각의 흐름을 통제해야만 하지만 실질적으로 인간의 마음은 이러한 생각의 흐름과 마음 작용에 의해 역으로 통제되고 지배당하고 있다. 이러한 마음을 통제해 주기위해서는 명상만큼 좋은 비장의 무기는 없다.

「 **내** 마음이 절망으로 가득 찼다면 나의 과거는 절망으로 기억하면서, 나의 과거는 절망으로 가득 찰 것이다. 상상해보라 내가 절망을 현재 생각하고 있다면 순간순간 다가오는 미래는 순간순간 절망으로 바뀌면서 계속해서 내 과거와 잠재의식은 절망으로 더 차오를 것이다. 생각해 보면 끔찍한 일이다. 반면 희망과 미래를 본다면 순간순간 다가오는 미래는 현재로 바뀌면서 내 과거역시도 미래와 희망으로 가득 찰 것이기에 그 무게감이 다를 것이다. 기억이란 참으로 중요하다. 기억을 다른 말로 표현하면 유전된다고 할 수 있다.

내가 경험해서 얻어진 기억들은 단순히 나에게 끝나는 것이 아니다. 내가 경험한 것들이 내 의식 속에 저장되면 내가 살아 있는 동안에는 나를 괴롭힐 것이다. 평소의 생활에서도 괴롭힐 것이고 명상을 해도 나의 집중력을 흩트리면서 내 명상을 방해 할 것이다.

그러나 더 큰 문제는 여기서 끝나지 않고 내가 죽은 뒤의 일이다.

내가 죽어 썩어 문드러지든가 아니면 화장되어 가루가 된 나의 조각들은 양자로 바뀌어 그대로 우주 공간으로 퍼져나가 우주 공동의 유전인자로 바뀌면서 우주를 오염시킨다. 이것을 히란야가르와(hiranya-garbha)라 한다.

히란야 가르와는 '황금 알 혹은 황금태아 또는 씨앗 혹은 본질'이라는 뜻으로 무엇인가 발생하기 이전의 모습을 나타내는 말로서 종교적으로는 창조주 브라흐마를 나타내기도 하고, 여기서는 쁘라끄르띠로 보면 되겠다.

가루가 되어 떠돌던 나의 조각들은 또 다른 누군가와 결합하게 되면서, 또 다른 누군가로 다시 이 세상에 태어날 가능성이 충분하다. 그가 어떤 의식을 가졌던 인간이었던가를 불문하고 그가 과거에 가지고 있었던 의식과 나의 의식을 그대로 가지고 새로운 인간으로 태어날 것이다.

그래서 이때 필요한 것이 우리 의식의 정화이다. 의식의 정화는 명상만큼 좋은 게 없다.

명상을 하게 되면 좋고 나쁨의 구별이 확실해지고 순수의식만이 남게 된다.

이것을 비베카 캬띠(viveka khyti)라고 한다.

이렇게 정화된 내 몸과 마음은 순수한 상태로 죽게 되면 내 몸과 마음, 의식이 순수하기 때문에 죽어 흩어진 내 조각들이 우주 공동의 축적물이 되어 언제 어디서 어떤 것과 결합을 하더라도 내가 순수하기 때문에 우주를 더욱 순수한 우주를 만들 수 있고 새로 태어나는 그 무엇도 더 순수해진 모습으로 새로 태어날 수 있기 때문이다.]

1-12 절

अभ्यासवैराग्याभ्यां तन्निरोधः॥

'abhyasa vairagyabhyam tan nirodhah'

'아브야사 바이라갸브얌 딴 니로다'

'이러한 동요하는 마음(tan)을 억제(nirodha)하는 데에는 수행(abhyasa)과 평정심(vairagya)이다.'

해석 ; '아브야사(abhyasa)'는 수행 혹은 수련이라 한다. '

바이라갸(vairagya)'는 냉정, 침착, 평정심, '딴(tan)'은 이것 혹은 그것들, '니로다(nirodha)'는 억제하다. 로 해석한다.

주:- 올바른 생각, 그릇된 생각, 부질없는 망상, 잠, 기억, 등 5가지 마음 작용을 통제하는 데는 끊임없는 수행과 평정심으로 가능하고 이것은 새의 두 날개와 같고 자동차의 두 바퀴와 같다. 고 했다.

따라서 수행이 없는 평정심은 날이 무딘 칼과 같고, 평정심 없는 수행은 외부지향적인 마음이 되어 세속적인 일들에 마음이 끌려 마음의 동요를 억제할 수가 없게 된다.

1-13 절

तत्र स्थितौ यत्नोऽभ्यास ः॥

'tatra sthitau yatno'bhyasah'

'따뜨라 스티타우 야트노브야사'

'수행(abhyasa)이란 그것 안(tatra)에서 안정감(sthitau)을 확고하게 하는 노력(yatno)이다.'

해석 ; '따뜨라(tatara)'는 그것 안, '스티따우(sthitau)'는 안정감, '야뜨나(yatana)'는 노력, '아브야사(abhyasa)'는 수행이라 해석한다.

주:- 우리가 수행을 하는 이유는 동요하는 마음을 안정시켜 나아가 궁극에는 평정심을 얻기 위한 것이다. 여기서 말하는 그것 안 즉 따뜨라(tatra)는 수행하는 과정을 의미한다.

끊임없는 수행을 통해 평정심도 얻지만 그 평정심을 유지하기 위해서도 꾸준한 수련이 필요하다. 그래서 다음에 나오는

14절에 꾸준히 오랜 수련을 요구하고 있다.

이러한 수련이 계속해서 이어질 때 비로소 진정한 자유를 얻는 해탈에 이르는 것이다.

세상에는 노력 없이 이루어지는 것은 없다. 그것이 물질적인 것이던 정신적인 것이던 노력하는 만큼 이루어지게 된다.

[사람들은 수련 혹은 수행을 하라고 하면 현재 가진 것 다 버리고 산 좋고 물 좋은 곳에 가서 수련을 해야 하는 것으로 생각 할 수도 있는데, 그렇지 않고 우리의 마음가짐과 실천의 문제이다. 모든 것은 습관이 중요하다. 언제어디서나 하는 습관을 기르면 된다. 왜냐면 인간은 반복 훈련하는 데에 그 비결이 있기 때문이다. 반복 습관은 우리를 항상 준비 상태에 있게 한다. 그리고 평정심은 무관심에서 오는 것이 아니라 이 또한 반복 수련에 의해 오는 준비된 상태에서 오는 유지 능력이다. 항상 깨어있고 각성되어 있는 상태에서는 어떤 일이 닥쳐도 의연하게 대처할 수 있다. 그래서 이런 말이 있다. "예상했던 일은 놀랄 일도 없다." 라고,.]

1-14 절

स तु दीर्घकालनैरन्तर्यसत्कारासेवितो दृढभूमिः ॥

'sa tu dirgha kala nairantarya satkara asevito drdha bhumih'

'사 뚜 디르가 깔라 나이란따르야 사뜨까라 아세비또 드르다 부미'

'그러나(tu) 이(sa) 수련은 오랜 시간 동안(dirgha kala) 방해받지 않고(nairantarya) 재대로(satkara 연마(asevito)했을 때 그 기초(bhumih)가 단단해(drdha) 진다.'

해석 ; '사(sa)'란 이것 혹은 여기, '뚜(tu)'는 그러나 또는 실제로 '디르가(dirgha)'는 오래 동안, '깔라(kala)'는 시간, '나이란따르야(nairantarya)'는 계속하여 또는 방해받지 않고, 라고 해석한다. '사뜨까라(satkara)'는 제대로 혹은 올바른, '아세비따(asevita)'는 경작하다, 연마하다. '드르다(drdha)'는 단단히 혹은 굳게, '부미(bhumih)'는 땅, 근거 내지 기초가 되는 이라 풀이한다.

주:- 수련은 방해 받는 것 없이 오랜 시간 동안 확실한 믿음을 가지고 끊임없이 꾸준하게 올바르게 연마하여 그 기초를 단단히 다져야 하는 것이다. 그때 비로소 요가의 궁극적인 목적지에 도달할 수 있게 되기 때문이다.

정신세계는 의식과 무이식의 세계를 포괄하고 있기 때문에 그 한계가 무궁무진하다.

모든 일에 있어서 최선을 다해야겠지만 정신수련은 더욱더 정진하고 또 정진하여야 한다. 대충의 주워들은 지식으로 진리를 논해서는 결코 안 된다. 따라서 문다까 우빠니사드에서 말하길 '아무리 명석한 두뇌를 가지고 있는 사람일지라도 수백 수천 번을 반복해서 듣더라도 진리는 알 수가 없고 진리는 오로지 구하는 사람에게서만 알 수 있는 것'이라고 말하고 있다. ≪문다까 우빠니사드 3장2편1절≫

दृष्टानुश्रविकविषयवितृष्णस्य वशीकारसंज्ञा वैराग्यम् ॥

'drsta anusravika visaya vitrsnasya vasikara samjna vairagyam'

'드르스따 아누스라비까비사야 비뜨르스나스야 와시까라 삼즈나 바이라걈'

'보고(drsta) 듣는(anusravika) 모든 세속적인 대상(visaya)들로부터 현혹되지 않는(vitrsna) 평정심(vairagya)이 현인(vasikara)의 지혜(samjna)이다.'

해석 ; '드르스따(drsta)'는 보이는 것, '아누스라비까(anusravika)'는 나타나다 혹은 전해 듣는 것. '비사야(visaya)'는 대상 혹은 물질. '비뜨르스나(vitrsna)'는 갈증이 없는, 열망이 없는. '와시까라(vasikara)'는 숙달, 통달한 달인 혹은 현인, '삼즈나(samjna)'는 지식 혹은 지혜라 하고, '바이라걈(vairagya)'는 냉정, 평정심, 객관적 등으로 풀이할 수 있다.

주:- 이 구절은 앞 구절 12/13/14절과 같이 수련의 결과 얻어지는 지혜를 설명한다.

보통 사람들은 오감(안, 이, 비, 설, 촉)에 의존하여 살아가게 마련이다. 좋은 차를 타고 싶어 하고 맛있는 것을 먹고 싶어 하고, 부드럽고 촉감 좋은 명품 옷을 입고 싶어 하면서 유행에 맞춰 유행에 따라 살아가고 성공과 실패, 명예와 불명예 그리고 모든 일에 이해득실에 연연하면서 살아가는 게 일반적인 삶이다. 그러나 수행자들은 수행의 결과 외적으로 드러난 오감을 자극하는 세속적인 현상들로부터 멀어지고 현혹되지 않고 항상 평정심을 잃지 않는 수행자로서의 면모나 지혜를 갖게 된다. 이때 비로소 라자요가(Raja yoga)의 완성을 이루게 된다.

혼란스러운 마음은 어떤 일을 하더라도 쉽지 않다. 특히 정신세계의 추구는 더욱 어렵다. 왜냐면 의심과 두려움으로 자기 스스로를 믿지 못하기 때문에 자기 자신의 의식을 자신의 내면세계로 나아가는 도구로 사용해야 하는데 이런 사람들에게는 결코 할 수 없는 일이기 때문이다.

1-16 절

तत्परं पुरुषख्यातेर्गुणवैतृष्ण्यम्॥

'tat param purusa khyater guna vaitrsnyam

'따뜨 빠람 뿌루사 캬떼르 구나 바이뜨르슨얌'

'이 평정심(tat)의 우월함(param)은 자아(purusa)에 대한 통찰력(khyati)과 함께 구나(guna)들의 욕망으로부터도 자유롭다(vaitrsnya).'

해석 ; '따드(tad)'는 이것 혹은 저것, '빠라(param)'는 우월한 혹은 경지, '뿌루사(purusa)'는 자아, '캬띠(kyati)'는 시야 혹은 깨달음, '구나(guna)'는 속성, '바이뜨르슨야(vaitrsnyam)'는 욕망이 없는(자유로운)으로 해석한다.

주:- 사람들은 누구나 자신의 타고난 기질대로 살아간다. 이것을 요가에서는 구나(gunas) 즉 속성이라고 한다. 사뜨와(satva), 라자스(rajas), 타마스(tamas)의 결합으로 이루어진 구나는 그 사람의 기질을 나타내고 이 구나들은 그 동안의 모든 유전 인자들을 간직하고 있으면서 언제나 상황에 따라 그 본래의 모습을 드러낼 뿐만 아니라 잠재적 존재로 윤회의 사슬고리로도 작용하게 된다.

그로 인해 어떤 유전인자 즉 어떤 구나(guna)적 기질을 갖고 태어났느냐에 따라 거기에 맞춰 살아가게 된다고 믿는다. 그런데 수행의 결과 얻어진 평정심은 인간이면 누구나 갖고 태어나는 쁘라끄르띠를 구성하고 유전적으로 갖고 태어나는 속성 내지 기질인 구나(gunas)들의 특성을 바꿀 수도 있고 이 구나들의 영향으로 부터도 자유롭게 될 수도 있다. 이와 같이 구나들의 속성으로부터 자유롭게 되었을 때 우리는 해탈을 이루었다고 하고 윤회의 사슬에서도 벗어나게 된다.

따라서 이 구절에서 말하는 뿌루사 캬띠(purusa khyati)는 요가의 궁극적인 완성이고 구나(gunas)로 부터의 해방은 윤회(samskara)로부터 벗어남을 의미한다.

1-17 절

वतिर्कवचिरानन्दास्मितारूपानुगमाद् संप्रज्ञा त॥

'vitarka vicara ananda asmita(rupa) anugamat
samprajnatah'

'비따르까 비짜라 아난다 아스미따 아누가마뜨 삼쁘라
즈나타'

'삼쁘라즈나타(samprajnatah)는 총체적 사고(vitarka)나
반조(vicara), 더없는 행복(ananda), 자아의식(asmita) 등과
같은 형태(rupa)가 동반된다.(anugamat)'

해석 ; '비따르까(vitarka)'는 생각, 숙고 또는 추론, '비짜라(vicara)'
는 반조 또는 미묘한 생각, '아난다(ananda)'는 더없는 행복,
희열. '아스미따(asmita)'는 자아의식, '루빠(rupa)'는 형태, '
아누가마(anugama)'는 연결 또는 동반하다. '삼쁘라즈나타
(samprajnatah)'는 인식 또는 인지하다. 로 해석한다.

주:- 이 구절은 명상 중에 일어나는 사마디 상태를 설명하는
부분으로 모든 사마디 상태는 전혀 새로운 의식세계의 초 의식
상태를 경험하게 된다. 그러나 그 사마디 상태에도 그 나름의
깊고 얕음의 차이가 있어서 여기서 말하는 삼쁘라즈나타 사마
디(samprajnatah samadhi)는 인지되는 의식이 뚜렷하게 구별
되는 상태로 인지하는 주체인 나와 집중하는 대상에 대한 뚜렷
한 인식과 함께 그 나름대로의 모든 의식작용과 자아의식이 인
지되면서 사마디(선정, 禪定)를 경험하게 된다. 따라서 상(想,
형태)이 느껴진다 해서 유상삼매(samprajnatah samadhi, 有想
三昧)라고 한다.

다른 말로 이것을 사비자 사마디(sabija samadhi) 즉 유 종자
삼매(有 種子三昧)라 한다.

여기에 4가지의 형태 즉 비따르까(vitarka: 물리적인 물체에 대
한 생각), 비짜라[vicara: 비짜라는 물리적 물질이 사라진 의식
에 대한 반조], 아난다(ananda: 지고한 내적 희열), 아스미따

(asmita: 자아의식) 등이 삼쁘라즈나타 사마디 즉 유상삼매(有想三昧) 속에 나타나는 현상 내지는 단계라고 말할 수 있다. 그러나 이러한 선정 상태의 의식 상태는 요가에서 원하는 최상의 경지는 아니다. 따라서 이러한 의식상태가 이어져 더 깊은 몰입의 상태로 나아가면 이러한 의식과 인식되는 모든 것들이 사라진다. 이것을 무상삼매(無想三昧, asamprajnatah samadhi)라고 한다.

이 무상삼매 속에서 진정한 자아(atman)을 발견할 수 있다.

명상은 겉으로 드러난 피상적인 '나'로부터 거꾸로 원인을 찾아가는 과정이다.

이 과정 속에 나타나는 단계 혹은 현상이 본 구절에서 말하는 '비따르까(vitarka)'는 집중하고 있는 대상의 형태와 이름, 성질과 기능 등의 구별이 인지되는 몰입 상태로서 이때를 비따르까 사마빠띠(vitarka samapatti)라고 하고 유심등지(有尋等至) 내지는 분별삼매(分別三昧)라 한다.

'비짜라(vicara)'는 비따르까 사마빠띠의 단계를 넘어 의미와 느낌만으로 관조하는 단계로서 관조삼매(觀照三昧)라 한다.

'아난다(ananda)'는 환희삼매(歡喜三昧), '아스미따(asmita)'는 아상삼매(我想三昧)라 한다.

1-18 절

विरामप्रत्ययाभ्यासपूर्वः संस्कारशेषोऽन्यः ॥

'virama pratyaya abhyasa purvah samskara seson'yah'

'비라마 쁘라뜨야야 아브야사 뿌르와 삼스까라 세산야'

'유상삼매 이전(purvah)의 다른(anya) 잠재인상들(samskara)은 현재의 생각(pratyaya)을 멈추는 수련(abhyasa)으로 정지(virama)되어 잠재된 잔여물(sesa)로 있는 상태이다.'

해석 ; '비라마(virama)'는 정지 또는 중지, '쁘라뜨야야(pratyaya)'는 현재의 생각 혹은 느낌, 인지, '아브야사(abhyasa)'는 수련, '뿌르와(purvah)'는 이전, '삼스까라(samkara)'는 잠재인상(잠재 활동), '세사(sesa)'는 나머지 또는 잔류물, '안야(anya)'는 다른 것이라 해석한다.

주:- 여기서 말하는 '안야(anya)' 즉 '다른 것'이란 유상삼매 이전의 의식 상태를 일컫는 말이다. 따라서 여러 가지 생각으로 산만하였던 마음이 수련을 통해 평정심(유상삼매)을 경험하게 되면 이때의 의식작용은 활동성은 없으나 수행자의 의식 속에 인지되면서 잠재의식 속으로 침잠된 상태로 존재한다. 이러한 의식작용은 수행자에게 아무런 방해가 되지는 않는다. 이때는 모든 의식작용이 멈추고 마음은 완벽하게 고요하며 수행자는 과거와 미래를 배회하지 않으면서 명상하는 자신과 명상의 대상과 명상 중의 과정이 삼위일체가 되면서 하나로 느껴지면서 모든 행위의 까르마(업)로부터 해방되고 완전한 자유를 누린다.

그렇지만 잠재되어 있는 의식작용은 언제든지 기회가 주어지면 다시 발현한다.

따라서 꾸준한 노력으로 더욱 고도의 집중상태로 이어지면 유상삼매(samprajnatha samadhi)를 넘어 그러한 의식작용들은 용해되어 사라지고 어떠한 작용도 없는 무상삼매(asamprajnatha samadhi, 無想三昧)로 이어지게 된다. 다음 19절을 참고하라.

1-19 절

भवप्रत्ययो विदेहप्रकृतलियानाम् ॥

'bhava pratyayo videha prakrti layanam'

'바와 쁘라뜨야요 비데하 쁘라끄르띠 라야남'

'끊임없이 생성되는 현재의 의식(pratyaya) 상태(bhava)는 실체가 없는 무형(videha)이 되어 세상의 기초인 쁘라끄르띠(prakrti)로 녹아(laya)든다.'

해석 ; '바와(bhava)'는 되다 혹은 상태 '쁘라뜨야야(pratyaya)'는 현재의 생각 혹은 느낌, '비데하(videha)'는 실체가 없는, '쁘라끄르띠(prakrti)'는 자연 혹은 세상의 본질, '라야(laya)'는 용해되다. 등으로 풀이한다.

주:− 이 구절은 앞 구절의 유상삼매(samprajnatha samadhi)를 넘어 무상삼매(asamprajnatha samadhi) 상태에서 느껴지는 초 의식 상태를 설명하면서 만물의 생성은 3구나를 내포하고 있는 쁘라끄르띠(prakrti)로부터 전개되었다는 상캬 철학의 세계전개설의 25원리 중 세계전개의 근본물질인 쁘라끄르띠로의 회귀를 의미한다.

모든 물질은 쁘라끄르띠로 시작하여 5대 즉 지수화풍공이라는 다섯 가지 물질로 이루어진 하나의 개체로 전개된 것이라고 상캬나 요가철학에서는 말한다.

인간이라는 하나의 개체도 마찬가지로 진정한 자아인 '나(atman)'를 찾기 위해서는 지수화풍공이라는 조대한 물질로 이루어진 하나의 개체로 이루어진 현재의 '나(jiva, 개아)'로 부터 역으로 거슬러 올라가 본질적인 원인(prakrti)을 발견함으로서 우리 자신의 자아를 확인하는 것이며 이것은 잠재되어 있던 의식(1/18절)이 실체가 없는 무형이 되어 태어났던 본래의 자리(쁘라끄르띠, prakrti)로 되돌아가는 것을 말한다. 이는 결국 쁘라끄르띠로의 회귀를 의미하고 이것은 현대 과학의 양자역학의 극 미세물질과 닮아 있다.

쁘라끄르띠는 모든 물질의 본질이다.

이 상태를 경험하는 수행자는 세속적인 쾌락과 즐거움에 대한 애착도 사라지고 육체적 정신적 근심 걱정과 세속적인 성공과 실패, 명예와 불명예, 이해의 득실과 같은 모든 속박으로부터 자유로워진다. 이 상태를 비데하(videha)라 한다.

1-20 절

शरद्धावीर्यस्मृतसिमाधपिरज्ञापूर्वक इतरेषाम् ॥

'sraddha virya smrti samadhi prajna purvaka itaresam'

'스라다 비르야 스므르띠 사마디 쁘라즈나 뿌르와카 이따레샴'

'다른 사람들(itara)은 믿음(srada)과 열정(virya), 상기(smrti),

삼매(samadhi)와 같은 요가적인 과정에 대한 올바른 이해 (prajna)가 우선이다(purvaka).'

해석 ; '스라다(srada)'는 믿음 내지 신념, '비르야(virya)'는 에너지 혹은 열정, '스므르띠(smrti)'는 기억 혹은 상기, '사마디(samadhi)'는 삼매, '쁘라즈나(prajna)'는 통찰력, 사마디와 쁘라즈나를 합해서 사마디와 같은 것이 있다는 요가적 수행과정의 올바른 이해라고 풀이한다. '뿌르와카(purvaka)'는 우선하는 혹은 앞서다, '이따라(itara)'는 다른 사람들 이라 풀이한다.

주:- 이 구절에서 말하는 다른 사람들이란, 사마디에 들지 못한 사람들을 의미한다. 따라서 사마디에 들지 못한 사람들(itara)은 요가에 대한 믿음(srada)과 열정(virya), 요가수련을 하는 목적에 대한 반복적인 상기(smrti), 그리고 사마디와 같은 요가 적 수련에 대한 올바른 이해(prajna) 등을 통하여 사마디(samadhi, 삼매)에 이를 수 있게 된다. 고 말하고 있다. 이 다섯 가지는 요가수련 중에 발생하는 장애 (1/30절)를 극복하는데도 요긴하게 활용되어진다.

한편, 어떤 책들은 요가에 대한 믿음과 열정 그리고 올바른 이해에 의해 이런 경지에 오를 수 있다고 해석하는 책들이 대부분이다. 그러나 수련 없이 머리로만 이해하고서 경지에 오를 수 있다는 것은 어불성설(語不成說)이다.

1-21 절

तीव्रसंवेगानामासन्नः ॥

'tivra samveganam asannah'

'띠브라 삼베가남 아산나'

'열정적(tivra)으로 열심히(samvega)하면 가까워(asannah)
진다.'

해석 ;'띠브라(tivra)'는 극도의, '삼베가(samvega)'는 열심히.
'아산나(asannah)'는 가까이. 라 풀이한다.

주:- 앞 구절과 연결하여 요가의 최고 경지인 무상삼매에 이
르기 위해서는 열정적인 요가수련이 필요하고 그렇게 수련에
임해 줄 때 요가의 최상경지에 더욱 가까워진다는 것을 말하
고 있다.

1-22 절

मृदुमध्याधिमात्रत्वात् ततोऽपि विशिषः ॥

'mrdu madhya adhimatratvat tato'pi visesah'

'므르두 마드야 아디마뜨라뜨와뜨 따또삐 비세사'

'열심히 노력하는 것에도, 얌전함(mrdu), 중도(madhya),
격렬함(adhimatratvat) 등의 차이(visesa)가 있다. 그르므로
(tatas) 삼매(三昧)가 이루어지는 것 역시(api) 다르다.'

해석 ; '므르두(mrdu)'는 얌전한, 겸손한, '마드야(madhya)' 는 중앙 혹은 중도, '아디마뜨라뜨와뜨(adhimatratvat)'는 과잉, 지나친, 격렬한. '따따스(tatas)'는 그러므로, '아삐 (api)'는 역시, '비세사(visesah)'는 다른 혹은 차이 등으로 풀이한다.

주:- 따리서 앞의 21절에서 말하는 열심히 수련하는 방법 에도 부담 없이 편안하게 하는 수련(mrdu)과 무리하지도 않으면서 중도(madhya)의 도를 지켜가면서 하는 수련과 격 렬하면서도 그야말로 고행(adhimatratvat)을 몸으로 실천하 면서 수련하는 세 가지로 나눌 수가 있다. 따라서 수행자가 어떤 수행방법으로 어떻게 수련하느냐에 따라 수행결과의 진척과 완성도가 달라질 수도 있다는 것을 의미한다. 이와 같은 자신의 수련법은 오랜 수련을 통해 자신의 능력에 맞 게 자연스럽게 터득하게 된다.

1-23 절

ईश्वरप्रणिधानाद्व ।।

'isvara pranidhanad va'

'이스와라 쁘라니다나드와'

'이 외(va)에도 자재신(isvara, 自在神)에 대한 헌신(prandhana) 으로 삼매(三昧)에 이를 수가 있다.'

해석 ; '이스와라(isvara)'는 신, '쁘라니다나(pranidhana)'는

용해 혹은 헌신, '와(va)'는 혹은, 또는 이라 풀이한다.

주:- 이 구절은 22절에서 열거한 수련하는 방법 이외에도 신에 대한 기도와 헌신으로도 사마디에 이를 수 있다는 것을 설명하고 있는 구절로서 학자들 간에 논쟁의 여지가 많은 부분이다.

요가는 원래 신의 개념이 형성되기 전부터 전해져 내려오던 수행법인데 후대의 종교인들에 의해 요가가 종교화되어 신(isvara)의 개념이 삽입되어 왜곡된 부분이라는 것이다. 이 같은 논란은 삽입이 되었던 되지 않았던 중요한 것은 어디 까지나 어디서 무엇을 하던지 헌신적으로 그 일에 전념하는 것이 중요하다는 것을 알아야한다. 따라서 신에 대한 개념은 어디 까지나 보조 수단이며, 의존적인 기질을 가지고 태어난 인간이 신에 의지하여 요가의 최상경지에 오를 수 있다는 것은 의지가 약한 인간들에게는 유익한 보조 수단이 될 수 있다. 신과의 교류가 이루어 질 수 있다는 것은 인간들의 목적의식을 고취시키고 수행정진을 유도하는데 하나의 방편이 된다. 한편

여기서 말한 신(Isvara)은 다른 말로 브라흐만(Brahman)이라 할 수 있다. 우빠니샤드에서 브라흐만은 아뜨만(Atman)과 같고, 아뜨만은 아까시(Akash)와 같다고 말하고 있다. 따라서 결국 여기서 신에 대한 헌신이라는 말은 아뜨만 즉 자기 자신의 참 모습인 참 자아(atman)에 헌신하라는 말과 같기도 하다. 이렇게 본다면 결국은 참 자아에 헌신해 줌으로 삼매에 이를 수 있다는 말이기도 하다.

क्लेशकर्मविपाकाशयैरपरामृष्टः पुरुषविशेष ईश्वरः ॥

'klesa karma vipaka asayair aparamrsta purusa visesa isvarah'

'끌레사 까르마 위빠까 아사야이르 아빠라므르스따
뿌루사 비세사 이스와라'

'자재신(isvara)은 행위(karma), 그리고 그 행위의 결과
(vipaka) 등에 의해 (잠재의식 속에) 저장(asaya)되지 않으며
고통의 원인(klesa)으로 작용하지도 않고(aparamrsta) 영향
도 받지 않는 특별한(visesa) 순수의식(purusa)이다.'

해석 ; 고통의 원인인 '끌레사(klesa)'는 인간이면 가지고 태
어나는 기질이면서 번뇌(고통)의 원인으로서 5가지가 있다.

'까르마(karma)'는 업 또는 행위, '위빠까(vipaka)'는 결
과 혹은 결실 그리고 업에 대한 업보, '아사야(asaya)'는 축
적 혹은 저장 그리고 잠재력으로 풀이한다. '아빠라므르스따
(aparamrsta)'는 물들지 않는, 뿌루사(purusa)는 순수의식,
'비세사(visesa)'는 특별히, '이스와라(isvara)'는 신으로 풀
이한다.

주:- 이 구절은 자재신(isvara, 自在神)에 대한 설명으로 자
재신 이스와라(isvara)는 전지전능한 자재신(自在神)으로서
윤회와 까르마의 법칙을 초월해 있는 존재이다. 그래서 이스
와라는 어떤 행위를 하더라도 그 행위로 인한 행위의 원인

과 결과 등이 윤회의 고리가 되는 삼스까라(samskara)로 축
적되지 않고 그것이 윤회의 사슬고리로 남지 않기 때문에
고통의 원인으로 작용하지도 않고 어떠한 영향도 미치지 않
는 특별한 존재로서의 순수의식(purusa)으로 설명하고 있다.

따라서 여기서 말하는 자재신(isvara)은 참자아인 아뜨만
(atman)과 그 특징이 같고 아뜨만을 일컫는다는 것을 알
수 있다. 끌레샤(klesa)는 1/5절 참조하라.

1-25 절

तद्र नरितशियं सर्वज्ञबीजम्॥

'tatra niratisayam sarva jna bijam'

'따뜨라 니라띠사얌 사르와 즈나비잠'

'자재신(isvara) 안(tatra)에는 모든 것을 아는(sarvajna) 비
길데 없는 탁월한(niratisayam) 종자(bija)를 내포하고 있다.'

해석 ; '따뜨라(tatra)'는 그것 안 즉 자재신(isvara)안에는, '
니라띠사야(niratisaya)'는 탁월한 혹은 비길데 없는, '사르와
(sarva)'는 전부 혹은 모두, '즈나(jna)'는 알다, '사르와+ 즈
나' 이 둘을 합쳐서 모든 것을 아는 즉 전지전능 한이라 풀
이한다. '비자(bija)'는 씨앗 혹은 종자로 풀이한다.

주:- 따라서 자재신으로서의 이스와라는 행위에 대한 영향
(karma yoga)도 받지 않을 뿐만 아니라 모든 것을 알고 있
는 전지전능한 능력을 내재하고 있다는 것을 강조하고 있다.

पूर्वेषाम् अपि गुरुः कालेनानवच्छेदात् ॥

'puruvesam api guruh kalena anavacchedat'

'뿌루베삼 아삐 구루 깔레나 아나와쩨다뜨'

'또한(api) 자재신(isvara)은 시간(kala)의 연속성(anacchetva)으로 인해 이전(purva)의 수행자들에게도 스승(guru)이었다.'

해석 ; '뿌르와(purva)'는 이전의 혹은 최초의, '아삐(api)'는 또한, 역시, '구루(guru)'는 스승, '깔라(kala)'는 시간, '아나와쩨다(anavaccheda)'는 연속하다 혹은 한계가 없는 것으로 풀이한다.

주:- 따라서 여기서 말하는 시간의 연속성이란, 자재신은 시간에 구애 받지 않는 전지전능한 존재임으로 윤회나 까르마의 법칙과 같은 세속적인 현상이나 시공간을 초월한 자유로운 존재로서 현재의 요가 수행자들은 물론이고 이전의 옛날 그 어떤 요가 수행자들에게 있어서도 그때나 지금이나 관계 없이 스승으로서 존재하고 있다. 는 말이다

तस्य वाचकः प्रणव ॥

'tasya vacakah pranavah'

'따스야 와짜까 쁘라나와'

'그의(tasya) 상징(vacaka)은 신성한 음절(pranava) '옴'으로 나타낸다.'

해석 ; '따스야(tasya)'는 그의, '와짜까(vacakah)'는 심볼(상징), '쁘라나와(pranavah)'는 신성한 소리 내지는 음절이라는 뜻으로 풀이한다. 이 신성한 음절은 만뜨라 '옴'을 말한다.

주:- '이스와라'에 대한 부연 설명으로 우리가 흔히 암송하는 만뜨라 '옴'을 자재신(isvara)으로 표현하고 있다. 만두꺄 우빠니사드에 보면 아뜨만을 창조주 브라흐만과 동일시하고 그 아뜨만을 글자로 나타내면 바로 신성한 음절 '옴'이 된다고 말하고 있다.《만두꺄 우빠니샤드 8절》

힌두교에서는 '옴(AUM)'을 'A'를 창조주 브라흐만을 뜻하고, 'U'는 유지의 신 비쉬누를 뜻하고 'M'은 파괴의 신 시바를 상징한다.

불교에서는 '옴(AUM)'을 'A'을 부처님의 몸, 'U'를 부처님의 말씀, 'M'을 부처님의 마음을 상징한다. 따라서 이 신성한 구절 '옴'을 암송함으로 불교에서는 부처님의 모든 장점을 힌두교에서는 창조주 브라흐만과 유지의 신 비쉬누, 파괴의신 시바의 전지전능한 능력들을 갖게 한다고 말하고 있다.

1-28 절

तज्जपस्तदर्थभावनम् ॥

'taj japas tad artha bhavanam'

'따즈 자빠스 따드 아르타 바와남'

'그것(tad)을 암송(japas)하는 것은 그것(tad)의 뜻(artha)에 몰입(bhavana)하게끔 한다.'

해석 ; '따드(tad)'는 그것, '자빠스(japas)'는 암송', '아르타 (artha)'는 뜻, '바와나(bhavana)'는 몰입 혹은 집중이라는 뜻을 가지고 있다.

주:− 여기서 '그것'이란 전지전능한 자재신을 상징하는 '옴'을 나타내는 말로서 '옴'을 반복적으로 암송하게 되면 그것이 뜻하는 의미에 수행자를 몰입하게끔 이끌어 수행자는 결국 '옴'을 통해 원하는 바를 성취하게 된다. 이것이 만뜨라 (mantra)요가이다.

1-29 절

ततः प्रत्यक्चेतनाधिगमोऽप्यन्तरायाभावश्च॥

'tatah pratyakcetana adhigamo'py antaraya abhavas ca'

따따 쁘라뜨약 쩨따나 아디가모삐 안따라야 아바와스 짜'

'그 뒤로(tatah) 각 수행자(pratyak)의 의식(cetana)은 장애

물(antaraya)들이 제거되고(abhava) 그리고(ca) 원하는 바를 성취하게(adhigama)된다.'

해석 ; '따따스(tatas)'는 거기에서 혹은 그 뒤로, '쁘라뜨약(pratyak)'은 내면으로 혹은 개인의. '쩨따나(cetana)'는 의식, '아디가모(adhigamo)'는 획득하다, 취득하다. '아삐(api)'는 역시, '안따라야(antaraya)'는 장애물, '아바와(abhava)'는 제거하다, 사라지다. '짜(ca)'는 그리고 라는 뜻이다.

주:- 우리 의식에는 두 가지가 있다. 관능과 쾌락을 쫓아 밖으로만 향하려는 의식과 정신적, 영적 진리를 추구하기 위한 내면으로 향하는 의식이 있다. 우리의 의식을 어디로 집중하느냐에 따라 방향이 정해진다. 수행자의 의식은 내면으로 향해야 한다. 꾸준하게 '옴'을 암송하는 수행자는 수행을 방해하는 장애물들이 제거되고 의식을 내면으로 이끌어 준다.

반복되는 말속에는 힘이 형성되고 그 힘은 사람을 변화시킨다. 이것이 만뜨라 요가(mantra yoga)의 힘이다.

1-30 절

व्याधिस्त्यानसंशयप्रमादालस्याविरतिभ्रान्तिदर्शनालब्ध
भूमिकत्वानवस्थितत्वानि चित्तविक्षेपास्तेऽन्तरायाः॥

'vyadhi styana samsaya pramada alasya avirati
bhrantidarsana alabdha bhumikatva anavasthitatvani

citta viksepas te'ntarayah'

'브야디 스트야나 삼사야 쁘라마다 알라스야 아비라띠
브란띠 다르사나 알라브다 부미까뜨와 아나바스띠따
뜨와니 찌따 빅세빠스 뗀뜨라야'

'질병(vyadhi), 무기력(styana), 의심(samsaya), 부주의(pramada),
나태(alasya), 무절제(avirati), 철학적 혼돈(bhrantidarsana),
다음단계(bhumikatva)로의 진전이 없는 것(alabdha), 이로 인
한 불안정(anavasthitatvani) 등이 수행자의 의식(citta)을 산
만(viksepa)하게 하고 이러한 것들이 수행의 장애물(antaraya)
들이다.'

해석 ; '브야디(vyadhi)'는 질병, '스트야나(styana)'는 무기력,
'삼사야(samsaya)'는 의심, '쁘라마다(pramada)'는 부주의, '
알라스야(alasya)'는 게으름 혹은 나태 '아비라띠(avirati)'는
방탕 또는 무절제 등으로 풀이한다.
'브란띠(bhranti)'는 오류 혹은 혼돈, '다르사나(darsana)'는
개념 또는 철학. '알라브다(alabdha)'는 성취하지 못한,
'부미까뜨와(bhumikatva)'는 단계,
'아나바스띠따뜨와(anavasthitatva)'는 불안정한, '찌따(citta)'는
의식, '빅세빠(viksepas)'는 산만함 혹은 혼란한, '떼(te)'는 이
러한 것들, '안따라야(antaraya)'는 장애물이라 풀이한다.
주:- 빠딴잘리는 수행자에게 방해가 되는 마음작용이 아홉
가지가 있다고 하면서 질병이나 무기력, 의심, 부주의, 나태,
무절제, 착각, 요가수련으로 아무것도 이루지 못한 허전함,
그로 인한 불안감 등이 수행자의 의식을 혼란하게 하면서

수행에 장애로 작용한다고 했다. 따라서 요가 수행자는 요가에 대한 확고한 믿음을 가지고 꾸준하면서도 부지런히 실천 수련하다보면 질병은 사라지고 원하는 바를 성취하게 된다. 이러한 성취감은 불안에서 해방시켜 주고 흔들림이 없는 지혜를 가진 사람으로 이끌어 준다.

그런데 때로는 나름대로 열심히 수련을 함에도 불구하고 공부에 진척이 없을 때에는 스승의 지도하에 자신의 공부를 재점검해 볼 필요가 있다.

1-31 절

दुःखदौर्मनस्याङ्गमेजयत्वश्वासप्रश्वासा वक्षिपसहभुवः॥

'duhkha daurmanasya angam ejayatva svasa prasvasa viksepa sahabhuvah'

'두카 다우르마나스야 앙감 에자야뜨와 스와사
쁘라스와사 빅세빠 사하부와'

'고통(duhkha), 절망(daurmanasya), 사지의
떨림(angam-ejayatva), 불안한 들숨(svasa)과 날숨(prasvasa)도 장애물(viksepa)로 수반(sahabhuva)된다.'

해석 ; '두카(dukha)'는 고통 혹은 슬픔, '다우르마나스야(daurmanasya)'는 절망, '앙가(anga)'는 가지(사지), '에자야뜨와(ejayatva)'는 떨림, '스와사(svasa)'는 들숨, '쁘라스와사(prasvasa)'는 날숨, '빅세빠(viksepa)'는 산만한 혹은 혼란스러운, '사하부와(sahabhuva)'는 동반/수반하다. 로 풀이한다.

주:- 앞의 1/30절의 아홉 가지 수행의 장애물의 결과 고통

과 절망감, 사지의 떨림, 불안정한 호흡 등과 같은 육체적 정신적 심리적인 장애가 부수적으로 동반되어 나타남으로 인해 수행자는 더욱 힘들어지게 된다. 따라서

요가 수행자에게 있어서 요가에 대한 올바른 이해와 거기에 따른 올바른 수행은 요가 수행자에게 수행의 결과에 대한 진척이 스스로 느껴지게 하면서 요가에 대한 확고한 신념으로 이어진다. 요가에 대한 확고한 신념은 요가수행자 자신을 건강하게 할 뿐만 아니라 자신의 수행에 대한 결실로 이어진다.

1-32 절

तत्प्रतिषेधार्थमेकतत्त्वाभ्यासः॥

'tat pratisedha artham eka tattva abhyasah'

'따뜨 쁘라띠세다 아르탐 에까 따뜨와 아브야사'

'그러한(tad) 마음을 예방(pratisedha)하기 위해서는, 하나(eka)의 원리(tattva)를 대상(artha)으로 꾸준한 수련(abhyasa)을 해 주어야한다.'

해석 ; '따드(tad)'는 그것 혹은 이러한 것들, '쁘라띠세다(pratisedha)'는 대응하다 혹은 예방하다. '아르타(artha)'는 목적 혹은 대상. '에까(eka)'는 하나, '따뜨와(tatva)'는 원리, '아브야사(abhyasa)'는 수련. 이라 풀이한다.

주:- 1/30절, 31절에서 빠딴잘리가 말하는 9가지의 장애와 그 결과로 생겨나는 불안하고 산만한 마음을 예방하고 제거하

기 위해서 수행자는 하나(eka)의 원리(tattva)에 목표(artha)를 정하고 거기에만 집중하는 수련(abhyasa)을 해 주어야 한다. 요가 수행자는 아사나 수련이나 명상을 통해 마음의 혼란을 없앨 수 있다. 그러나 여기서 말하는 하나의 원리와 대상이란, 아사나가 아닌 명상을 의미한다. 명상은 어떤 하나의 대상에 집중(samyama)하는 것을 말하고, 그 집중을 통해 체득되어지는 의식의 변화를 말한다. 이렇게 의식의 변화가 왔을 때 흔들리지 않는 자아를 발견하게 된다.

그래서 하타요가 쁘라디피카 2장 76절에 '하탐 비나 라자요고 라자요감 비나하타.' 하타요가는 라자요가 없이 완성할 수가 없고, 라자요가는 하타요가의 수련 없이 완성 할 수가 없다. 고 말하고 있으면서 한편으로는 하타요가를 수행하는 목적은 라자요가를 성취하여 주기 위함이라고 말하고 있다. '깨왈람 라자요가야 하타위드요빠디스야떼.' ≪하타(요가)쁘라디피카 1장2절≫

따라서 요가수행자는 아사나 수련도 중요하지만 마음의 장애를 없애고 안과 밖의 조화와 균형을 이루기 위해서는 자신에게 맞는 하나의 원리와 대상을 정해 명상 수련을 해 주어야만 의식의 변화를 통해 안정감이 생기면서 요가에 대한 정체성이 확고해 진다.

मैत्रीकरुणामुदितोपेक्षणां सुखदुःखपुण्यापुण्यविषियाणां भाव
नातश्चवितप्रसादनम्॥

'maitri karuna mudita upeksanam sukha duhkha
punya apunya visayanam bhavanatas citta prasadanam'

'마이뜨리 까루나 무디따 우뻭사남 수카 두카 뿐야

아뿐야 비사야남 바와나따스 찌따 쁘라사다남'

'행복(sukha)과 고통(dukha), 선행(punya)과 악행(apunya)
에 관한(visayana) 자비(maitri)나 연민(karuna), 기쁨(mudita),
평정심(upeksa)의 함양(bhavanatas)은 의식(citta)의 평화
(prasadana)을 가져다준다.'

해석 ; '마이뜨리(maitri)' 자비, '까루나(karuna)'는 연민. '무
디따(mu'dita)는 기쁨, 호의 '우뻭샤(upeksa)'는 평정심,
'수카(sukha)'는 행복, '두카(dukha)'는 고통 혹은 슬픔, '뿐
야(punya)'는 장점 혹은 선행, '아뿐야(apunya)'는 단점 혹은
악행, '비사야(visaya)'는 그러한 것들에 관해서, '바와나따스
(bhavanatas)'는 생각이나 감정의 투영 내지 습관의 함양, '
찌따(citta)'는 의식, '쁘라사다나(prasadana)'는 평화 혹은
정화라 풀이한다.

주:- 남의 행복과 기쁨을 질투하지 않고 남의 장점을 시기하지
않고 다른 사람의 단점과 불행, 슬픔을 연민으로 함께 나누고,
다른 사람의 악행을 냉정하게 바라볼 수 있는 사람은 평정심

을 얻은 사람이다. 사람은 누구나 선과 악을 비롯하여 슬픈 일
이던 기쁜 일에 영향을 받아 감정의 기복이 있기 마련이다. 이
러한 생각이나 감정의 형상화된 본질을 파악하고 직시하여 흔
들림이 없는 평정심을 유지할 수 있어야 진정한 요기가 될 수
있다. 이와 같은 생각이나 감정의 억제와 통제를 하는 것이 요
가에서는 쁘라뜨야하라(pratyahara)라고 말한다. (2/55절)

이 구절은 초기 불교경전(Majjhima- Nikaya, 중아함경)에
나오는 불교수행자들의 중요한 수행방법 중의 하나인 사무량
심(四無量心)과 같다. 사무량심은 자(慈), 비(悲), 희(喜), 사(捨)
를 뜻한다. 자(慈, maitri)는 다른 사람의 기쁨을 같이 기뻐하
고 나아가 남에게 즐거움을 주려는 마음, 비(悲, karuna)는 다
른 사람의 고통을 덜어 주려는 마음, 희(喜, mudita)는 남이
괴로움을 떠나 즐거움을 얻으면 함께 기뻐하는 마음, 사(捨,
upeksa)는 모든 사람을 평등하게 대하려는 마음 등이다.

1-34 절

परच्छर्दनविधारणाभ्यां वा प्राणस्य॥

'pracchardana vidharanabhyam va pranasya'

'쁘라짜르다나 비다라나브얌 와 쁘라나스야'

'날숨(prachardana)을 조절(vidharana)하는 수련법으로
마음의 평정심을 이룰 수 있다.'

해석 ; '쁘라짜르다나(prachardana)'는 날숨, '비다라나(vidharana)'

는 정지 혹은 조절, '와(va)'는 혹은, '쁘라나(prana)'는 호흡 또는 생명 에너지라 풀이한다.

주:- 호흡은 들숨(rechakha)과 날숨(purakha) 두 가지로 이루어지는데 쁘라나야마 수련에서 마음의 평정심을 얻기 위해서는 특히 날숨(purakha)을 수련(vidharanabhyam)해주는 게 더 효과적이다.

따라서 호흡이 안정되면 마음이 안정되고, 반대로 마음이 안정되면 호흡도 안정된다.

1-35 절

वषियवती वा परवृत्तरिुत्पन्ना मनसः स्थितिनिबिन्धनि ॥।

'visaya vati va pravrttir utpanna manasah sthiti nibandhani'

'비사야 와띠 와 쁘라브르띠르 우뜨빤나 마나사

스티띠 니반다니'

'또한(va) 활동적인(pravrtti) 감각기관중 하나(vati)의 대상(visaya)에 집중력이 유지되면(nibandhani) 마음(manas)에 안정감(sthiti)이 나타난다(utpanna).'

해석 ; '비사야(visaya)'는 대상 및 목적, '와띠(vati)'는 하나의 대상이 중심이 되어 그 대상에 집중하는 것, '쁘라브르띠(pravrtti)'는 활동, '우뜨빤나(utpanna)'는 일어나다, 발생하다, '마나스(manas)'는 마음, '스티띠(sthiti)'는 안정된, '니반다니(nibandhani)'는 유지하다, 지탱하다. 로 풀이한다.

주:- 사람의 감각기관은 다양하게 작용한다. 다양하게 작용하는 다섯 감각 중 어느 하나의 대상에 마음이 집중적으로 유지될 때 안정감이 발생한다.

빠딴잘리는 마음을 안정시키는 방법 중에 1/33절 같은 경우 감각을 제어하는 쁘라뜨야하라와 그리고 호흡의 통제(1/34절)를 통해 마음의 평정심을 얻을 수 있다고 말한다. 그리고 여기 1/35절에서 우리 인간의 감각기관의 특수성을 이용하면 안정감을 이룰 수 있다고 말하고 있다.

감각기관을 대상으로 한 명상은 인간의 호기심을 자극하기에 충분하다.

예를 들면, 시각(視覺)이라는 특수성을 이용하여 촛불을 대상으로 집중해 준다. 우리는 이것을 트라타카라고 한다. 트라타카는 내면의 빛을 보게 하고, 혀에 대한 명상은 입안에 음식이 들어있지 않아도 천상의 맛을 느끼게 하며, 코끝에 집중해 주는 명상은 실질적인 꽃이 코앞에 존재하지 않아도 천상의 향기를 맡게 하는 등의 특별한 경험으로 수행자를 매료시키면서 하나의 대상에 더 깊은 명상으로 이끌어주는 효과가 있다. 이러한 감각을 통한 수련들은 집중력을 향상시키는 수련은 초인간적인 능력을 개발하는 데에도 효과가 있고, 요가 현자(siddhis)들이 주로 사용하는 방법이기도 하다. 만약에 이러한 초인간적인 능력을 직접적으로 경험한다면 이것을 믿지 않을 사람이 누가 있으면 이것을 경험한 사람은 요가에 대한 믿음이 확고해 질 것이다.

모든 감각기관의 실질적인 기능은 감각기관이 아니라 뇌에서 작용한다. 그렇다면 이것을 어떻게 실질적으로 경험해 볼 것인가 하는 문제인데 이것에 대한 답은 아주 간단하다. 그것은 수련이다.

브야사(Vyasa)는 쁘라나야마의 수련은 뇌를 개발하는데 효과적이라고 말하고, 이와 더불어 잘라 네띠(jala neti)의 수련도 강조하고 있다.

1-36 절

वशिोका वा ज्योतष्मिती ॥

'visoka va jyotismati'

'비소까 와 죠띠스마띠'

'또한(va) 내면의 빛(jyotismati)에 집중해 줌으로 번뇌로 부터 자유로워진다(visoka).'

해석 ; '비소까(visoka)'는 고통이 없는 혹은 번뇌가 없는 '와(va)'는 혹은, '죠띠스마띠(jyotismati)'는 빛, 광채 혹은 명료함으로 풀이한다.

주:- 1/32절부터 동요하는 마음을 안정시키는 방법을 설명하고 있는데, 본문에서 말하는 번뇌란 산만하고 변덕스런 마음작용이다. 이러한 마음 작용이 앞 구절들에서 설명한 수행으로 마음 작용이 억제되면 고통과 번뇌로부터 해방될 뿐만 아니라 때로는 내면의 빛을 경험하게 된다. 이때 이

빛에 집중을 해 주어도 마음이 안정감을 갖게 된다. 한편 '비소까(visoka)'를 '슬픔 내지는 걱정이 없는'으로도 많이 번역한다. 그러면서 근심걱정을 떠나 밝은 빛에 명상을 해 줌으로 마음의 안정감을 얻고 평화를 이룰 수 있다고 하는 데, 전혀 말이 안 되는 것은 아니지만, 근심걱정을 떠나보 내고 밝은 빛에 명상을 한다는 것은 근심 걱정을 그렇게 쉽 게 떠나보낼 수 있는 게 아니다. 또한 빛 역시도 언제 어 떻게 나타날지 모르는 공허한 이야기이기 때문이다.

따라서 명상의 시작은 무념무상(無念無想) 마음 비우기에 서부터 시작하여야한다. 이 역시 쉬운 일은 아니지만 마음을 비우고 비우다보면 근심걱정도 사라지고 내면의 빛이 자연 스럽게 나타난다. 이렇게 빛이 날 때에는 이미 수행자는 집 중이 어느 정도 잘 되었다는 의미이고 사마디의 초기 단계 에 이르렀다는 것을 의미한다. 이때는 근심걱정 뿐 아니라 모든 번뇌 망상으로부터 멀어져 마음은 안정되고 평화로운 상태가 된다.

1-37 절

वीतरागविषयं वा चित्तम्॥

'vita raga visayam va cittam'

'비따 라가 비사얌 와 찌땀'

'또한(va) 감각적 대상(visaya)에 대한 집착(raga)을 정 복함(vita)으로서 의식(citta)을 통제할 수 있다.'

해석 ; 계속해서 의식을 억제하는 수련 방법을 소개하고 있다. 비따(vita)'는 ~이 없는 혹은 정복하다. '라가(raga)'는 집착 혹은 욕망, '비사야(visaya)'는 감각적 대상 혹은 목표, '와(va)'는 혹은, '찌따(citta)'는 의식으로 풀이한다.

주:- 감각적 대상(visaya)이란, 오감(indriyas)을 말한다. 의식(마음) 작용은 다섯 감각 중 어느 하나에 느낌이 꽂히게 되면 그때부터 집착과 애착이 생긴다. 따라서 감각적 대상을 정복함으로서 집착과 애착을 조장하는 마음의 동요가 없어지면서 이때 의식은 안정감이 생긴다. 결국은 쁘라뜨야하라(pratyahara)의 수련이 강조된다. 이 구절의 해석을 달리 해 보면 마음은 '감각적 대상에 대한 집착이 없는 의식'이 바로 누구나 원하는 의식 상태인 것으로 마음의 평화와 안정감이 형성된다.

우리가 단순히 감각기관에 대한 집착을 버려 마음의 평화를 얻는다는 것은 수많은 정보와 넘쳐나는 물질문명의 홍수 속에 사는 현대인들이 이러한 것들은 통제하기에는 쉬운 일은 아니다. 그래서 먼저 하나의 작은 일에서 시작해야 한다. 작은 씨앗하나를 심어 물을 잘 주고 배양을 잘 해서 하나의 커다란 망고 나무가 되듯이 마찬가지로 우리 자신도 작은 하나의 씨앗부터 배양한다는 마음 자세가 필요하다. 작은 씨앗 중의 하나가 믿음이다. 명상에 대한 믿음과 그리고 오래하기 힘들면 짧은 시간이지만 꾸준한 실천도 중요하다. 그리고 제대로 된 선생을 만나 그 선생에 대한 믿음도 중요하다. 그러한 선생을 만나기 위해서는 자신이 가지고 있는 안목도 중요하다. 스스로 누군가를 알아보는 안목이 없다면 잘못된 선택을 하게 될 수도 있다.

सवप्ननद्रिाज्ञानालम्बनं वा ॥

'svapna nidra jnana alambanam va'

'스와쁘나 니드라 알람바남 와'

'혹은(va) 잠(nidra)이나 꿈(svapna)에 나타난 통찰력(jnana)에 의거하여(alambana) 안정감을 얻을 수 있다.'

해석 ; '스와쁘나(svapna)'는 꿈, '니드라(nidra)'는 잠, '즈나나(jnana)'는 지식 혹은 통찰, '알람바나(alambana)'는 의거하다 혹은, '와(va)'는 또는 이라 풀이한다.

주:- 잠을 자다보면 잠이나 꿈을 꾸거나 아니면 잠속에서 겪게 되는 현상 중에는 어떤 일에 대한 현몽일 수도 있다. 이것을 예지 몽이라 하고 이렇게 잠이나 꿈속에서 겪은 일을 대상으로 명상을 해 줌으로 마음의 안정감을 이룰 수 있다. 한편으로는 꿈에 나타난 현상들을 대상으로 명상을 해 줌으로 앞을 내다보는 지혜도 얻을 수 있다. 따라서 수행이 깊어질수록 수행자는 깨어있을 때나 잠을 자면서도 수행이 계속된다. 는 것을 의미한다.

그래서 불교에서는 행주좌와 어묵동정(行住座臥 語黙動靜)이라 하여 언제나 어디서나 수행해주는 것을 강조하고 있다.

यथाभिमितध्यानाद्व ॥

'yatha abhimata dhyanad va'

'야타 아비마따 드야나드 와'

'혹은(va), 좋아하는(abhimata) 성향의 명상법(dhyana)에 따라(yatha) 마음작용을 통제할 수 있다.'

해석 ; '야타(yatha)'는 ~따라, '아비마따(abhimata)'는 욕망 혹은 좋아하는 성향, '드야나(dhyana)'는 명상, '와(va)'는 혹은, 이라 한다.

주:- 수행방식은 여러 가지로 다양하다. 그 중에 자신의 성향에 맞는 수행 방법을 선택하여 수련하면 된다.

하나의 대상(수행방식)이란 정해진 바가 없다. 수행자 자신의 성향에 맞는 하나의 대상에 몰입하게 되면 원하는 바를 이룰 수 있다는 말로서 명상의 대상으로 달과 같은 어떤 외적 대상을 선택하여도 되고, 아니면 자신의 몸을 대상으로 호흡이나 양미간 사이 등 어느 한곳을 정해 수행해 주면 된다. 그러나 수행 중에 어떠한 경지에 이르렀다는 것을 스스로 판단해서는 안 된다. 스스로 자기 자신의 수행의 척도를 판단한다는 것은 매우 위험한 생각으로 어디까지나 그것은 스승의 인가를 받아야 한다. 는 것을 명심해야 한다.

지금까지 빠딴잘리는 다양하게 의식작용의 억제방법을 설명해 주었다. 이중에 자신의 의지대로 수행해 주면 되겠다.

1-40 절

परमाणु परममहत्त्ववान्तोऽस्य वशीकारः ॥

'parama anu parama mahatva anto'sya vasikarah'

'빠라마 아누 빠라마 마하뜨와 안또스야 와시까라'

'지금까지와 같은 수행으로 가장 작은 것(paramanu)에서
부터 가장 큰 것(parama mahatva)까지(anta) 통제할 수 있
게 된다(vasikara).'

해석 ; '빠라마(parama)'는 가장 또는 극도의, '아누(anu)'는
작은 혹은 미세한, 따라서 이 둘을 합치면 paramanu는 극도
로 작은, '마하뜨와(mahatva)'는 거대한, '안따(anta)'는 끝 또
는 ~어디까지, '아스야(asya)'는 그의, '와시까라(vasikara)'는
숙달 또는 정통, 정복하다로 풀이한다.

주:- 지금까지 앞에서 열거한 다양한 수행법들에 정통한 수
행자들의 의식세계는 극도의 작은 일에서부터 거대한 큰일에
이르기까지 언제 어떤 상황에서도 흔들림이 없는 평정심으로
안정감을 유지하면서 통제할 수 있는 능력을 갖게 된다.

1-41 절

क्षीणवृत्तेरभिजातस्येव   मणेर्ग्रहीतृग्रहणग्राह्येषु   तत्स्थतदञ्जन
तासमापत्तिः॥

'ksina vrtter abhijatasya iva maner grahitr grahana grahyesu tat stha tad anjanata samapattih'

'크시나 브르떼르 아비자따스야 이와 마네르

그라히뜨르 그라하나 그라흐예수 따뜨 스타 따드

안자나따 사마빠띠'

'사마빠띠(samapatti)란, 대상을 인식하는 사람(grahitr)이 인지되는 대상(grahya)을 지속적(stha)으로 지각(grahana)하게 되면 마음작용(vrtti)이 사라지고(ksina) 그것(tad)은 마치 (iva) 투명한(abhijata) 보석(mani)에 채색(anjanata)되어지는 것과 같아진다.'

해석 ; '크시나(ksina)'는 줄어들다, 사라지다. '브르띠(vrtti)'는 동요, '아비자따(abhijata)'는 투명한 혹은 고귀한, '이와(iva)'는 ~와 같은, '마니(mani)'는 보석, '그라히뜨르(grahitr)'는 인식하는 사람 즉 명상의 주체, '그라하나(grahana)'는 인지하다 혹은 지각하다. '그라흐야(grahya)'는 인식되는 대상, '따드(tad)'는 그것, '스타(stha)'는 머물다 혹은 지속하다. 기초하다. '따드(tad)' 그것, '안자나따(anjanata)'는 도포 혹은 채색하다. '사마빠띠(samapattih)'는 일치하는 것, 으로 풀이한다.

주:- 수행자(grahitr)의 마음이 하나의 대상(grahya)에 의식이 지속적(stha)으로 집중하게(grahana)되면 잡다하고 다양한 마음 작용(vrtti)이 사라지게(ksina)된다. 그것(tad)은 마치 투명한(abhijata) 보석(mani)에 관찰자가 보석에 투영되어 비치는 것과 같은 몰입된 현상을 경험하게 된다.

그렇게 하나의 대상과 몰입되어 일치된 상태를 사마빠띠

(samapatti)라 한다. 다르게 말하면 사마빠띠는 명상의 목적이 몰입을 의미하는데 그 몰입을 이루었다는 의미이다. 그러나 명상 중에 일어나는 몰입에는 그 깊이에 있어서 여러 가지로 경험할 수 있기 때문에 사마빠띠도 그 중의 하나라고 보면 된다.

따라서 사마빠띠(samapatti)는 사마디와 같은 말이다.

이때를 선정(禪定) 상태라 하는데 상념들이 존재하는 유상삼매(samprajnatha samadhi, 有想三昧)라 한다. 유상삼매에 대한 설명은 1/17절에도 설명을 하고 있다.

《하타요가쁘라디피카 4장 5절》에서는, 소금이 물에 녹아 물과 소금이 하나가 되듯이 아뜨만과 마음이 그렇게 하나로 일치되는 것을 사마디(samadhi)라고 한다.

한편 불교 경전 육조단경(六祖丹經)에 나오는 신수대사(愼修大師)의 게송(偈頌)에 잘 표현되어 있다.

'몸은 지혜의 나무와 같고 마음은 맑은 거울과 같아서 시시때때로 닦아 먼지 한 톨 묻지 않게 하리라'. 라고 한 구절과 일맥상통한다.

신시보리수 심여명경대 시시근불식 막사야진애
(身是菩提樹 心如明鏡臺 時時勤拂拭 莫使惹塵埃).

이렇게 되면 모든 분별하는 마음으로부터 자유로워지면서 부정적이고 파괴적인 생각은 옅어지고 긍정적이고 밝고 건설적이며 아름다운 새로운 세상을 경험하게 된다. 그리고 중요한 것은 자신의 정체성이 확고해 진다는 것이다. 예를 들면, 물질 사회에서 물질의 필요성에 의해 돈은 벌지만 돈에 물들어 돈의 노예가 되지 않고, 자신의 철학과 정체성을 유지하면서 물

질을 추구하게 된다는 것이다. 그리고 생각도 달라진다. 지금
까지는 모든 게 내 생각이 옳고, 그렇게 되어야 한다고 생각
해 왔지만 그 생각 자체가 내 것이라고 생각하지 않게 된다.
생각도 하나의 현상으로 무상한 것으로 느끼면서 내 생각에
집착하지 않는다.

1-42 절

तत्र शब्दार्थज्ञानविकल्पैः संकीर्णा सवितर्का समापत्तिः ॥

'tatra sabda artha jnana vikalpaih samkirna
savitarka samapattih'

'따뜨라 삽다 아르타 즈나나 비깔빠이 삼끼르나 사비
따르까 사마빠띠'

'그것 안(tatra, 사마빠띠)에서는 말(sabda)과 의미(artha),
지식(jnana) 등의 언어적 개념(vikalpa)들이 혼합(samkirna)되
어 있다. (이것을) 사비따르까(savitarka) 사마빠띠(samapatti)라
한다.'

해석 ; '따뜨라(tatra)'는 그것 안, '삽다(sabda)'는 소리 혹은
말, '아르타(artha)'는 뜻 혹은 의도, '즈나나(jnana)'는 지식, '
비깔빠(vikalpa)'는 부질없는 상상 내지 공상이라 앞에서 해석
하였지만 '비깔빠(vikalpa)'는 실질적인 대상이 없는 것임으로
여기서는 언어적 개념이라 풀이했다. '삼끼르나(samkirna)'는
섞여있는 혹은 산재하다, '사비따르까(savitarka)'는 분별력이

있는 혹은 총체적 생각을 동반하는 것으로 풀이 한다.

주:- 이 구절은 앞 1/41절을 부연 설명하는 것으로 의식이 몰입되어 일치된 상태의 사마빠띠에도 그 종류가 있어서 여기에서 말하는 사비따르까 사마빠띠는 의식이 선정(유상삼매) 상태이긴 하나 외부의 대상과 연결이 되어 있어서 말(언어)이나 의미, 그 사물이나 사건에 대한 지식 등이 혼합되어 그들을 지각하고 있는 상태로 그 사물에 대한 인지능력이 섞여 있어 무엇이 어떤 것인지 구별 가능한 상태이다. 이것은 유상삼매(samprajnatha samadhi)의 일종으로 사비따르까 사마빠띠라고 한다.

'사비따르까'는 깊은 생각에 몰입되어 있는 상태로 여러 가지 생각과 의식 등이 산재(samkirna)해 있지만 일치감을 느낀다. 그렇지만 명상하고 있는 사람은 전혀 영향을 받지 않고 흔들림이 없다.

이것을 불교적 용어로는 분별하는 지각(分別智=Vikalpaih)이 혼합된 것으로, 유심등지(有尋等至 = Savi-Tarka Samapattih)라 부른다. 등지는 사마디(samadhi)를 뜻한다.

1-43 절

समृतिपरिशुद्धौ स्वरूपशून्येवार्थमात्रनिर्भासा निर्वितर्का ॥

'smrti parisuddhau sva rupa sunya iva artha matra nirbhasa nirvitarka'

'스므르띠 빠리숫다우 스와 루빠 순야 이와 아르타

마뜨라 니르바사 니르비따르까'

　'기억(smrti)에 대한 정화작용(parisuddi)으로 자신의 본래 모습(svarupa)은 사라지고(sunya) 단지(matra) 의미(artha)만이 빛을 발한다.(nirbhasa).

이것을 니르비따르까(nirvitarka)라고 한다.'

해석 ; '스므르띠(smrti)'는 기억, '빠리숫디(parisuddhau)'는 정화, '스와-루빠(svarupa)'는 자신의 모습, '순야(sunya)'는 공 혹은 아무것도 없는, '이와(iva)' 는 말하자면 혹은 이를테면, '아르타(artha)'는 대상 혹은 목적, 의미. '마뜨라(matra)'는 단지, '니르바사(nirbhasa)'는 밖으로 빛을 발하다. '니르비따르까(nirvitarka)'는 분별력이 억제된(없는) 혹은 총체적 생각이 동반되지 않는 상태를 의미한다.

주:- 사비따르까 사마빠디 상태에서는 여러 가지 상념(언어, 의미, 지식)들이 섞여 분별력이 존재하는 상태로 그러한 분별력들은 모두가 지난 과거의 경험과 배우고 익힌 학습의 결과 기억 속에 저장되어 있던 것들이다. 그러나 니르비따그까 사마빠띠 상태에서는 보다 고차원 적인 몰입으로 인해 이러한 생각과 상념들이 사라지고 오로지 의미와 느낌만이 남게 된다.

예를 들면, '없을 무(無)'자를 대상으로 명상을 한다고 했을 때, 명상이 깊어짐에 따라 '無'자의 이미지는 더욱 선명해 지고 뚜렷해지면서 '無'라는 글씨 자체와 의미가 분명하면서도 선명하게 각인되면서 한동안 이 현상이 지속된다.

이러한 지속성이 이어지면 '無'자의 이미지는 수행자의 내면으로 용해되어 없어지고 선명한 의식 속에서 '無'자의 의미와 느낌만으로 충만하게 된다.

이것을 유심등지(有尋等至)분별지로 표현하였고 그러한 분별이 사라진 상태를 무심등지(無尋等至)라 하며 초 분별삼매(超 分別三昧)라고도 한다.

이때 수행자는 선과 악, 흑과 백, 아름다움과 추함 등과 같은 이원론적 구별과 분별 심에서 벗어나게 되면서 '사비짜라 사마빠띠(savicara samapattih)'로 나아가는 토대가 된다.

1-44 절

एतयैव सवचिारा नर्िवचिारा च सूक्ष्मवषिया व्याख्याता ॥

'etaya eva savicara nirvicara ca suksma visaya vyakhyata'

'에따야 에와 사비짜라 니르비짜라 짜 숙스마 비사야 뱌캬따'

'또한(eva) 이러한 것들(etaya)은 사비짜라(savicara)와 니르비짜라(nirvicara)라는 미묘한 대상(suksma visaya)으로도 설명(vyakhyata)된다.'

해석 ; '에따야(etaya)'는 이것들에 의해, '에와(eva)'는 그르므로 혹은 또한, '사비짜라(savicara)'는 미묘한 생각이나 정서, 감정이 동반되는, '니르비짜라(nirvicara)'는 생각이나 감정, 정서가 동반되지 않는, '짜(ca)'는 그리고, '숙스마(suksma)'는 섬세한 혹은 미묘한, '비사야(visaya)'는 대상, '뱌캬따(vyakhyata)'는 설명하다. 로 풀이한다.

주:– 여기서 말하는 이러한 것들(etava)이란, 앞 구절의 사비따르까와 니르비따르까를 의미한다. 사비따르까는 명상 중 의식 속에서 일어나는 현상이지만 그 형태가 감각기관에 의존한 조대한(gross) 형태로 나타난다. 이 상태가 깊어져서 니르비따르까에 이르면 더 깊은 몰입상태에서 총체적 생각(savitarka)이 동반되지 않고 느낌과 의미만이 느껴지는 몰입의 상태를 경험하게 된다. 이때를 사비짜라 사마빠띠(savicara samapatti)라 하고, 관조 삼매(觀照三昧, savicara)라 한다.

여기서 더 나아가게 되면 초 관조삼매(超 觀照 三昧, nirvicara samapattih)라 한다.

인간이 모든 현상과 사물을 인지하면서 알아보는 것은 지난 과거의 학습과 경험에 의한 감각기관에 의해 아는 것이고 이렇게 아는 것은 학습된 언어에 의해 그 사물의 본래의 본질을 가리고 왜곡하여 각자의 기억 속에 저장한다. 그래서 실질적인 현상이나 사물의 본질은 알지 못한다. 왜냐면 각자의 경험과 학습에 의해 저장되기 때문이다. 그래서 어느 한 가지 물건이나 현상을 보고서도 많은 사람들이 각자의 목소리를 내게 된다. 그러나 명상을 통한 사비따르까, 니르비따르까, 비짜라, 니르비짜라 사마빠띠의 경험들은 이러한 기억들을 일순간 백지 상태로 정화시켜주는 엄청난 힘을 가지고 있다. 이때 우리는 비로소 사물자체의 본질만을 볼 수 있게 된다.

그래서 '산은 산이요 물은 물이다.'라는 표현이 가능해 진다.

सूक्ष्मविषयत्वं चालङ्गिपर्यवसानम् ॥

'suksma visayatvam ca alinga prayavasanam'

'숙스마 비사야뜨왐 짜 알링가 쁘라야와사남'

'그리고(ca) 미묘한(suksma) 대상(visayatva)들은 더 이상 구별되지(alinga) 않는 상태에서 마무리된다(prayavasana).'

해석 ; '숙스마(suksma)'는 섬세한, 미묘한, '비사야뜨와(visayatva)' 는 주제 또는 대상, '짜(ca)'는 그리고, '알링가(alinga)'는 '구별되지 않는 혹은 형태가 없는, '쁘라야와사나(prayavasana)'는 '끝내다 또는 마무리하다' 로 풀이한다.

주:- 요가와 상캬 철학에서 말하는 세계전개설의 25원리에 의하면, 삼라만상은 뿌루사와 쁘라끄르띠의 결합으로 이루어져 있다. 따라서 모든 물질적 현상이 본래의 모습으로 돌아가게 되면 결국은 뿌루사와 쁘라끄르띠로 돌아가게 된다. 깊은 몰입 속에서 나타나는 현상세계는 그 형태에서 벗어나 최종적으로는 본래의 모습인 쁘라끄르띠의 모습으로 돌아간다. 이것이 여기서 말하는 '비사야뜨왐 알링감' 즉 물질이 물질로서 갖는 표시가 나지 않는 상태가 되는 것이다. 이것을 모든 사물의 본질적 특성으로 더 이상 분리 할 수 없는 초미세 물질로서 창조의 근본 물질인 뿌루사와 더불어 결합하여 하나의 물질을 생성해 내는 쁘라끄르띠이다. 이렇게 뿌루사와 쁘라끄르띠의 결합으로 생산된 산물은 다양한 형태와 속성,

기질들을 가지고서 그 사물의 개성을 나타내지만 깊은 몰입 상태의 삼매 속에서는 그 사물의 본래 모습으로 되돌아간다. 그것이 바로 본문에서 말하는 '더 이상 구분되지도 않고 구분할 필요도 없는 상태'인 쁘라끄르띠(prakrti)이다.

하나의 건축물이 형성되기 위해서는 대들보가 세워지고 그 대들보를 중심으로 여러 가지 부속물들이 세워지면서 하나의 건축물이 완성된다. 우리의 인체도 마찬가지이다. 대들보에 해당하는 뿌루사에 쁘라끄르띠의 결합으로 만들어진 지성, 마음, 자아의식, 딴마뜨라 등 많은 인체의 구성인자들이 형성된다. 따라서 역으로 하나의 건축물을 해체하면 마지막에 하나의 대들보만 남겨지듯이 우리의 인체도 해체하게 되면 결국 하나의 뿌루사와 쁘라끄르띠만 남게 된다.

여기서 뿌루사는 궁극적인(ultimate reality) 자아(atman)이고, 쁘라끄르띠는 물리적, 물질적(conventional) 자아(atman)이다.

의식은 내적인 성향과 믿음이나 신념체계, 그리고 생활 습관에 의해 그 사람의 성격을 형성하게 된다. 이것을 바탕으로 좋아하고 싫어하고, 긍정적이고, 부정적인 사고패턴을 만들고 건설적인 성격과 파괴적인 성격도 만들어낸다. 이러한 내적경향과 행동패턴들은 반복적으로 이루어지고 습관화되면서 더욱 더 강화되고 반복된다. 이것을 일상에서는 틀이라 하고, 틀은 인상을 남기고, 인상을 남기면 다시 반복하게 되면서 변화를 가져올 수가 없다.

요가에서는 이것을 까르마 차크라(karmachakra)라고한다. 따라서 의식의 변화를 위해서는 이러한 습관에 근본적으로 접근해야하는데 이것을 아링가(alinga)에 대한 명상 즉 눈에 보이지 않는 다시 말하면 자기 자신의 본성에 대한 명상으로 접근해야 한다고 말한다. 본성(atman)에 대한 명상은 자아를 찾아가는 명상이다. 본성은 앞에서 나열된 방법으로 크고 작은 거칠고 미묘한 대상들을 대상으로 명상을 하다보면 그 대상들이 형태가 없어지고 용해되어 더 이상 종자가 없는 니르비자 사마디를 이루었을 때 가능하다.

타고난 성품은 바꿀 수 없다는 말이 있다.

왜냐면 성품이란, 항상 일정한 생활패턴으로 뿌리 깊은 생활습관에 기인하여 겉으로는 거칠고 강해 영원한 것처럼 보이기 때문이다. 그런데 성품이란 것 역시 결국에는 뿌루사와 쁘라끄르띠라는 근본 물질로 구성되어 있다. 따라서 명상을 통한 참 자아에 대한 경험은 쁘라끄르띠라는 본질적 근본 물질도 변화를 시킬 수 있다.

참 자아(atman)는 참 자아 스스로는 어떤 힘도 발휘하지 않는다. 그러나 참자아를 경험하는 과정과 순간은 참자아를 제외한 모든 구성 물질에 강력한 영향을 미치면서 커다란 변화를 야기한다. 그래서 참 자아는 순수성을 망가뜨리지 않으면서 전지전능한 힘을 가지고 있다. 따라서 명상은 어떤 생활패턴이나 습관을 뛰어넘는 힘을 가지고 있다. 그래서 그모든 좋아하고 싫어하고 부정적이고 긍정적인 거칠고 조대한 겉으로는 끝이 없어 보이는 모든 고통의 원인이 존재하는 내면의 핵심까지 꿰뚫고 들어가서 모든 고통의 원인 씨앗들을 용해시켜 버림으로서 새로운 사람으로 탄생하게 하는 게 명상이다.

ता एव सबीजः समाधिः ॥

'ta eva sabijah samadhih'

'따 에와 사비자 사마디'

'그러므로(eva) 이것들(ta)을 종자가 있는(sabija) 사마디
(samadhi)라 한다.'

해석 ;'따(ta)'는 이것들, '에와(eva)'는 단지 혹은 그러므로, '
사비자(sabija)'는 씨앗이 있는, '사마디(samadhi)'는 삼매, 로
풀이한다.

주:- 삼매에 있어서도 몰입의 깊고 얕음에 따라 부르는 것
이 다르다. 앞 구절들에서 설명한 삼매들은 종자(bija)가
있다고 말하고 있다. 종자가 있다는 것은 집중하는 대상에
대한 모양과 형태 등 속성과 기질이 의식 속에 잠재된 형
태로 남아있다는 의미이다. 이러한 사마디 상태에서는 상
황에 따라 언제든지 발현될 수 있는 상념들이 남아있다.

언제든지 발현될 수 있는 잠재의식 속에 존재하는 상념들
을 씨앗으로 표현하면서 유 종자삼매(sabija samadhi,
有 種子三昧)라 하고, 다른 표현으로 유상삼매(有想三昧,
samprajnatha samadhi)라 부른다.

유 종자 삼매(有 種子三昧)에서 더욱 깊이 들어가게 되면 이
러한 현상들이 사라져 버린 무 종자 삼매(nirbija samadhi,
無 種子三昧)가 이루어지면서 무상삼매(無想三昧, asamprajnatha

samadhi)에 이른다.

명상은 이 씨앗, 종자가 존재하는 우리 의식의 가장 깊은 곳까지 들어가 안에서 썩어 곪아있는 부분을 파헤치는 대수술과정이다. 이 수술이 끝나면 그동안의 습관에서 벗어나 언제나 평온한 평정심을 유지하고 까르마 차크라(karma chakra)에서 벗어나 새로운 사람으로 탈바꿈한다.

1-47 절

नर्विचारवैशारद्येऽध्यात्मप्रसादः॥

'nirvicara vaisaradye'adhyatma prasadah'

'니르비짜라 바이사라드예 아드야뜨마 쁘라사다'

'상념들이 사라진(nirvicara) 내면(adhyatma)의 의식은 평정심(vaisaradya)으로 선명하다(prasada).'

해석 ; '니르비짜라(nirvicara)'는 생각이나 상념들이 없는, '바이사라드야(vaisaradhya)'는 흐트러지지 않는 흐름, '아드야뜨마(adhyatma)'는 '쁘라사다(prasada)'는 순수 혹은 선명함이라 풀이한다.

주:- 니르비짜라는 생각이나 감정, 인식들이 사라진 상태로서 이때 수행자의 내면세계는 내적 평정심만이 선명하게 남게 된다. 이때 비로소 무 종자 삼매가 이루어지고 나아가 무상삼매로 이어진다.

ऋतम्भरा तत्र प्रज्ञा॥

'rtam bhara tatra prajna'

'르땀 바라 따뜨라 쁘라즈나'

'(이렇게 되면) 수행자의 내면(tatra)은 진리(rtam)에 대한 통찰력(prajna)으로 채워지게(bhara) 된다.'

해석 ; '르따(rtam)'는 진실 혹은 진리. '바라(bhara)는 결실을 거두다 혹은 ~으로 가득찬, '따뜨라(tatra)'는 그것 안에, '쁘라즈나(prajna)'는 지혜 혹은 통찰력이라 풀이한다.

주:- 수행자가 수행의 결과 무상삼매에 이르게 되면 수행자의 내면(tatra)은 자연스럽게 진리(rtam)에 대한 통찰력(prajna)으로 충만(bhara)하게 된다.

진리에 대한 통찰력은 무념무상(無念無想)의 무상삼매(無想三昧) 속에서 자연스럽게 다가온다. 따라서 진리에 대한 통찰력을 얻기 위해서는 무념무상의 무상삼매에 이르는 것이 무엇보다 중요하고 이것이 비우면 채워지는 명상의 묘미이며 이것을 불교에서는 진공묘유(眞空妙有)라 한다.

비우면 채워지는 진공묘유의 실현은 그렇게 쉽게 이루어지지 않는다. 그래서 때로는 목숨을 걸어야할 정도로 필사의 노력을 해야 이룰 수도 있고 없을 수도 있다. 그래서 심지어 전생으로 거슬러 올라가기도 한다. 따라서 전생에 닦아 놓은 길이 없는 사람이라면 지금부터 닦는다고 보았을 때 윤회설(samskara)에 따라 다음 생 혹은 그 다음 생에나 이룰 수 있을 지도 모르는 일이다.

श्रुतानुमानप्रज्ञाभ्यामन्यवषिया वशिषार्थत्वात् ॥

'sruta anumana prajnabhyam anya visaya visesa
arthatvat'

'스루따 아누마나 쁘라즈나브얌 안야 사야 비세사
아르타뜨야뜨'

  '(진리에 대한 통찰력은) 특정한(visesa) 목적(arthatva)을
위해 구전으로 전해져 내려오고(sruta) 추론(anumana)으로
얻어진 지혜(prajna)의 범위(visaya)와는 구별된다(anya).'

해석 ; '스루따(sruta)'는 듣다 혹은 전통, '아누마나(anumana)'
는 추론 혹은 추측하다. '쁘라즈나(prajna)'는 통찰력, 직관, '
브얌(bhyam)'은 ~으로부터, '안야(anya)'는 다른 혹은 구별
하다, '비사야(visaya)'는 주제 혹은 범위, '비세사(visesa)'는 특
정의, '아르타뜨와(arthatva)'는 의도적인 혹은 목적이 분명
한, 으로 풀이한다.

주:- 전통으로 전해져 오는 신화나 전설, 경전 그리고 추론
등은 선지자들이 수행의 결과 얻어낸 결론을 근거로 후대의
후학들이 따라 학습하는 교본으로 활용한다. 그러나 여기에
는 커다란 함정이 있다. 왜냐면 후대 사람들이 선지자들의
목적에 맞게 따라 수행하는 것은 좋지만 단지 지적(知的)인
머리로만 이해하고 추측으로만 얻어낸 결론[해오(解悟), 지
적인 동의]은 깊은 몰입 속에서 사마디(삼매)로 이루어진 진
리에 대한 통찰력과는 차원이 전혀 다르다는 의미이다.

제대로 얻은 진리는 지극히 실제적이어야 하고 경험에 의해

체득되어져야 하는 실험적 실천적 경험이다. [증오(證悟), 체험을 통한 깨달음].

  증언과 추론, 경전 등은 진리를 향한 길만 보여 줄 뿐 끝은 아니다. 따라서 그 길의 끝은 오로지 실천 수행만이 보여 줄 것이다.

실천적 수련은 건물을 지을 때 바닥을 다지고 뼈대를 세우는 기초 준비 작업과 같다. 튼튼한 기초 작업이 없는 집은 모래성과 같다. 따라서 진리란 스스로 경험하고 체득해 보기 전 까지는 안다고 말해서는 안 된다. 설사 경험해보고 체득되어 졌다하더라도 자가 당착(自家撞着)에 빠질 수 있기 때문에 스승의 인가를 받기 전까지는 자만해서도 안 된다.

1-50 절

तज्जः संस्कारोऽन्यसंस्कारप्रतिबन्ध ी॥

'taj jah samskaro'nya samskara pratibandhi'

'따즈 자 삼스까론야 삼스까라 쁘라띠반디'

'그것(tad)으로 인해 형성(ja)된 삼스까라(samskara)는 다른(anya) 삼스까라(samskara)를 방지하고 억제한다(pratibandhi).'

해석 ; '따드(tad)'는 그것, '자(ja)'는 탄생 혹은 형성, '삼스까라(samskara)'는 부지불식간에 형성되는 잠재의식, '안야(anya)'는 다른, '쁘라띠반디(pratibandhi)'는 장애 혹은 방해하다. 라고 풀이한다.

주:- 삼스까라는 윤회의 씨앗내지는 윤회의 연결고리(shankara)로서 잠재되어 있다가 언제든지 발현되는 윤회의 근원이다. 따라서 사람마다 많은 윤회의 씨앗을 간직하고 살아가면서 이 윤회의 연결고리에 의해 나타나는 희, 노, 애, 락 이라는 악순환의 고통을 감수하면서 살아간다.

그러나 깊은 사마디 상태에서는 삼스까라가 형성되지 않을 뿐만 아니라 다른 윤회의 사슬고리까지도 발현을 억제하고 소멸시켜주는 강력한 힘으로 작용한다. 한편으로는 수행자는 까르마 요가(karma yoga)의 진정한 의미를 깨닫게 되고 까르마 요가의 실천으로 우주의 섭리에 순응하면서 더 이상의 잠재적인 활성체(samskara)를 만들지 않게 된다.

이로 인해 이런 저런 구별과 분별하는 마음(습관과 타성)으로부터 벗어나고 다양한 속박과 구속에서 해방됨과 동시에 진리에 대한 확신이 선다.

이때 비로소 자유와 해방이 무엇인지 알 수 있게 된다.

1-51 절

तस्यापि निरोधे सर्वनिरोधान्निर्बीजः समाधिः ॥

'tasya api nirodhe sarva nirodhan nirbijah samadhih'

'따스야 아삐 니로데 사르와 니로단 니르비자 사마디'

'그것들(tasya) 또한(api) 억제(nirodha)되고 모든 것들(sarva)이 억제(nirodha)되면 무 종자(nirbija) 삼매(samadhi)가 된다.'

해석 ; '따스야(tasya)'는 그것들, '아삐(api)'는 또한, '니로다(nirodha)'는 억제하다, '사르와(sarva)'는 전부, '니로단(nirodhan)'은 억제하다. '니르비자(nirbijah)'는 씨앗이 없는, '사마디(samadhi)'는 삼매로 풀이한다.

주:- 여기서 말하는 그것들이란 앞 구절들에 열거한 사마디로서 마음작용을 억제하는 과정을 겪고 나면 사비자 사마디를 비롯한 모든 사마디 상태가 억제되고 결국 니르비자 사마디 즉 무 종자 삼매를 이루게 되어 무상삼매에 이르게 된다.

무상삼매에서는 자아에 대한 본질(atman)을 발견하게 되고 한번 발견한 본질은 다른 분별과 차별하는 마음을 사라지게 하며<1/50절>, 이러한 현상은 흔들림이 없는 현자(賢者)로의 의식의 변화를 가져다준다.<1/15절>

이렇게 하여 1장 삼매품의 해석을 마친다.

요가의 실수행 편

(깨달음의 길)

제 2장 사다나 빠다

Sadhana Pada

1장 삼매 품(Samadhi Pada)은 요가의 궁극적인 목표인 사마디(Samadi, 삼매)에 이르게 되면 나타나는 현상과 느낌 그리고 참 자아의 모습 등을 설명하고 있다.

제 2장은 Sadhana-Pada(수행 품)라 하는데, 이 말은 사다나(sadhana, 수행) + 빠다(pada, 길)라는 두 말을 합성하여 수행의 길(Sadhana + pada)이란 뜻이다.

따라서 이 장은 1장에서 말한 깨달음의 세계로 나아가기 위한 방법론들을 설명하고 있다. 깨달음을 이루어야 하는 이유는 덧없는 것을 영원한 것으로 믿고, 부정한 것을 순수한 것으로 믿고, 참자아가 아닌 것을 참 자아로 믿는 어리석음에서 오는 갈등과 괴로움에서 벗어나(2/5절) 해탈을 이루어 끊임없이 반복되는 괴로움의 윤회재생에서 벗어나기 위한 것이다.

반복되는 윤회재생의 고통에서 벗어나기 위한 방법으로는 먼저 사마디를 이루어야 하는데, 사마디를 이루기 위한 방법이 요가 수련이고, 요가 수련의 목적이 어리석음(avidya, 무지)에서 벗어나 사마디를 이루는 것이라고 2/2절에서 분명하게 말하고 있다.

따라서 사마디를 이루고 요가의 최상 경지를 이루기 위한 최상의 방법(王道)이 8가지로 구성되어 있는데 이것을 아스탕가 요가(astang yoga)라고 하면서(2/29절), 실지로 깨달음을 향해 나아가기 위해서는 어떻게 해야 할지에 대한 수행방법들을 자세하게 설명해 주기 때문에 실수 행(實修行) 편이라고 한다.

तपःस्वाध्यायेश्वरप्रणिधानानि क्रियायोगः॥

'tapah svadhyaya isvara pranidhanani kriya yogah'

'따빠 스와드야야 이스와라 쁘라니다나니 끄리야 요가'

'고행(tapa)과 학습(svadhyaya), 신(isvara)에 대한 헌신 (pranidhana)이 끄리야 요가(kriya yoga)이다.'

해석 ; '타파스(tapas)'는 고행, 금욕이라 하고, '스와드야야 (svadhyaya)'는 스스로 하는 학습 즉 자율학습이다. '이스와 라(isvara)'는 신(자재신), '쁘라니다나(pranidhana)'는 헌신, '끄리야(kriya)'는 행위 또는 정화를 뜻한다. 따라서 끄리야 요가는 까르마 요가와 때로는 동의어로 쓰이기도 한다.

주:- 2장의 시작은 끄리야 요가의 소개로 시작한다. 끄리야 요가는 크게 두 가지로 해석할 수 있다. 첫째는 말 그대로 육체적 수련방법으로 고행과 학습, 신에 대한 헌신, 봉사 등으로 요가를 위한 행위를 해줌으로 요가의 길을 가고 그 길을 따라서 궁극적인 해탈을 추구하고, 다른 하나는 이러 한 행위를 통해 몸과 마음을 닦아 정화한다는 의미로 끄리 야 요가를 '정화(淨化)의 요가'라고 말하기도 한다.

고행이란 말의 '타파스(tapas)'는 산속에서 머리를 길게 길러 늘어뜨리고, 단식을 하면서 가시밭에서 잠도 자지 않고 심지어 쇠꼬챙이로 자신의 몸을 찔러가면서 스스로를 고문 하고 학대하는 것이 아니라, 알맞게 먹고 자면서 몸과 마음을 깨끗이 해서 엄격하게 욕망과 감각을 조절하고, 궁극에는 집착과 애착에서 벗어나 흔들림 없는 자아를 유지하는 것이다. 또 다른 의미로 불꽃이 일어난다. 라는 뜻도 있다. 이는 엄격한 절제와 수련으로 욕망과 탐욕, 어리석음을 태워 없애는 훈련과정이다. 이러한 과정을 거쳐 몸과 마음을 정화하게 되고 궁극에는 깨달음에 이르는 초석으로 작용한다.

욕망과 탐욕의 근원에는 인간이 태어나면서 가지고 오는 기질 즉 다섯 가지 끌레샤(klesa) 때문이다.

다섯 가지 끌레샤는 무지(avidya), 자아의식(asmita, 이기심), 애착(raga), 혐오(dvesha), 삶에 대한 강한 욕구(abhinivesha) 등으로 구성되어 있다.

끌레샤에 대한 설명은 다음 구절인 2/3절에 나온다.

정화하는 방법에는 삿뜨까르마(sat karma)도 있는데 이 역시 끄리야 요가라 한다.

스와드야야는 옛 성인들의 영적 깨달음에 대한 수행 방법들을 경전에 기록 해 놓았거나 구전으로 전해져 내려오는 것을 가르침에 따라 수행자 스스로 실천 수행하는 것을 말한다. 여기에는 아사나 수련이나 명상, 기도, 만뜨라(주문)를 암송하고 경전을 독송하는 등의 다양한 방법들이 있다.

'이스와라 쁘라니다나'는 글자대로라면 신에 대한 헌신이나 봉사를 뜻하지만, 헌신이라는 말은 신에 대한 최선 뿐 만 아니라 그 무엇을 하더라도 최선을 다한다는 의미이다. 그러나 최선을 다해 헌신하고 봉사를 하더라도 그에 대한 대가나 결과를 기대하면 헌신이나 봉사의 의미가 없어진다. 그래서 이스와라 쁘라니다나는 까르마 요가(karma yoga)와 연결되면서 윤회와도 관련되어진다. 대가나 결과를 기대하지 않은 이스와라 쁘라니다나와 까르마 요가는 상카라(shankara)를 남기지 않음으로서 윤회에서 벗어나고 결국 이스와라 쁘라니 다나와 까르마 요가는 잠재인상인 삼스까라(samskara)를 남기지 않음으로서 정화가 일어나고 끄리야 요가를 완성하게 된다.

2-2 절

समाधिभावनार्थः क्लेशतनूकरणार्थश्च॥

'samadhi bhavana arthah klesa tanu karana arthas ca'

'사마디 바와나 아르타 끌레사 따누 까라나 아르타스 짜'

'그리고(ca) 수행(karana)의 목적(artha)은 끌레샤(klesa)를 약화(tanu)시키고 사마디를 이루는(bhavana)데 있다.'

해석 ; '사마디(samadhi)'는 삼매, '바와나(bhavana)'는 경작하다. '아르타(artha)'는 목적 혹은 주제, '끌레샤(liesa)'는 타고난 기질 혹은 번뇌 망상의 원인, '따누(tanu)'는 약한, '까라나(karana)'는 행위, '짜(ca)'는 그리고 라고 풀이한다.

주:– 끌레샤는 인간이 태어나면서 유전적으로 가져오는 윤회의 원천이며 그 사람의 기질과 개성을 나타낸다. 그래서 사람

들은 타고난 기질은 바꿀 수 없다고 말하기도 한다. 타고난 기질을 바꿀 수 없다는 것은 그 만큼 깊고 강한 뿌리를 가지고 있다는 의미이다. 그러나 요가에서는 이러한 기질도 사마디를 완성함으로서 끌레샤의 뿌리를 파헤쳐 근원적으로 제거할 수 있다.고 말하면서 비로소 진리를 꿰뚫어 볼 수 있는 혜안(慧眼)이 생긴다. 고 했다.

따라서 수행의 과정은 끌레샤의 약화를 가져오고 끌레샤의 약화는 사마디를 이루는데 초석이 된다. 반대로 사마디에 이르면 끌레샤는 자연스럽게 약화되고 제거된다. 이를 통해 수행자는 윤회의 사슬고리에서도 벗어나 자유인으로 재탄생하는 것이다.

사마디는 우리가 학습하고 경험으로 축적되어진 기억을 무력화 시킨다. 그러면서 우리 인간의 내면을 백지 상태로 순수하게 만든다. 백지 상태가 된 내면은 선과 악, 백과 흑 등의 이원성 내지 다양성으로부터 자유로워지면서 구별하고 분별하는 인간의 타성을 혁파한다.

무지(avidya)는 내안에 참 자아(atman)이 있는 것을 부정하게 하는데 이러한 잘못된 자아의식(ahamkara)은 뿌루사와 쁘라끄르띠의 결합에서부터 시작된다. 그러면서 사람들은 아뜨만을 찾아서 여기저기 온 세상을 헤매고 다닌다. 참 자아는 다른데 있는게 아니라 바로 내 안에 있다. 그것을 찾는 방법은 간단하다. 명상을 통해 더도 덜도 아닌 사마디에 들어가 보면 안다.

अवद्द्यास्मितारागद्वेषाभनिविशाः क्लेशाः ॥

'avidya asmita raga dvesa abhinivesah panca klesah'

'아비드야 아스미따 라가 드웨샤 아비니웨샤 빤짜 끌레샤'

'무지(avidya), 자아의식(asmita), 라가(raga), 드웨샤(dvesa), 아비니웨샤(abhinivesa)는 다섯(panca) 끌레샤(klesa)이다.'

해석 ; '아비드야(avidya)'는 무지, '아스미따(asmita)'는 자아 의식, '라가(raga)'는 애착, '드웨샤(dvesa)'는 혐오심, '아비 니웨샤(abhinivesa)'는 삶에 대한 의지, '빤짜(panca)'는 다섯, '끌레샤(klesa)'는 타고난 번뇌 망상의 원인 혹은 다섯 가지 기질이라 풀이한다.

주:- 다섯 가지 끌레사(klesa)는 아비드야(avidya, 무지), 아 스미따(asmita, 자아의식), 라가(raga, 애착), 드웨샤(dvesa, 혐오심), 아비니웨샤(abhinivesa, 삶에 대한 의지)등 다섯 가 지로 구성되어 있다.

이러한 다섯 가지는 인간이 태어나면서부터 가져오는 것으 로 본질과 실체를 볼 수 있는 눈을 가려서 온갖 번뇌 망상 과 고통으로 살아가게 만든다. 또한 이 들은 쁘라끄르띠의 유전인자로 윤회(輪廻)의 구성인자로 작용한다.

끌레샤의 다섯 가지 구성인자 중 첫 번째인 아비드야는 모 든 끌레샤의 우두머리로서 다른 끌레사의 원인으로 작용하고 모든 고통의 원천이다. 아비드야에 대한 설명은 다음 구절 2/4절에서 주어진다.

2-4 절

अविद्याक्षेत्रमुत्तरेषां प्रसुप्ततनुविच्छिन्निनोदाराणाम्॥

'avidya ksetram uttaresam prasupta tanu vicchinna udaranam'

'아비드야 크세뜨람 우따레삼 쁘라숩따 따누 비친나 우다라남'

'아비드야(avidya)는 잠재되어 있는(prasupta) 다른(uttara) 끌레샤들을 약하게(tanu)하고 방해하고(viccinna) 발현(udara)하게 하는 배경(ksetra)이다.'

해석 ; '아비드야(avidya)'는 무지, '크세뜨라(ksetra)'는 배경, '우따라(uttara)'는 다른, '쁘라숩따(prasupta)'는 잠재적인, '따누(tanu)'는 가는 혹은 약한, '비찐나(vicchinna)'는 중단 혹은 방해하다, '우다라(udara)'는 분발하게 하다. 로 풀이한다.

주:- 덧없고 무상한 것을 영원한 것으로, 참자아가 아닌 것을 참 자아로, 고통스러운 것을 즐거운 것으로 착각하게 만드는 것은 본질을 볼 수 없게 어리석은(avidya) 무지(無知)가 지혜의 눈을 가리고 있기 때문이다.

다섯 가지 끌레샤는 실지로 무지 즉 아비드야에 의해 형성된 것이다. 우리가 무지하지 않다면 덧없고 무상한 것을 가지고 영원한 것이라고 착각할 이유가 없고 참자아도 아닌 것을 가지고 참자아라고 착각할 이유도 없다. 이와 같이 모든 끌레샤의 구성인자는 결국 무지하기 때문에 생겨난 것이다. 따라서 무지라는 어리석음만 걷어낸다면 다른 끌레샤들은 자연스럽게 약해질 뿐만 아니라 근본적으로 제거된다. 그래서 이 구절에서는 무지 즉 아비드야가 다른 끌레샤들을 약하게도 하고 발현도 하게 하는 배경으로 지목하고 있다. 그러면서 깨달음에 이르는 길의 장애물로 표현한다. 우리는 이 장애물을 걷어내기만 하면 지혜의 눈을 뜨게 되고 이 지혜의 눈으로 참자아인 아뜨만을 발견할 수 있게 되고 모든 속박과 구속에서 해방된다. 이것을 까이발야(kaivalya)라고 한다.

아비드야에 의한 오류는 다음 구절 2/5절에서 명쾌하게 설명하고 있다.

2-5 절

अनित्याशुचिदुःखानात्मसु नित्यशुचिसुखात्मख्यातिरविद्या ॥

'anitya asuci duhkha anatmasu nitya suci sukha atma khyatir avidya'

'아니뜨야 아수찌 두카 안아뜨마수 니뜨야 수찌 수카 아뜨마 캬띠르 아비드야'

'덧없는 것(anitya)을 영원한 것(nitya)으로, 부정한 것

(asuci)을 순수한 것(suci)으로, 고통스러운 것(duhkha)을 즐거운 것(sukha)으로, 참 자아가 아닌 것(anatma)을 참 자아(atma)로 보이게 하는 것(khyati)은 무지(avidya) 때문이다.'

해석 ; '아니뜨야(anitya)'는 덧없는, '아수찌(asuci)'는 부정한, '두카(duhkha)'는 불행 혹은 슬픔, '안아뜨만(anatma)'은 비자아, '니뜨야(nitya)'는 영원한, '수찌(suci)'는 순수한, '수카(sukha)'는 행복 혹은 기쁨, '아뜨만(atman)'은 자아, '캬띠(khyati)'는 보는 것, '아비드야(avidya)'는 무지 혹은 무명이라 풀이한다.

주:- 이 구절은 아비드야의 특징을 설명하는 구절로서, 인도 철학에서 모든 현상은 마야(maya, 환영)라고 했다. 모든 현상이 환영으로 보이는 이유는 본질적 실체를 보지 못하게 무지(avidya)가 눈앞을 가리고 있기 때문이다.

이로 인해 무지(avidya)는 덧없는(anitya) 것을 영원한(nitya) 것으로 부정한(asuci) 것을 순수한(suci) 것으로 고통스러운 것(dukha)을 즐거운 것(sukha)으로 자아가 아닌 것(anatman)을 참 자아(atman)로 보이게(khyati) 한다.

무지를 걷어내지 못하고서는 모든 현상의 실체를 알지 못한다. 따라서 모든 현상의 본질을 알기 위해서는 무지를 타파함으로서 이루어진다. 무지를 타파함으로서 요가의 완성도 이루어진다.

दृग्दर्शनशक्त्योरेकात्मतेवास्मिता॥

'drg darsana saktyor eka atmata iva asmita'

'드르그 다르사나 삭뜨요르 에까 아뜨마따 이와 아스미따'

'보이는 것(darsana)과 보는 사람(drg)이 마치 자아(atma)와 하나(eka)인 것처럼(iva) 느껴지는 것은 자아의식(asmita)의 힘(sakti)이다.'

해석 ; '드르그(drg)'는 보는 사람, '다르사나(darsana)'는 시각 혹은 보이는 것, '삭띠(sakti)'는 힘, '에까(eka)'는 하나, '아뜨마따(atmata)'는 자아, '이와(iva)'는 말하자면 혹은 마치 ~처럼, '아스미따(asmita)'는 자아의식으로 풀이한다.

주:- 인간은 태어나면서부터 무지를 갖고 태어난다고 했다. 무지 속에서 태어난 인간은 태어나 성장을 하면서 자신의 이미지를 가꾸고 남들과는 다른 자신을 표출하기에 여념이 없다. 이것을 개성(個性)이라 부르고 현대인들은 톡톡 튀는 개성을 자랑으로 여긴다. 그리고 내가 살고 있는 집을 내 집이라 하고 내가 가지고 있는 어떤 물건도 내 것이라 한다. 이러한 현상은 자아의식 즉 아스미따(asmita) 때문으로 내가 가진 것이 마치 영구불변 내 것으로 여긴다. 이러한 현상은 어디까지나 착각이다. 우리는 세상에 태어날 때 내 손안에 가지고 태어난 것은 아무것도 없다. 그런데 성장하면서 부모들이 '아이구! 내 새끼하면서' 내 것이라는 개념을 심어주기

시작하면서 모든 게 '나'와 '내 것'으로 귀결되는 강력한 습관과 타성을 만들어 낸다. '나'와 '내 것'이 반복되면서 '라가' 집착과 애착도 생기고, '내가' 좋아하고 싫어하는 '드웨사'도 연이어 나타난다.

이것들은 아스미따(asmita, 자아의식)에 의해 파생되어 나온 속성들이다. 아스미따가 형성하게 된 근본 배경은 뿌루사와 쁘라끄르띠의 결합에 의해 형성된 산물이다.

요가에서 말하는 본질적인 자아는 아뜨만(atman)이다.

아뜨만은 절대 순수한 의식 혹은 영혼이다.

그런데 뿌루사와 쁘라끄르띠의 결합으로 형성된 자아의식 (ahamkara)은 내 것(asmita)이라는 이기심을 발현하여 현재의 나를 본질적인 자아인 참자아인 아뜨만은 제쳐두고 마치 자신이 참자아인 양 모든 일을 판단하고 결정한다.

이것을 개아(jivatma, 個我)라고 한다.

개아와 참자아의 차이점은 참 자아는 누구나 가지고 있는 똑 같은 모습으로 두루 편재하는 것이고 개아는 쁘라끄르띠의 속성을 가지고 있어서 제각각의 다양하게 모양을 나타내기 때문에 개성(個性)이라 하고 그 하나하나의 개체를 개아(個我)라 부른다.

물질 만능에 찌든 현대인들에게 있어서 개성은 없어서는 안될 개인적인 능력으로 평가되지만 요가에서는 본질을 모르는 어리석음에 기인 한 것으로 개성은 타파해야 할 대상이다. 왜냐면 개성의 뿌리는 자아의식이고 자아의식에 의해 자신은 남과 다른 개성을 나타내고자 하면서 고통과 속박의 원인으로 작용하기 때문이다.

아뜨만이라는 참 자아는 본질적으로 누구나 똑 같이 가지고 있는 것이다.

그런데 개아는 자신만이 가지고 있는 것이라고 착각하면서 자신만의 개성을 나타내기 위해 끊임없는 노력을 요구한다. 그러면서 남들보다 다르다는 우월의식과 자만과 교만 등의 악업을 짓게 되고 결국은 윤회의 사슬고리(samskara)로 남게 된다.

이 고리는 꼬리에 꼬리를 물고 남들보다 돋보이게 하기 위해서는 많은 비용이 든다. 남들보다 좋은 집에 살아야하고 남들보다 크고 좋은 차를 타야하고 남들보다 돋보이게 하기 위해서는 비싸고 고급스런 악세사리로 치장을 해야 하고 옷도 잘 입어야 한다.

그런 자신은 남들과는 다른 대우를 받아야한다고 생각하면서 물질과 쾌락을 위해서는 수단과 방법을 가리지 않고 저돌적이고 무슨 짓이던 한다. 그러면서 강도, 살인, 도둑질, 사기, 배신 등등 물욕과 자신의 물질적 욕구를 충족시키기 위해서는 안하는 게 없고 못하는 게 없다.

이것은 마치 물질과 감각적 삶에 영혼을 빼앗기고 허우적대고 살고 있는 영혼 없는 좀비와 다를 바가 없다.

그런데 알고 보면 결국 고통만 남고 누구나 죽을 수밖에 없는 시점이 오면 아무것도 갖고 오지 않았던 것처럼 갈 때도 아무것도 갖고 가지 못하고 빈손으로 간다.

이 모두가 또 다른 본질 적이고 절대적인 또 다른 세계가 있다는 것을 모르는 무지에 기인한다. 이건 마치 우물 안 개구리가 우물 안 세상만을 알고 우물 바깥에는 더 넓고 커다란 세계가 있다는 것을 모르는 것과 같다.

그렇다면 무지에서 벗어난 사람들의 삶은 어떤가 하면, 물질과 감각적 경험적 세계에 살고 있으면서도 여기에 물들지 않고 본질적 세계와 나아가 궁극적인 절대세계를 동시에 살아가는 사람들이 각자(覺者)들의 세계이다. 마치 물새가 물에 들어갔다 나와도 물에 젖지 않는 것과 같이 같은 경험적이고 이성적인 세상에 살고 있지만 물들지 않는다.

그렇다면 본질적 세계란 무엇일까? 본질적 세계는 아뜨만의 세계로서 순수 그자체이다. 순수 그 자체이기 때문에 왜곡되고 변형되지 않은 있는 그대로의 세계이다. 여기에는 선과 악, 아름다움과 추함, 흑과 백과 같은 그 어떤 언어나 물질로도 채색되지 않은 절대 순수의 오염되지 않은 세계이다. 다시 말하면 뿌루사와 쁘라끄르띠가 결합되어 순수성이 훼손되기 전의 세계이다. 이 세계는 체험으로서만 경험가능 하고 이해가능하다. 그래서 이러한 믿음은 일상적으로 감각적이고 이성적인 사고를 가진 사람들은 알지 못하는 또 다른 세계가 있다는 것을 인정해야 가능하다.

सुखानुशयी रागः ॥

'sukha anusayi ragah'

'수카 아누사이 라가'

'집착(raga)은 쾌락(sukha)에 의거한 것(anusayi)이다.'

해석 ; '수카(sukha)'는 행복한 혹은 즐거운, '아누사이(anusayi)'는 근거 혹은 ~에 의거하여, '라가(raga)'는 애착 혹은 집착이라 풀이한다.

주:- 인간의 속성은 고통스러운 것보다 즐거운 것을 선호하고 한번 느낀 쾌락과 즐거움은 기억 속에 저장하였다가 다시 느끼고 싶어 갈망하게 된다. 이때 발생하는 것이 갈망과 집착, 애착이다.

그런데 그 쾌락과 즐거움이 충족되지 않으면 고통과 절망으로 다가온다. 그래서 요가에서는 쾌락과 즐거움도 고통이라고 말한다. 이것은 우리의 생활 습관과도 밀접하게 연관되어 있다. 왜냐면 사람은 살아가면서 불편한 것은 견디기 힘들어하고 편안한 것을 추구하고, 고통스럽고 괴로운 것은 피하고 즐거운 것과 쾌락만을 탐닉해왔기 때문에 이러한 습관을 버리기는 쉽지가 않다. 그래서 명상을 통해 이러한 생활패턴을 완전하게 바꾸어서 모든 고통에서 벗어나게 해 주는 것이 명상이다.

이미 1/45절에 잘 설명해 놓고 있다.

दुःखानुशयी द्वेषः ॥

'duhkha anusayi dvesah'

'두카 아누사이 드웨사'

'혐오(dvesa)하는 마음은 고통(duhkha)에 의거한 것(anusayi)이다.'

해석 ; '두카'는 불행 혹은 슬픔, 고통이라 풀이 하고, '아누사이'는 근거 혹은 ~에 의거하여, '드웨샤'는 혐오하는 마음으로 풀이한다.

주:- 사람은 누구나 행복하고 즐겁기만을 원한다. 그리고 슬픔과 고통을 경험해 본 사람이라면 두 번 다시 같은 일은 겪기를 원하지 않을 것이다. 고통과 슬픔, 공포, 두려움 등을 회피 하려는 마음에서 싫어하고 미워하는 혐오심이 생긴다.

이 또한 마찬가지로 명상이 깊어지면 집착과 애착, 혐오와 싫어함이 용해되어 없어지는 것을 경험하게 된다. 그래서 명상은 우리가 살아가면서 나만이 가진 싫은 것, 좋은 것을 퇴치하는 비장의 무기가 된다. <1/45절 참고>

स्वरसवाही विदुषोऽपि तथारूढो भनिनिवेशः ॥

'sva rasa vahi viduso'pi tatha rudho'bhinivesah'

'스와 라사 와히 위두소삐 따타 루도 비니웨사'

'자기 자신(sva)의 성향(rasa)에 따라 생산(vahi)되는 삶에 대한 애착(abhinivesah)은 심지어(api) 현자(vidusa)에게도 뿌리(rudha)를 내리고 있다. 그러므로(tatha)...'

해석 ; '스와(sva)'는 자신의, '라사(rasa)'는 ~하려는 성향, '와히(vahi)'는 출산 혹은 생산이라 풀이 하는데, 스와+라사 +와히를 합해서 스와라사와히(svarasavahi)를 한꺼번에 묶어 스스로 즉 자연발생적으로 생산되는 것이라 풀이 하고 '위두사(vidusa)'는 지자(智者) 혹은 현자, '아삐(api)'는 심지어, '따타(tatha)'는 그러므로, '루다(rudha)'는 뿌리내리다, '아비니웨샤(abhinivesa)'는 삶에 대한 의지라고 풀이한다.

주:- 인간은 누구나 삶에 대한 집착과 애착을 가지는데, 그 삶에 대한 집착과 애착은 왜 생기는 것이며 어디서부터 오는 것일까? 그리고 왜 죽음을 두려워하는 것일까?

현재의 즐겁고 풍족한 삶을 다 놓고 가기가 아쉬워서일까?

어떠한 이유에서든지 삶에 대한 집착은 개개인의 성향에 따라 강하게도 약하게도 다양하게 나타나고 여기에 대한 답 또한 각각의 학문마다 다르게 설명한다.

예를 들면 유전학에서는 두려움을 유전적으로 물려 받았

다하고, 심리학자들은 과거의 죽음에 대한 공포를 잠재의식 속에 내재되어 있던 것의 표출이라고 말한다. 혹자는 습관 이라고 말한다.

세상의 모든 것은 금방 나타났다 사라지는 것이 자연의 이 치인데 우리가 소중하게 생각하는 것들은 우리 삶속에 무엇 이 오랫동안 함께 생활하느냐에 따라 집착과 애착이 강하게 작용한다. 예를 들면, 특히 물질적인 돈은 자본주의 사회에 서 평생 없으면 안 되는 것이고, 또 한편으로 집에 대한 애 착이 많은 것은 평생 기거해야 할 거처가 필요한 것이기 때 문이고, 부모형제나 일가친척은 살아가면서 평생 가까이 하 며 함께 살아가야하기 때문에 그들 중 누구 한사람을 잃어 도 고통으로 다가온다. 이러한 현상은 내가 태어나서 늘 나 와 가까이 언제나 함께 했던 것들이기에 그 습을 버리지 못 해 그 것을 잃게 되면 슬프고 고통스럽다는 것이다.

그런데 인도철학이나 요가에서는 윤회의 소산이라고 한다. 윤회란 자신이 지은 업에 따라 삶의 형태를 다양하게 바꿔가 며 재생하는 순환성의 연속이다. 이것은 한낱 작은 미물(微物)에서부터 깨달음을 이룬 성자(聖者)에 이르기까지 예외 일수 없이 자연스럽게 적용되는 자연의 법칙이다. 그런데 삶 이 바뀔 때 마다 고통을 느꼈다면 과거(전생)에 경험한 삶과 죽음의 반복되는 순환성 속에서 그때 마다 경험한 죽음에 대 한 공포와 두려움은 유전적이고 과거에 경험한 잠재의식에 의한 자연적인 현상이라고 요가에서는 유전학과 심리학적인 견해를 포괄적으로 설명하고 있다.

그러면서 요가에서는 수행의 결과 영적 깨달음의 깊이와 넓이에 따라 이 또한 어느 정도 극복할 수 있고 윤회에서 벗어날 수가 있다고 말하면서 결국 이 또한 어리석음(avidya)의 소치라고 말한다.

죽음으로 부터의 고통은 명상을 통해 해방될 수 있고, 명상은 죽음의 공포도 물리치는 힘이 있다. 왜냐면 모든 기억들을 용해시켜 버릴 수 있기 때문에 죽음에 대한 공포의 기억도 용해시킬 수 있기 때문이다.

2-10 절

ते प्रतिप्रसवहेयाः सूक्ष्माः॥

'te pratiprasava heyah suksmah'

'떼 쁘라띠쁘라사와 헤야 숙스마'

'이러한 미묘한(suksma) 형태의 것들(te) [즉 지금까지 설명해온 다섯 끌레샤들을 말한다.]은 반대의 형성과정(pratiprasava)을 통해 극복(heya)할 수 있다.'

해석 ; '떼(te)'는 그들 혹은 이러한 것들, '쁘라띠쁘라사와(pratiprasava)'는 역류 혹은 퇴화과정, '헤야(heya)'는 극복하다, 이기다, '숙스마(suksma)'는 미묘한, 섬세한이라 풀이한다.

주:- 지금까지 설명을 이어온 다섯 끌레샤들을 어떻게 하면 제거할 수 있을까 하는 방법론을 말하고 있다.

상캬 철학에서 만물은 뿌루사와 쁘라꼬르띠의 결합에 의해 하나의 개체로 전개되었다고 말한다. 하나의 작은 세포가 인간이라는 개체로 전개된 후에 수행자들은 뿌루사와 쁘라꼬르띠의 결합으로 에고의식(asmita)과 지성을 가진 물질적 존재로 성장하여 소위 몸과 마음이라는 형태의 완성된 인간으로 발전했다. 따라서 본질이라는 실제를 추구하는 수행자들은 전개되어 완성되어 있는 우리의 육체와 마음을 가지고 하나의 개체로 전개되기 이전의 모습을 찾아가면 우리 자신들의 진면목을 볼 수 있을 것이다.

이때 가장 크게 작용하는 것이 자아의식인 아스미따와 지성인 붇디(buddhi)이며 25원리의 역순으로 수련해 가다보면 우리의 본래 모습을 볼 수 있게 된다.

여기서 말하는 미묘한(suksma) 형태의 것들(te)이란 지금까지 설명해온 다섯 끌레샤들을 말하고 이러한 다섯 가지는 이들이 형성되는 과정을 퇴화시키든가 아니면 그들이 형성되어온 반대 과정으로 제거할 수 있다. 반대 과정이란 것은 결국 2/11절에서 말하는 명상이고 명상은 까르마를 정화시킨다. 이때 비로소 끌레샤는 용해되어 없어진다.

2-11 절

ध्यानहेयास्तद्वृत्तयः॥

'dhyana heyas tad vrttayah'

'드야나 헤야스 따드 브르따야'

'이러한(tad) 작용(vrtti)은 명상적 몰입(dyana)으로 극복(heya) 할 수 있다.'

해석 ; '드야나(dhyana)'는 명상적 몰입, '헤야(heya)'는 극복 혹은 억제하다. '따드(tad)'는 그것들, '브르띠(vrtti)'는 작용 또는 동요. 라고 풀이한다.

주:- 명상적 몰입 즉 드야나(선정, 禪定) 상태의 깊은 몰입 상태에서는 모든 의식 작용들이 잔잔한 호수의 물결처럼 잦아든다. 이때 모든 까르마는 잦아들고 더 이상의 까르마가 발생하지 않는다. 이때를 요가에서는 드야나라 하고 불교에서는 선정(禪定) 혹은 열반적정(涅槃寂靜)이라한다. 이때 모든 업장(業障)이 소멸하고 윤회에서도 해방되며 자유로운 현자(賢者)가 된다.

2-12 절

क्लेशमूलः कर्माशयो दृष्टादृष्टजन्मवेदनीयः ॥

'klesa mulah karma asayo drsta adrsta janma vedaniyah'

'끌레사 물라 까르마 아사요 드르스따 아드르스따 잔마 베다니야'

'타고난 기질(klesa)은 행위(karma)에 대한 뿌리(mula)로 저장(asayo)되어 현생(drsta)에 나타나지 않으면(adrsta)

다음 생에(janma) 경험(vedaniya)하게 된다.'

해석 ; '끌레샤'는 타고난 기질 혹은 고통의 원인, '물라'는 뿌리, '까르마'는 행위, '아사야'는 잔재 혹은 축적되어 있는, '드르스따'는 보다 또는 현재 '아드르스따'는 보이지 않는 혹은 장래에, '잔마(janma)'는 탄생, '베다니야'는 경험하다. 등으로 풀이한다.

주:- 인간이 행하는 모든 생각과 행동에는 의도하는 바가 있다. 그것이 선한 것이던 악한 것이던 결과가 있고 결과가 있으면 결과에 따라 까르마가 형성된다. 그 까르마는 윤회의 씨앗 즉 삼스까라(samskara)로 작용한다. 삼스까라의 원인에는 우리의 생각과 행위가 있고 그 행위의 의도하는 바에는 각자가 가지고 있는 끌레샤가 작용한다. 그 끌레샤가 작용하는 바에 따라 다양한 형태의 까르마를 지을 것이고 그러한 까르마는 지금 바로 나타날 수도 있고 지금 당장은 아니더라도 시간이 지나 한참 뒤에 나타날 수도 있고, 살아생전에 받지 않으면 미래의 다음 생에 나타날 수도 있다고 말하고 있다.

그래서 심리학에서는 우리의 기억 속에 저장된 모든 일은 잠재의식에서 작용하고 있다고 말하고 있으며 언제 어디서나 발현할 수 있다고 말하고 있다.

सति मूले तद्विपाको जात्यायुर्भोगाः॥

'sati mule tad vipako jaty ayur bhogah'

'사띠 물레 따드 위빠꼬 자띠 아유르 보가'

'뿌리(mula)가 존재(sati)하는 한 탄생(jaty)과 삶(ayus), 쾌락(bhogah) 등으로부터 그 결과(vipaka) 또한 존재한다.'

해석 ; '사띠(sati)'는 존재, '물라(mula)'는 뿌리 혹은 근원, '따드(tad)'는 그것 혹은 그것으로부터, '위빠까(vipaka)'는 성과 혹은 결과, '자띠(jaty)'는 탄생 혹은 계급, '아유스(ayus)'는 삶 혹은 삶의 기간, '보가(bhogah)'는 경험 혹은 즐거움이라 풀이한다.

주:- 인간은 안(眼), 이(耳), 비(肥), 설(舌), 신(身)의 지배를 받는다. 이것을 우리는 오감(五感)이라 한다. 보고 듣고 말하고 감촉으로 느끼는 모든 감각에 의해 지배를 받는 인간은 그 결과를 남긴다. 그러한 행위에 대한 뿌리를 여기서는 물라(mula)라고 말하고 있다. 아름다운 것을 보고, 맛있는 것을 먹고, 기분 좋은 촉감을 느끼고 즐거워하듯이 안 좋은 것을 보고, 맛없는 음식을 먹고, 안 좋은 소리를 듣고 고통스러워하듯이 모든 행위에는 결과를 남기고 결과를 남긴다는 것은 삼스까라(samskara, 잠재인상)를 남겨 윤회로 연결된다. 따라서 다섯 끌레샤로 의해 발생하는 생로병사와 희로애락 등을 근본적으로 해결하지 않으면 이들로 인한 업

(業)의 축적은 계속되고 윤회 또한 계속 될 수밖에 없고 고
통과 괴로움 또한 계속된다.

2-14 절

ते ह्लादपरितापफलाः पुण्यापुण्यहेतुत्वात् ॥

'te hlada paritapa phalah punya apunya hetutvat'

'떼 흘라다 빠리따빠 팔라 뿐야 아뿐야 헤뚜뜨와뜨'

  '선의(punya)든 악의(apunya)든 이러한 것들(te)은 결과
적(phala)으로 즐거움(hlada)과 고통(paritapa)의 원인(hetutva)
으로 나타난다.'

해석 ; '떼(te)'는 그들 혹은 이것들, '흘라다(hlada)'는 기쁨
혹은 즐거운, '빠리따빠(paritapa)'는 고통, 비탄, 괴로움이라
풀이하고, '팔라(phalah)'는 결과 혹은 결실, '뿐야(punya)',는
가치 있는 혹은 선의, '아뿐야(apunya)'는 가치 없는, 악의, '
헤뚜뜨와(hetutva)'는 원인이라 풀이한다.

주:- 이미 앞 구절에서 말하였지만 인간이 행하는 모든 행위
(karma)에는 생각과 의도가 있다. 그것이 선의든 악의든 의
도하는 바가 있기 때문에 삼스까라(samskara, 윤회의 사슬고
리)를 남긴다. 따라서 그 의도가 무엇이었는가에 따라 행위의
결과가 즐거울 수도 있고 괴로울 수도 있다.

그러나 그 행위의 결과가 괴롭다고 해서 삼스까라를 남기고
즐겁다고 해서 삼스까라를 남기지 않는 것은 아니다. 비록 즐

겁다하더라도 요가 적 견해로 보면 결과는 고통이라는 것을 다음 구절에서 말하고 있다.

따라서 결과에 연연하지 말고 불교에서 말하는 무위심(無爲心)과 요가 적으로는 까르마 요가(karma yoga)를 수행해서 새로운 업(karma)을 쌓지 않고 무지(無知)를 타파하는 것이 근본 원인을 해결하는 것이다.

2-15 절

परिणामतापसंस्कारदुःखैर्गुणवृत्तविरोधाच्च दुःखमेव सर्वं विवेकिनः ॥

'parinama tapa samskara duhkhair guna vrtti virodhac ca duhkha eva sarvam vivekinah'

'빠리나마 따빠 삼스까라 두카이르 구나 브르띠 비로닥 짜 두카 에와 사르왐 비베키나'

'그러므로(eva) 지혜롭고 분별력 있는 사람(vivekin)은 모든(sarva) 변화(parinama)들이 갈등(virodha)과 고통(duhkha)의 잠재적인(samskara) 구성요소(guna)로 작용 (vrtti)하기 때문에 고통(tapa)이라고 말한다.'

해석 ; '빠리나마(parinama)'는 변화, '따빠(tapa)'는 괴로움, '삼스까라(samskara)'는 잠재인상, '두카(duhkha)'는 슬픔 혹은 고통, '구나(guna)'는 속성 혹은 기본 구성요소, '브르띠(vrtti)'는 동요, '비로다(virodha)'는 갈등 혹은 모순, '짜(ca)'

는 그리고, '에와(eva)'는 그르므로, '사르와(sarva)'는 모두, '비베킨(vivekin)'은 알아차리다. 에서 파생된 알아차린 사람 혹은 파악하다. 에서 파생된 파악한사람이라고 풀이 할 수 있는데 알아차린 사람이란 다름 아닌 깨달은 사람을 뜻한다.

주:- 쾌락을 즐기고 기쁨을 누리는 것을 요가에서는 보가(bhoga)라고 한다. 반면 슬픈 것은 두카(dukha)라 하고, 고통과 괴로움은 타파스(tapas)라 한다. 이러한 현상은 행위의 결과에 따라 즐거울 수도 있고 행복할 수도 있고 슬프고 고통스러울 수도 있다.

이러한 현상들이 생겨나는 원인은 부지불식간의 잠재적 활성체(samskara)와 만물의 기본 구성요소인 구나(gunas)들의 움직임(vrtti)들 사이에서 일어나는 갈등과 모순(virodha)들에 의해 끊임없이 변화(parinama)하기 때문에 이러한 변화들은 모두가 고통의 원인으로 작용한다. 왜냐면 모든 현상 즉 생로병사와 희로애락 모두가 고통을 내포하고 있기 때문이다. 이것을 아는 사람(vivekin)은 모든 것(sarva)은 고통(tapa)이라 한다.

삼스까라는 모든 행위에 대한 인과 관계를 내포하고 있으면서 언제든지 기회만 있으면 다시 발현한다. 또한 만물의 구성인자로서의 구나들은 보이지 않게 끊임없이 움직이면서 제각각의 개성으로 표출된다. 이러한 변화들을 전변론(parinamvada)이라고 상캬와 요가에서는 말한다. 이러한 원리를 깨닫고 있는 사람(vivekin)은 세상사 모두를 고통이라고 표현하고 있는 것이다. 따라서 이러한 고통에서 벗어나기 위해서는 해탈이 필요하고 해탈한 사람에게는 무위심

(無爲心)으로 충만하여 까르마 요가(karma yoga)가 완성되어 더 이상 윤회의 고리에 얽매이지 않게 된다.

 그렇다면 진정한 행복이란 어떤 것일까? 한낮의 따뜻한 봄 햇살이 비추는 정자 나무아래에서 즐기는 한가로운 여유를 상상해 보라. 어떤 것이 진정한 행복일까? 이때의 순간은 잡 념이 없는 나와 내 자신(atman)이 함께 하는 시간이다. 이것 이 나와의 접촉이다. 이것을 'I am here. 나는 여기 있다.' 라고 한다. 내가 여기 있을 때 다시 말하면 참 자아(atman) 와 함께 할 때 나는 순수의식 그 자체로 있기 때문에 지고한 행복과 충만감을 느낀다.

2-16 절

हेयं दुःखमनागतम् ॥

'heyam duhkham anagatam'

'헤얌 두캄 아나가땀'

 '(이로 인해)아직 오지 않은 미래(anagata)의 고통(duhkha) 까지도 극복(heyam)할 수 있다.'

해석 ; '헤얌(heyam)'은 극복하다. '두카(duhkha)'는 고통, ' 아나가따(anagata)'는 장래 혹은 미래라고 풀이한다.

주:– 요가 수행자의 모든 행위는 무위심(無爲心)으로 까르마 요가의 실천이기 때문에 더 이상 새로운 업을 짓지 않게 된 다. 현재 이 순간에 윤회의 연결고리인 업을 짓지 않고 까르

마 요가를 실천해 줌으로서 더 이상의 업을 짓지 않게 되면 나의 행위로 인해 형성되는 인과의 법칙에 의한 삼스까라가 축적되지 않는다. 이로 인해 미래에 올 고통까지도 없어지는 것이다. 심지어 나아가 윤회(samsara)에서도 해방된다.

2-17 절

दृष्ट्टदृश्ययोः संयोगो हेयहेतुः ॥

'drastr drsyayoh samyogo heya hetuh'

'드라스뜨르 드르스야요 삼요고 헤야 헤뚜'

'보는 사람(drastr)과 보이는 것(drsya)의 연관성(samyoga)은 극복(heya)되어야 할 (고통의) 원인(hetuh)이다.'

해석 ; '드라스뜨르(drastr)'는 보는 사람, '드르스야(drsya)' 는 보이는 것, '삼요가(samyoga)'는 상관관계 혹은 연관된, '헤야(heya)'는 극복하다. '헤뚜(hetuh)'는 이유 혹은 원인으 로 풀이한다.

주:- 이 구절은 본질과 비 본질의 문제이고 자아(atman)와 비 자아(jivatman)의 문제이다.

여기서 말하는 보는 사람이란 우리 자신의 참자아인 아뜨만 (atman)을 말한다. 여기서 짚고 넘어가야 할 것은 아뜨만의 본성이다. 아뜨만의 본성은 한마디로 말하면 오든 것의 본 질이다. 예를 들면 아뜨만은 모든 것을 알고 있으면서 알지 못하는 앎 그 자체이다. 아뜨만은 사랑을 알지만 사랑하지 않는 사랑 그 자체이다. 아뜨만은 순수하고 무한하지만 그 사실을 알지 못하는 순수 자체이다.

우리가 알고 있는 앎이나 사랑, 순수 등은 아뜨만의 입장에서 보면 본질이 아니라 속성에 불과하다. 속성이란 것은 언제나 상황에 따라 변하는 것이다. 그러나 본질은 변화하지 않는다. 그렇다면 우리는 왜 아뜨만이라는 본질을 두고 속성에 얽매여서 서로 제 잘났다고 우기고 연인끼리는 사랑을 하니 안하니 아옹다옹하면서 살고 있느냐 하면 에고(ego) 즉 아스미따(asmita) 때문이다. 에고는 왜 생겼을까 하면 결국은 다섯 끌레샤 중의 우두머리인 아비드야(avidya) 즉 무지(無知) 때문이다. 따라서 우리는 이 무지를 타파함으로서 모든 현상은 사라지고 본질만이 남게 된다. 이때 우리는 우리 자신의 참자아인 아뜨만을 통해 보이는 대상의 실제를 볼 수 있게 된다. 비슷하지만 또 다르게는 모든 사물의 본질은 뿌루사와 쁘라끄르띠의 결합에 의한 합성물인 것을 우리는 본질을 망각하고 현재 보이는 현상에만 집착을 해서 그것이 마치 본질인양 착각을 하는 것이다.

그래서 진리란 있는 그대로를 바라보는 것이다.

पुरकाशक्रयिास्थतिशीलं भूतेनुद्रयिात्मकं भोगापवर्गार्थं दृश्य
म् ॥

'prakasa kriya sthiti silam bhuta indriya atmakam
bhoga apavarga artham drsyam'

'쁘라까사 끄리야 스티띠 실람 부따 인드리야 아뜨마
깜 보가 아빠와르가 아르탐 드르스얌'

'보이는 것(drsya)들은 밝게 빛나는 것(prakasa), 활동적인
것(kriya), 안정적인 것 (sthiti)이라는 기질의 특성(sila)을 가
지고 오대요소(bhuta)와 감각기관(indriyas)들에 의해 구체화
(atmaka)되고 즐거움(bhoga)과 해탈(apavarga)이라는 이중
적 목적(artha)을 갖고 있다.'

해석 ; '쁘라까샤(prakasa)'는 밝음 혹은 빛나는 것, '끄리야
(kriya)'는 행위 혹은 활동적인 것, '스티띠(sthiti)'는 무력감
혹은 안정된 것, '실라(sila)'는 기질, 특징, '부따(bhuta,)'는
요소(5대 요소 즉 지수화풍공), '인드리야(indriyas)'는 감각
기관, '아뜨마까(atmaka)'는 구체화되다, '보가(bhoga)'는 즐
거움, '아빠와르가(apavarga)'는 해방, '아르타(artha)'는 목
적, '드르스야(drsya)'는 보이는 것 혹은 인식할 수 있는 것
이라 풀이한다.

주:- 삼라만상 모든 인식할 수 있는 대상이나 현상은 밝고
(satva), 어둡고(tamas), 활동적(rajas)이고 비활동적(tamas)이

면서 정적인 것, 등과 같은 다양한 특징들을 나타낸다. 이들은 3구나의 속성을 간직하고 있기 때문이다. 이러한 현상은 3구나(gunas)의 구성에 따른 것이다. 그리고 그러한 사물들은 모두가 지, 수, 화, 풍, 공이라는 5대 원소(maha bhuthas)로 이루어져 있으며 감각기관을 통해 인지된다. 이렇게 인지되는 것들은 감각기관(indriya)을 통해 즐거움을 주기도 하고, 고통을 주기도 하지만 이러한 현상세계의 현상들을 통해 실체를 깨달아 해탈을 이루게 하는 것이다.

우리가 살고 있는 실질적인 현상세계는 지수화풍공이라는 5대원소로 이루어진 물질을 통해 감각적인 쾌락을 추구한다. 그런데 요가에서는 감각적 쾌락(bhoga) 역시도 고통이라고 말하면서 거기서 벗어나라고 말한다.

요가에서는 실지로 보고 들으면서 즐거움을 느끼는 것은 개아(jiva)이고 개아는 오감으로 살아간다. 그런데 오감을 통제하지 못하면 오감(五感)의 노예가 되어 온갖 유혹에 시달리며 고통을 받으면서 살아가게 된다.

따라서 요가 수행자는 이 개아를 통해 즐거움의 실체를 꿰뚫어 보아 진리를 깨우쳐 진정한 자아(atman) 내지는 모든 사물의 실체를 파악하고 이를 파악하기 위한 도구로 개아를 이용하고 궁극에는 해탈에 이르는 것이다.

요가는 진정한 행복을 가르치고 있다. 이것을 삿찌뜨 아난다(sat-cit-ananda)라 한다.

본문에서 말하는 이중적 목적 중 즐거움(bhoga)은 부정적 의미로서 이들을 통해 일시적인 즐거움을 얻을 수 있지만 이 역시 궁극에는 고통으로 연결되기 때문에 이를 극복하고 아빠와르가(apavarga) 즉 해탈을 성취하는데 그 목적이 있다. 이 궁극의 목적을 이루는 데에도 결국은 이들 모든 요소들을 통해 해탈도 구할 수 있는 것도 사실이기에 두 가지의 이중적 목적이 있다고 한 것이다.

이것은 마치 사다리 위에 무엇이 있는가를 보기 위해서는 사다리를 타고 올라가야 하는 것과 같다.

2-19 절

वशिषावशिषलङ्गिमात्रालङ्गिानि गुणपर्वाणि ॥

'visesa avisesa linga matra alingani guna parvani'

'비세사 아비세사 링가 마뜨라 아링가니 구나 빠르와니'

'속성들(guna)은 특수화된 것(visesa)과 미분화된 것(avisesa), 구분(표식)이 되는 것(linga)과 구분(표식)이 되지 않는 것(alinga)으로 정도(parvani)의 차이가 있다.'

해석 ; '비세사(visesa)'는 특정한 혹은 특수화 된. '아비세사(avisesa)'는 비 특정 혹은 미분화된, '링가(linga)'는 구분하다 혹은 표식, '마뜨라(matra)'는 단지, '아링가(alinga)'는 구분 없는 혹은 표식이 없는, '구나(guna)'는 기본 구성 요소 혹은 속성, '빠르완(parvan)'은 수준 또는 정도라 풀이한다.

주:- 앞 구절 2/18절에서 말한 모든 요소들은 특수화 된 것과 분화되지 않은 것, 구별이나 표식이 되는 것과 구별표식이 되

지 않는 것 등으로 그 정도의 차이가 있다, 라고 했는데, 특수화 된 것(visesa)은 우리 인체를 예로 든다면 크고 총체적 구성요소로 이루어진 육체를 지(地), 수(水), 화(火), 풍(風), 공(空)이라는 조대원소(mahabuthas)로 이루어진 하나의 개체로 보고, 또한 팔과 다리, 혀, 생식기, 배설기관과 같은 다섯 행위기관(karmendriyas), 눈, 귀, 코, 입, 혀와 같은 다섯 감각기관(indriyas)과 같은 외적기관을 의미하고, 미분화된 것(avisesa)은 마음(manas), 지성(buddhi), 아함까라(ahamkara) 등과 같이 감정과 정서, 느낌 등을 대변하는 내적 기관(anthakarna)으로 구분할 수 있다.

한편, 표식이나 구분이 되는 'linga'는 심볼 혹은 상징이나 표시, 기호 등을 의미한다. 예를 들면 '옴', '일원상', 챠크라(chakra), 만달라(mandala) 등. 표식이나 구분이 안 되는 것을 'alinga'라고 하면서 뿌루사(purusa), 아뜨만(atman), 쁘라끄르띠, 라자스(rajas), 타마스(tamas), 사뜨와(sattva)와 같은 3구나(gunas), 색(色), 성(聲), 향(香), 미(味), 촉(觸)과 같은 다섯 딴마뜨라(tanamtas, 미세요소) 등을 일컫는 말이다.

빠딴잘리는 삼라만상 모든 물질과 현상은 이러한 구성으로 이루어져 있고 이러한 구성을 통해 희로애락을 느끼면서 삶을 영위하기도 하고 이러한 구성을 통해 해탈로 나아간다고 말하고 있다.

그렇게 해탈이 이루어지면 세상을 바라보는 시선이 달라진다고 말한다. 다음구절 참조.

द्रष्टा द्दृशिमात्रः शुद्धोऽपि प्रत्ययानुपश्यः॥

'drasta drsi matrah suddho'pi pratyaya anupasyah'

'드라스따 드르시 마뜨라 숫도삐 쁘라뜨야야 아누빠스야'

'관찰자(drsta)는 보이는 것(drsi)을 비록(api) 순수(suddha)하게 받아들이지만 단지(matra) 개념적(pratyaya)으로 인지(anupasya)한다.'

해석 ; '드라스타(drasta)'는 관찰자, '드르시(drsi)'는 보이는 것, '마뜨라(matra)'는 단지 혹은 순수한, '숫다(suddha)'는 순수한, '아삐(api)'는 또한 혹은 ~에도 불구하고, '쁘라뜨야야(pratyaya)'는 개념 혹은 원리, 인식, '아누빠스야(anupasya)'는 보다 혹은 인지하다. 로 풀이한다.

주:- 이 구절에서는 보는 사람(drasta)은 순수의식인 아뜨만(atman)이다.

아뜨만은 모든 것을 인지하지만 관여하지는 않는다. 그래서 보는 사람(drasta)인 아뜨만을 관조자(drst)로 표현한다. 따라서 본문의 관찰자인 뿌루사는 인지되는 것(보이는 것)을 순수하게 받아들이지만 실질적으로 우리가 지각하는 것은 개아가 받아들여서 현실적으로 대처하게 된다. 만약 순수한 아뜨만의 의식으로 보이는 것을 보이는 그대로 받아들인다면 보는 사람인 '나'는 어떠한 변화나 흔들림이 일어나지 않을 것이다. 개아(個我)로 받아들이기 때문에 현실적으로 모든 일이 희로애락으로 받아들여지는 것이다.

순수의식인 참 자아(atman)는 희로애락을 초월한 존재이다. 따라서 참 자아의 존재를 확인한 수행자는 현재 드러나고 있는 현상을 본질적으로 바라보게 되면서 현상세계에 흔들리지 않는 시각으로 바라 불 수 있다. 이것이 라자 요가(raja yoga)를 성취한 수행자의 진정한 주인의 눈으로 바라보는 세상이다.

2-21 절

तदर्थ एव दृश्यस्यात्म ॥॥

'tad artha eva drsyasya atma'

'따드 아르타 에와 드르스야스야 아뜨마'

'보이는 것(drsyaya)은 단지(eva) 본질(atma)의 목적(artha)을 성취하기 위한 것이다.'

해석 ; '따드(tad)'는 그것 혹은 이것, '아르타(artha)'는 객관적 혹은 목적, '에와(eva)'는 단지 혹은 오직, '드르스야(drsya)'는 보이는 것' '아뜨만(atman)'은 자아 혹은 본질이라 풀이한다.

주:- 요가에서는 자아(自我)를 참 자아(atman)와 개아(個我, jiva)로 구분한다. 여기서 말하는 보이는 것은 개아를 통해 보는 의식을 말하고, 본질이란 아뜨만이다.

현상세계에서 의식은 어떤 사물을 보고 인식하는 것을 실질적인 상황이라고 받아들이지만 요가에서는 본질적으로 이는 마야(maya)의 가 현상적인 환영으로 여긴다. 이러한 가현상적인 환영을 순수의식인 아뜨만의 눈으로 보게 되면 가현상이적인 환영이 아닌 본질적 실체로 바로 보게 된다. 가 현상세계는 환영(maya)이고 실질적인 현상이 아니라는 것은 불균형을 알아야 균형을 알고, 불안함을 알아야 진정한 평화가 무엇인지를 깨닫게 되듯이 우리가 보는 모든 현상세계는 개아를 통해 인식되는 모든 현상과 대상은 본질적 실체가 아니라는 것을 알 때, 비로소 본질적 실체가 따로 있다는 것을 깨닫게 된다.

본질적 실체를 안다는 것은 현상적으로 인지되는 모든 현상과 대상을 도구로 삼아 현재 일어나고 있는 모든 현상과 대상은 본질적 실체가 아니라는 것을 개아(jiva)의 의식(cita)을 통해 확인함으로서 현재 일어나고 있는 현상들이 실제가 아니라는 것을 알게 된다. 현상세계에서 보이는 삼라만상과 모든 현상이 뿌루사와 쁘라끄르띠의 결합물인 것을 이해하고 본질이란 것은 결국 뿌루사로 귀결된다는 것을 알게 하는 것이 요가의 목적이고 여기서 말하는 본질 즉 아뜨만의 목적이라는 은유적(隱喩) 표현인 것이다.

때문에 사물이 보이는 것은 사물을 보는 자로 하여금 사물의 실체를 파악하는데 있어서 하나의 도구로서 이용된다. 이러한 도구를 이용한 결과 아뜨만의 실체 내지는 모든 사물의 실체는 따로 있다는 것을 알게 되면 이것이 아뜨만의 목적을 달성하게 된다는 역설적 표현이다.

요가에서는 지각되는 모든 것이 올바른 인식은 아니라고 한다. 무엇보다 지혜를 얻은 직관과 통찰력으로 바라볼 때 올바른 인식이라고 말하고 있다.

개아(jiva)적 의식을 통해 보이는 가현상세계의 현상들을 실체를 파악하기 위한 도구로서 이용하여 그 실체를 알게 되면 참 자아(atman)의 실체를 확인하게 되고, 이것이 아뜨만의 존재를 확인함으로 다른 모든 사물들의 실체도 확인되기 때문에 이것이 바로 아뜨만의 목적을 달성하는 것이다.

여기서도 2/18절에서 인용한 '사다리 위에 무엇이 있는가를 보기 위해서는 사다리를 타고 올라가야 하는 것이 적용된다.

2-22 절

कृतार्थं प्रति नष्टमप्यनष्टं तदन्यसाधारणत्वात् ॥

'krta artham prati nastam apy anastam tad anya sadharanatvat'

'끄르따 아르탐 쁘라띠 나스땀 아쁘 아나스땀 따드 안야 싸다 라나뜨와드'

'보이는 것에 대한(prati) 현상이 정지되어(nasta) (요기의) 목적(artha)이 성취되었다(krta) 할지라도(apy) 그것이(tad) 정지되지 않은(ansta) 다른 사람들(anya)에게 있어 서는 변함이 없다.(sadharanatva)'

해석 ; '끄르따(krta)'는 성취 혹은 완수하다. '아르타(artha)'는

주제 혹은 목적. '쁘라띠(prati)'는 ~에 대하여, '나스따(nasta)'
는 정지하다. '아삐(api)'는 ~에도 불구하고, '아나스따
(anasta)'는 정지하지 않은, '따드(tad)'는 그것, '안야(anya)'는
다른, '싸다라나뜨와(sadharanatva)'는 일치 혹은 일반적인 경
험이라고 풀이한다.

주:- 앞 구절에서 말한 아뜨만의 목적이 성취되어 그 실체를
깨달은 순간부터는 그 어떤 현상과 대상에 현혹되든가 휘둘리
는 일은 없어진다.

본질을 깨달은 수행자에게는 더 이상 눈에 보이는 현상
(drsyaya)이 영향을 주지 못하고 수행자는 현혹되지 않는다.
세상의 모든 현상은 무지(avidya)에 의한 하나의 마야(maya)의
현상이라는 것을 깨달은 것이다. 실지로 이러한 마야의 현상은
누구에게나 적용되는 보편적인 것이기는 하지만 진리를 깨닫지
못하고 아직도 무지(avidya)에서 벗어나지 못한 사람에게 있어
서는 여전이 현상세계가 실재인양 보이는 것이다.

2-23 절

स्वस्वामिशक्त्योः स्वरूपोपलब्धहितुः संयोगः ॥

'sva svami saktyoh svarupa upalabdhi hetuh
samyogah'

'스와 스와미 삭뜨요 스와 루빠 우빨랍디 헤뚜 삼요가'

'자기 자신(svarupa)과 자기 자신의 주인(svamin)과의

상관관계(samyoga)를 파악할 수(upalabdhi) 있는 것은 스스로(sva)의 힘(sakti) 때문이다(hetu).

해석 ; '스와'(sva)는 스스로 또는 자기 자신, '스와미(svami)'는 자기 자신의 주인, '삭띠(saki)'는 힘, '스와(sva)'는 자기 자신 또는 스스로. '루빠(rupa)'는 모양 혹은 형태, '우빨랍디(upalabdhi)'는 이해 혹은 파악하다, '헤뚜(hetu)'는 원인 혹은 이유, '삼요가(samyoga)'는 연관 혹은 상관관계로 풀이한다.

주:- 여기서 말하는 자기 자신(svarupa)은 개아(個我)인 현재의 '나'를 뜻하고, 자기 자신의 주인(svamin)은 참자아인 아뜨만(atman)을 의미한다.

우리가 현제의 나(개아, 個我)와 참자아가 설정되어 있는 상태에서 이 둘의 관계를 파악하기 위해서는 참 자아든 아니면 개아 한쪽만 있어서는 구별이 불가능하다. 왜냐면 참 자아와 개아를 어느 한 쪽만 가지고는 비교 구분 할 수가 없기 때문이다. 아니면 처음부터 개아나 참 자아라는 구분이 없었다면 굳이 이 둘을 구분할 필요도 없는 것이다. 그런데 요가에서는 이 둘을 구분을 해 놓았기 때문에 이 둘은 꼭 있어야만 비교를 해서 어느 것은 개아(個我)이고, 어느 것은 참 자아라는 것을 구분 할 수가 있다.

그래서 원래 뿌루사만 존재하다가 우연한 기회에 쁘라끄르띠와의 결합에 의해 개아가 형성되었는데 이 개아에는 의지가 있어서 이 의지를 통해 참 자아와 개아를 구분할 수가 있는 것이다. 의지(意志)는 힘(sakti)이다. 그래서 의지가 없는 사람은 결코 개아와 참자아를 구분할 수가 없다. 그래서 인도에서는 의지를 가지고 참 자아(atman)와 비 자아(개아, jiva)를 구분할 수 있는 경지에 오른 사람을 스와미(svami) 즉 자기 자신의 진정한 주인이 되어 라자요가(Raja yoga)를 성취한 사람이라고 부르면서 존경의 대상이 된다.

2-24 절

तस्य हेतुरवद्या ॥

'tasya hetur avidya'   '따스야 헤뚜르 아비드야'

'이러한 것들(tasya)의 원인(hetur)은 무지(avidya, 無知)에서 비롯된다.'

해석 ; '따스야(tasya)',는 이것들, '헤뚜(hetu)'는 원인 혹은 이유, '아비드야(avidya)'는 무지 혹은 무명이라 풀이한다.

주:- 앞 구절들에서 설명한 고통과 괴로움을 당하는 모든 현상들은 끌레샤의 무지(avidya, 無知)에 의한 것으로 실천수련으로 무지를 타파하고 지혜를 얻어 보면 모든 것이 분명하게 드러나게 된다. 따라서 무엇보다 먼저 무지(avidya)를 타파해야하는 것이 요가 인의 사명인 것이다. 뿐만 아니라 모든 일반인들 역시 무지를 타파하게 되면 많은 것들로부터 해방되면서 지고한 행복을 누리게 된다.

तदभावात् संयोगाभावो हानं तद् दृशेः कैवल्यम् ॥

'tad abhavat samyoga abhavo hanam tad drseh kaivalyam'

'따드 아바와뜨 삼요가 아바와 하남 따드 드르세 까이발얌'

'그것(tad, 無知)이 사라지고(abhava)나면 연관된 것(samyoga)들도 소멸된다.(abhava) 이것(tad)이 완전한 정지(hanam)이고 보는 사람(drseh)의 절대 자유(kaivalya)만이 남는다.'

해석 ; '따드(tad)'는 그것, '아바와(abhava)'는 소멸 혹은 사라짐, '삼요가(samyoga)'는 연관된, '하나(hanam)'는 정지하다, 제거하다. '드르세(drseh)'는 보는 사람 혹은 관조자, '까이발야(kaivalya)'는 절대자유 혹은 독존이라 풀이한다.

주:- 지금까지 여러 앞 구절에서 설명하였듯이 실체를 볼 수 있는 자아(atman)와 본질을 왜곡해서 보는 개아(jiva) 그리고 우리 눈앞에서 벌어지는 모든 현상세계와의 관계는 무지(avidya)를 타파하고 현상세계(maya)의 본질을 봄으로 인해 모든 현상세계의 왜곡되는 현상들이 사라지고 오직 본질만을 보게 된다. 무지(avidya)를 타파하고 나면 모든 현상세계의 현란함이 사라지고(hana) 본질만을 볼 수 있는 혜안(慧眼)이 열림으로 생로병사와 희로애락의 현상에서 벗어나 해탈의 초월의식을 만끽하게 된다. 이것을 독존(kaibalya)이라 한다.

विविकख्यातिरिवप्लिवा ह्रानोपायः ॥

'viveka-khyatir aviplava hana-upayah'

'비베까 캬띠르 아비플라와 하나 우빠야'

'분별지(vivekakhyati)는 무지(avidya, 無知)가 영구적인 (aviplava)으로 제거(hana)되었다는 것을 의미(upaya)한다.'

해석 ; '비베카(viveka)'는 인식 혹은 식별, '캬띠(khyatir)'는 비젼 혹은 통찰력이라 풀이한다. viveka+khyatir이 둘을 합해서 분별지 혹은 식별지라고 한다.

'아비플라와(aviplava)'는 영구적인 혹은 멈추지 않는, '하나(hana)'는 제거 또는 정지하다. '우빠야(upayah)'는 의미하다로 풀이한다.

주:- 사람은 어떤 일이나 사물을 받아들일 때 오감으로 받아들이고 자신의 생각대로 판단한다. 이러한 생각은 어디까지나 뿌루사와 쁘라끄르띠의 결합에 의해 형성된 것일 뿐만 아니라 자신의 생각대로 판단한 것이기 때문에 많은 오류와 왜곡이 되어있다.

따라서 분별지(分別智)를 얻었다는 것은 모든 현상을 본질적인 모습으로 식별할 수 있는 능력을 얻었다는 말로서 어떤 현상에 대해 있는 그대로의 모습으로 보고 판단하는 것을 말한다.

어떤 현상에 대한 올바른 인식과 통찰력을 갖는 다는 것은 아무에게나 나타나는 현상이 아니다. 깨달음을 얻은 현자(賢

者)에게서나 가능한 일이다. 따라서 올바른 인식과 현상을 꿰뚫어볼 수 있는 통찰력을 갖고 있다는 것은 영적 영감을 얻은 현자(賢者)라는 이야기다. 현자는 무지(avidya)에서 벗어난 사람을 말한다. 무지(avidya)를 타파하고 나면 분별력과 통찰력이 생기는데, 이것은 무지가 타파되었다는 것을 의미하고, 이것을 분별지(vivekakhyti)를 얻었다라고 한다. 무지에 의한 현상세계의 모든 현상이 제거되었다는 의미는 영적 깨달음을 얻음과 동시에 직관과 통찰력을 갖게 되었다는 의미이다. 이렇게 한번 얻어진 영적 직관력과 통찰력은 우리 인간의 의식세계에 강하게 영향을 미처 살아가는 동안에는 영구적으로 그 영향을 받게 된다.

2-27 절

तस्य सप्तधा प्रान्तभूमिः प्रज्ञा॥

'tasya saptadha pranta bhumih prajna'

'따스야 삽따다 쁘란따 부미 쁘라즈나'

'(분별지를 이룬) 사람(tasya)에게는 궁극적(pranta)으로 7(saptadha) 단계(bhumi)로 구성된 초월적 통찰력(prajna)이 생긴다.'

해석 ; '따스야(tasya)'는 그것에 대한 혹은 그를 위해, '삽따다(saptadha)'는 7가지로 구성된, '쁘란따(pranta)'는 최종 혹은 궁극적으로, '부미(bhumih)'는 단계, '쁘라즈나(prajna)'

는 지혜 혹은 탁월한 통찰력으로 풀이한다.

주:- 따라서 여기서 말하는 '따스야(tasya)'란 무지(avidya)를 타파하고 분별지를 이룩한 사람을 말한다. 따라서 무지에서 벗어난 사람에게는 궁극적으로 7가지로 구성된 초월적 지혜를 얻는다. 7가지 초월적 지혜는 다음과 같다.

1) 미래에 닥쳐올 재앙에 대한 예지 력이 생기면서 이를 예방을 할 수 있다.

2) 고통(번뇌)의 원인들이 모두 제거된다.

3) 한정된 희열감을 통해 완전한 정지(무지에서 벗어남)를 성취한다.

4) 분별지 내지는 구별 지를 응용할 수 있게 된다.

5) 깊은 의식세계에 대한 지배가 가능하다.

6) 무지를 타파하고 해탈(moksa)을 얻은 사람은 현상세계의 기본 구성요소(지, 수, 화, 풍, 공)들의 실체를 알고 삼라만상과 우주의 초월적 핵심을 꿰뚫어 볼 수 있게 된다.

7) 자아는 자신의 본질적인 특수성으로 인해 물들지 않고 순수하게 혼자 머물게 된다. 이것을 독존(獨存, kaivalya)이라 한다.

योगाङ्गाऽनुष्ठानादशुद्धिक्षिये ज्ञानदीप्तिराविवेकख्यातेः॥

'yoga anga anusthanad asuddhi ksaya jnana diptir aviveka khyateh'

'요가 앙가 아누스타나드 아숫디 크샤예 즈나나 딥띠르 아비베카 캬떼'

'요가(yoga)의 여러 구성 요소(anga)를 수행(anusthna)하여 부정한 것(asuddhi)들이 감소(ksaya)하고 영적지혜(jnana)가 빛나는(diptir) 분별지(vivekakhyati)를 얻을 때까지(a) 수행 해 주어야한다.'

해석 ; '앙가(anga)'는 구성요소, '아누스타나(anusthana)'는 수행하다. '아숫디(asuddhi)'는 부정한, '크샤야(ksaya)'는 감소하다. '즈나나(jnana)'는 지혜, '딥띠(dipti)'는 빛, '아(a)' 는 ~까지, '비베카(viveka)'는 통찰력 혹은 분별력 '캬띠 (khyati)'는 인식이라 풀이한다.

주:- 요가 수행의 최종목적이 깨달음일 수 있다. 그러나 그 깨달음을 이루기 위한 과정이 있다. 그 과정은 여러 가지로 구성되어 있고 그 과정을 수행하여 줌으로 우리는 몸과 마음의 정화를 통해 최종 목적지인 깨달음에 이를 수 있다. 깨달음의 과정에서 여기서 말하는 분별지도 얻을 수 있다. 분별지는 어떤 현상과 사물을 있는 그대로의 본질적인 모습으로 볼 수 있는 영적 지혜를 말한다.

vivekakhyati는 경험적 지식이고 지혜이다. 이 지혜는 우리 눈앞을 가리고 있는 무지를 타파해서 본질을 볼 수 있게 하는 지혜로 고통과 괴로움으로부터 벗어나는 수단이 된다.

이 지혜는 다음 구절에 나오는 아스탕가(astanga yoga)를 수련해 줌으로 완성할 수 있고, 비베카캬띠의 완성은 원초적 본능에서 오는 배고픔, 두려움, 잠과 같은 본능에서 야기한 스트레스, 분노와 증오, 질투, 탐욕, 집착, 애착 등 정서적 불균형에서 오는 정신적 고통으로부터 해방이다. 이러한 현상은 아비드야(avidya, 무지)를 타파함으로서 가능하다. 이는 지고한 행복과 절대자유를 누리는 까이발야(kaivalya)로 이끌어준다.

2-29 절

यमनियमासनप्राणायामप्रत्याहारधारणाध्यानसमाधयोऽष्टा वङ्गान ि॥

'yama niyama asana pranayama pratyahara dharana dhyana samadhayo stav angani'

'야마 니야마 아사나 쁘라나야마 쁘라뜨야하라 다라나 드야나 사마다요 스타브 앙가니'

'(요가는) 사회적 규범(yama), 개인적 권계(niyama), 자세 (asana), 호흡법(pranayama), 감각조절(pratyahara), 집중 (dharana), 선정(dhyana), 삼매(samadhi)와 같이 여덟 가지

(ast)로 구성되어 있다.'

해석 ; '야마(yama)'는 사회적 규범, '니야마(niyama)'는 개인적 계율, '아사나(asana)'는 자세, '쁘라나야마(pranayama)'는 호흡조절, '쁘라뜨야하라(pratyahara)'는 감각의 조절, '다라나(dharana)'는 집중, '드야나(dhvana)'는 몰입 또는 선정, '사마디(samadhi)'는 삼매, '아스타(ast)'는 여덟, '앙가(anga)'는 구성 혹은 가지라 풀이한다.

주:- 이 구절은 요가 인이라면 누구나 잘 숙지하고 있는 요가의 8단계로 빠딴잘리에 의해 요가의 전체적인 원리를 여덟 가지 구성요소로 나타내고 있다.

야마(yama)는 사회라는 공동체의 일원으로 사회적으로 지켜야 할 보편적인 규범을 말하고, 니야마(niyama)는 개인이 지켜야 할 계율, 그리고 균형 잡힌 몸과 마음을 위한 요가의 자세(asana), 감각을 조절하고 심리적 안정을 위한 호흡법(pranayama)과 쁘라뜨야하라(pratyahara, 제감), 영적 지혜의 완성을 위한 집중력 훈련(dharana)과, 이를 통한 몰입(dhyana, 선정), 그리고 더 나아가 사마디(samadhi, 삼매)를 이루는 여덟 가지로 구성되어 있다.

이 구절은 많은 요가의 대가들이 말하는 요가의 왕도(王道)라고 일컫는 '아스탕가 요가(astanga)'라고 말하는 근거가 되는 구절이다.

अहिंसासत्यास्तेयब्रह्मचर्यापरिग्रहा यमाः ॥

'ahimsa satya asteya brahmacarya aparigraha yamah'

'아힘사 사뜨야 아스떼야 브라흐마짜르야 아빠리그라하 야마'

'비폭력(ahimsa), 진실(satya), 불투도(asteya), 금욕과 절제(brahmacarya), 불탐(aparigraha) 등이 야마(yama)이다.'

해석 ; '아힘사(ahimsa)'는 비폭력, '사뜨야(satya)'는 진실 혹은 정직, '아스떼야(asteya)'는 도둑질이나 남의 물건을 탐하지 말라는 불투도, '브라흐마짜르야(brahmacarya)'는 금욕과 절제 '아빠리그라하(aparigraha)'는 불필요하게 과다하게 축적하고 저장하는 것을 삼가라는 '무소유'를 뜻하고 '야마(yama)'는 이들을 지키는 '사회적 규범'을 뜻한다.

주:- 아스탕가 요가의 첫 번째인 야마(yama)는 남에게 폭력을 행사하여 피해를 주지 말아야한다(ahimsa). 폭력은 언어적인 폭력과 물리적인 폭력 등이 있다. 사뜨야(satya)는 거짓말하지 말고 정직하게 진실만을 말해야하고(satya), 그 어떤 것도 남의 것은 탐하지 않으면서(asteya) 인간은 이 세상에 오면서 빈손으로 왔다가 몸뚱아리를 비롯한 그 어느 것 하나 할 거 없이 모든 것들을 잠시 빌려 쓰고 갈 때에는 빈손으로 다시 가야한다. 따라서 그 무엇도 내 것이라고 할

수 있는 것은 없다. 따라서 필요한 것만 빌려 쓰고 제대로 올바르게 사용하고 다시 왔던 곳으로 다 놓고 빈손으로 돌아가야 한다. 따라서 필요 이상으로 가지고 과도하게 축적하고 과도한 소비와 낭비는 죄악이고 남의 물건을 혼자 다 독식하는 것은 또 다른 아스테야(asteya, 불투도)를 어기는 것이다.

따라서 모든 것이 자기 것 인양 과도한 소비와 낭비는 피하고, 금욕과 절제를 하고(brahmacarya), 필요이상으로 축적해 소유하지 않으면서(aparigraha), 공동체 사회가 고루 나누어 가질 수 있는 공동체 의식이 필요하고, 이것이 잠시 이 세상에 왔다가면서 빌려 쓰고 가는 인간의 도리고 임무라고 보는 것이 타당하다.

2-31 절

जातदिशकालसमयानवच्छिन्नाः सार्वभौमा महाव्रतम् ॥

'jati desa kala samaya anavacchinnah sarva bhauma maha vratam'

'자띠 데샤 깔라 사마야 아나와찐나 사르와 바우마 마하 브라땀'

'야마는 태생(jati)이나 나라(desa), 때(kala)와 장소(desa) 어떤 환경이나 상황(samaya), 어떤 계층(bhauma)에 관계없이 (anavacchinna) 모두(sarva)에게 적용되는 위대한(maha) 서약

(vrata)이다.'

해석 ; '자띠(jatti)'는 태생, '데샤(desa)'는 나라 혹은 지역, '깔라(kala)'는 시간 또는 때, '사마야(samaya)'는 환경 혹은 상황, '아나와찐나(anavacchinna)'는 관계없이 혹은 개의치 않고, '사르와(sarva)'는 모두, '바우마(bhauma)'는 영역 혹은 층, '마하(maha)'는 위대한, '브라따(vrata)'는 맹세 혹은 서약하다로 풀이한다.

주:- 야마(yama)는 태생이나 나라, 때와 장소, 어떤 환경 어떤 상황, 어떤 계층의 사람을 막론하고 개개인 각자가 지켜야 할 유효한 사회적 서약이다.

2-32 절

शौचसंतोषतपःस्वाध्यायेश्वरप्रणिधानानि नियमाः ॥

'sauca samtosa tapah svadhyaya isvara pranidhanani niyamah'

'사우차 산토샤 따파 스와드야야 이스와라 쁘라니다나니 니야마'

'청결(sauca), 만족(santosa), 고행(tapah), 자율학습(svadhyaya), 신(isvara)에 대한 헌신(pranidhana)이 니야마(niyama)이다.'

해석 ; '사우차(sauca)'는 순결 혹은 청결, '산토샤(santosa)'는 만족, '따빠스(tapas)'는 고행 혹은 극기, '스와드야야(svadhyaya)'는 자율학습, '이스와라(isvara)'는 지배자 혹은 자재(自在)신, '쁘

라니다나(pranidhana)'는 헌신, '니야마(niyama)'는 권계라 풀이한
다.

주:- '사우차(sauca)'는 몸과 마음의 순수함과 청결함을 유
지하고, '산토샤(santosa)'는 필요이상의 권력과 재물을 탐하
지 않으면서 만족하면서, '고행(tapas)'으로 끊임없이 금욕과
절제를 하고, 게으름 피우지 않고 '스와드야야(svadyaya)'로
스스로 공부하면서 참 자아(atman)에 대한 탐구에 헌신
(pranidhana)하는 것이 '니야마(niyama)'이다.

야마(yama)가 사회공동체의 구성원으로 지켜야 할 도리고
의무라면, 니야마(niyama)는 개인이 갖추어야 할 덕성과 수
양을 강조한 것이다.

2-33 절

वितर्कबाधने प्रतिपक्षभावनम्॥

'vitarka badhane pratipaksa bhavanam'

'비따르까 바다네 쁘라띠빡사 바와남'

'무익한 생각(vitarka)을 물리치기(badhana) 위해서는 반대 되는
생각(pratipaksa)을 함양(bhavana)해야 한다.'

해석 ; '비따르까(vitarka)'는 총체적 생각 혹은 무익한 사고,
'바다네(badhane)'는 물리치다 혹은 격퇴하다, '쁘라띠빡사
(pratipaksa)',는 반대되는 생각, '바와나(bhavana)'는 경작하
다 혹은 함양하다. 로 풀이한다.

주:- '비따르까'란 여러 가지 잡다한 생각으로 우리를 현혹하는 무익한 생각으로 명상 중에는 여러 가지 상념으로 일상에서는 야마(yama), 니야마(niyama)를 거스르는 생각들이다. 우리의 의식이 향락과 쾌락을 쫓게 되면 끝없는 향락을 찾게 되고 고통과 번뇌도 함께 따라오면서 영(靈)적이고 정신적인 삶과는 멀어진다. 따라서 잘못된 생각과 행동으로 그 동안 쌓은 선업(善業)을 무너뜨리고 새로운 업을 쌓아 새로운 죄로 자신이 짊어진 십자가의 무게와 업장의 두께를 더하는 어리석음을 범하는 일은 없어야 할 것이다. 이럴 때 필요한 것이 확신과 믿음에 대한 의식의 변화와 생각의 전환이다. 이 말은 수행 중에 발생하는 여러 가지 잡생각들과 같은 유해한 방해되는 생각들을 물리치기 위해서는 의식과 생각의 변화를 통해 공부하는 마음을 함양해야 한다.

의식이 자신의 정체성과 자신의 덕성과 수양을 추구하게 되면 영적 정신적인 빈곤감에서 벗어나면서 삶에 대한 의미가 부여 될 것이다. 따라서 우리의 의식이 어느 방향으로 향하느냐에 따라 우리의 삶의 질도 달라진다.

제대로 된 삶은 자기 자신의 업장(業障)내지 십자가의 무게를 줄이는 생각과 행위이다. 이것이 인류를 이롭게 하는 일이기도하다.

वितर्का हिंसादयः कृतकारितानुमोदिता लोभक्रोधमोहपूर्वका मृदु
मध्याधिमात्रा दुःखज्ञान न्हत्मृहति प्रतिपिक्षभाव न मृ॥

'vitark a himsa adayah krta karita anumodita lobha krodha
moha purvaka mrdu madhya adhimatra duhkha ajnana
ananta phala iti pratipaksa bhavanam'

'비따르까 힘사 아다야 끄르따 까리따 아누모디따 로바
끄로다 모하 뿌르바까 므르두 마드야 아디마뜨라 두카 아즈
나나 아난타 이띠 쁘라띠빡사 바와남'

'탐욕(lobha)과 성냄(krodha), 망상(moha) 등(adi)과 같은
사람을 해롭게 하는(himsa) 무익한 생각(vitarka)들은 자기
스스로 행하였던지(krta), (자신의) 동의(anumodita)하에 남에
의해 행하여 졌던지(karita), 그 결과(pala)는 가볍고(mrdu) 중간
(madhya), 강렬한(adhimatra) 고통(duhkha)과 무지(ajnana)
를 끝없이(ananta) 동반한다(purvaka). 그르므로(iti) (마음작
용의 경향을) 반대(pratipaksa)로 함양(bhavana)해야 한다.'

해석 ; '비따르까(vitatka)'는 무익한 생각, '힘사(himsa)'는 폭력
혹은 해치다. '아디(adi)'는 기타 등등, '끄르따(krta)'는 자기 스
스로에 의해 행한, '까리따(karita)'는 다른 사람에 의해 행한, '아
누모디따(anumodita)'는 인가된 혹은 동의하다. '로바(lobha)'는
탐욕, '끄로다(krodha)'는 성냄, '모하(moha)'는 망상 혹은 심취, '
뿌르바까(purvaka)'는 발생하다. '므르두(mrdu)'는 적당한 혹은 가

벼운, '마드야(madhya)'는 중도, '아디마뜨라(adhimatra)'는 과잉 혹은 격한 '두카(duhkha)'는 슬픈 혹은 괴로운, '아즈나나(ajnana)'는 무지 혹은 불가지론, '아난타(ananta)'는 끝나지 않는, 영원한, '팔라(phala)'는 성과 혹은 결실, '이띠(iti)'는 그러므로, '쁘라띠빡샤(pratipaksa)'는 반대로, '바와나(bhavana)'는 경작 혹은 함양하다로 풀이한다.

주:- 모든 생각과 행위는 내가 의도하였던 하지 않았던 간에 크고 작은 결과를 가져오고 그 결과에 따라 그에 상응하는 고통과 괴로움을 유발한다.

따라서 삶 자체가 고통이라는 말이기도 하다. 그렇다고 비관적이거나 염세적일 필요는 없다. 왜냐면 이러한 고통과 괴로움에서 벗어날 수 있는 길이 있기 때문이다. 이러한 고통과 괴로움에서 벗어날 수 있는 방법이 없다면 암담하고 희망이 없겠으나 요가와 명상을 통해 이러한 고통과 괴로움에서 확실하게 벗어 날 수가 있다.

따라서 2/33절에서도 강조하였지만 특히 외부로만 향해 있는 의식 작용을 반대로 자기 자신의 내면으로 돌려 내적 성찰을 통해 자아를 함양하는 노력으로 우리는 의식의 변화와 생각의 전환을 할 수 있다. 그래서 한 생각만 바꾸면 된다고 하였는데, 사실 그 한 생각을 바꾸기가 쉽지만은 않다. 그 한 생각을 바꾸기 위한 노력이 야마와 니야마의 실천이고 아사나를 통한 신체적 단련이고, 이를 바탕으로 명상으로 마무리를 하면 한결 쉽게 생각과 의식의 변화를 이룰 수 있다.

अहिंसाप्रतिष्ठायां तत्सन्निधौ वैरत्यागः ॥

'ahimsa pratisthayam tat samnidhau vaira tyagah'

'아힘사 쁘라띠스타얌 따뜨 삼니다우 바이라 뜨야가'

'비폭력(ahimsa)에 대한 확고한 정착(pratisthaya)은 수행자 주변
(tadsamnidhi)의 적대(vaira) 관계가 사라진다(tyaga).'

해석 ; '아힘사(ahimsa)'는 비폭력, '쁘라띠스타야(pratisthaya)'는
확실히 수립하다. '따드(tad)'는 그의, '삼니디(samnidhi)'는 주
변, 따라서 따드(tad)+ 삼니다(samnidhi)는 그의 주변, '바이라
(vaira)'는 원한 혹은 적개심, '뜨야가(tyaga)'는 버리다 혹은
사라지다. 로 풀이한다.

주:- 폭력에는 행위에 의한 폭력도 있고 언어에 의한 폭력도 있
고, 마음으로 짓게 되는 폭력도 있다. 어느 것 하나 없이 모두가
제거되어야 할 폭력 행위들이다.

수행자가 수행의 결과 자신의 마음속에서부터 모든 증오심과
적대감이 사라지고 수행자 자신이 완전하게 비폭력적이 되었
을 때 수행자로부터 좋은 에너지가 방출되어 그를 둘러싸고
있는 주변 환경 역시 모두 비폭력적이 될 것이다.

सत्यप्रतिष्ठायां क्रियाफलाश्रयत्वम्॥

'satya pratisthayam kriya phala asrayatvam'

'사뜨야 쁘라띠스타얌 끄리야 팔라 아스라야뜨왐'

'진실함(satya)이 확고하게 수립 된(pratisthaya) 행위(kriya)는 결과(phala)를 좌우한다.(asrayatva)'

해석 ; '사뜨야(satya)'는 참됨 혹은 진실한, '쁘라띠스타얌 (pratisthaya)'은 확고히 수립되다. '끄리야(kriya)'는 행위, ' 팔라(pala)'는 결과, '아스라야뜨와(asrayatva)'는 의존하다, 좌우되다. 로 풀이한다.

주:- 이 구절은 아스탕가 요가에서 야마에 대한 다섯 가지 요소 중 사뜨야(satya)에 대한 설명이다. 인과응보에 따르면 모든 행위에는 행위자의 의도에 따라 그 결과도 거기에 해당하는 결과가 나오기 마련이다. 따라서 결과의 좋고 나쁨은 어디까지나 행위자 자신에게 달려 있다는 것을 강조되고 있는데, 요가 수행자에게도 예외일 수는 없는 것이다. 따라서 이미 진정한 사뜨야(satya)를 확립한 수행자에게서는 그의 말과 행위에는 어떠한 거짓이나 위선이 없고 의도나 기대가 없기 때문에 무엇이나 그의 말대로 그 결과도 나타나게 된다. 이런 사람은 까르마 요가 역시 적용되어 모든 행위에서 삼스까라(samskara, 윤회의 사슬 고리)를 남기지 않고 인과 응보 내지 윤회에서도 벗어 날 수가 있다.

अस्तेयप्रतिष्ठायां सर्वरत्नोपस्थानम्॥

'asteya pratisthayam sarva ratna upasthanam'

'아스떼야 쁘라띠스타얌 사르와 라뜨나 우빠스타남'

'정직함(asteya)이 확고하게 확립(pratisthaya)되면 모든 (sarva) 종류의 보석과 같은 소중한(ratna) 것들이 나타난다 (upasthana).'

해석 ; '아스떼야(asteya)'는 도둑질하지 않는 것 혹은 정직한, '쁘라띠스타얌(pratisthaya)'은 확고한 수립. '사르와(sarva)'는 모두, '라뜨나(ratna)'는 보석, '우빠스타나(upasthana)'는 접근하다 혹은 나타나다. 로 풀이한다.

주:- 앞 구절의 36절도 마찬가지지만 이 말의 근본 의미는 까르마 요가에 의한 인과론(因果論)에 근거를 두고 있다. 내가 탐하지 않음으로 해서 오히려 그 결과로 나에게 또 다른 선물이 주어진다는 것이다. 물론 이것을 바라는 것은 아니지만 아무런 기대와 바라는바 없이 실천한 무위(無爲)의 행(行)이 결과적으로는 나에게는 반대의 결과를 가져오는 것으로 명상이 비움으로 인해 평화로움으로 충만 되는 것과 같은 원리이다.

2-38 절

बरह्मचर्यप्रतष्ठियां वीर्यलाभ ːᅵᅵ

'brahmacarya pratisthayam virya labhah'

'브라흐마짜르야 쁘라띠스타남 비르야 라바'

 '금욕과 절제(brahmacarya)가 확고하게 수립(pratisthaya)되면
힘과 활력(virya)을 얻게 된다(labhah).'

해석 ; '브라흐마짜르야(brahmacharya)'는 금욕, '쁘라띠스타
얌(prtatisthaya)'은 확고히 수립하다. '비르야(virya)'는 생기
혹은 활력, '라바(labha)'는 획득하다. 로 풀이한다. 따라서
이 말은 금욕하는 것이 확립되면 활력을 얻게 된다.

주:- 뿐만 아니라 금욕을 실천해 줌으로 해서 육체적인 활력
만 얻어지는 것이 아니라 영적 정신적인 에너지도 얻을 수
있다.

2-39 절

अपरिग्रिहस्थैर्ये जन्मकथ्यतासंबोधः ᅵᅵ

'aparigraha sthairye janma kathamta sambodhah'

'아빠리그라하 스타이르예 잔마 까탐따 삼보다'

 '무소유(aparigraha)가 정착되면(sthairye) 생명(janma)의 원
인(kathamta)에 대한 지혜(sambodha)를 얻게 된다.'

해석 ; '아빠리그라하(aparigraha)'는 욕심이 없는 무소유 '스타이르예(sthairya)'는 변함없는 혹은 확고한. '잔마(janma)'는 탄생 혹은 삶, 생명 '까탐따(kathamta)'는 원인 혹은 이유, '삼보다(sambodha)'는 지혜 혹은 완전한 지식으로 풀이한다.

주:– 무소유의 삶은 욕심을 버리는데서 이루어진다. 욕심과 탐욕은 집착을 갖게 한다. 집착은 눈앞의 이익만을 추구하게 하고 주변을 돌아볼 수 있게 하는 여유를 빼앗는다. 그러나 무소유의 삶은 주변을 볼 수 있게 하는 여유를 갖게 한다.

욕망과 탐욕, 애착이란 것 역시도 전생의 삶과 연계되어 있다고 윤회설에서는 말한다. 왜냐면 현생의 삶은 전생의 삶에서 어떤 행위(업)를 하였는가에 따라 그 축적된 까르마(karma)에 의해 그 업을 가지고 태어났다고 믿기 때문이다. 그래서 현재의 삶은 과거의 행위에 의한 결과로 이행하고 있을 수도 있고, 현재의 행위는 과거의 업을 해결함과 동시에 새로운 업을 짓는 행위이기도 하다.

그래서 무소유에 대한 '아빠리그라하(aparigraha)를 실천하다보면 자신이 과거에 지었던 행위를 알게 됨으로서 자신의 과거전생에 대한 해답을 얻을 수 있다고 말한다.

그리고 나아가 자신의 미래에 대한 예측도 가능하고 궁극에는 생명의 원인까지도 알 수 있는 지혜를 갖게 된다.

शौचात् स्वाङ्गजुगुप्सा परैरसंसर्गः ॥

'saucat sva anga jugupsa parair asamsargah'

'사우차뜨 스와 앙가 주굽사 빠라이르 아삼사르가'

'청결함(saucat)을 통해 자신의 몸(svaanga)에 대해 거리를 두거나(jugupsa) 다른 사람(para)과의 접촉도 멀리하게(asamsarga)된다.'

해석 ; '사우차(saucat)'는 청결, '스와(sva)'는 자신의, '앙가(anga)'는 가지, 따라서 스와(sva)+앙가(anga)는 자신의 몸, '주굽사(jugupsa)'는 멀리하는 혹은 거리를 두는, '빠라(para)'는 다른 사람, '아삼사르가(asamsarga)'는 접촉을 않는 으로 풀이한다.

주:- 일반적으로 사람들이 자신의 몸의 청결을 유지하는 이유는 여러 가지가 있겠지만 기본적으로 질병을 예방하고 건강하게 오래 살기 위한 것이 주목적이다. 뿐 아니라 젊음을 유지하고 노화를 늦추기 위해 피부 관리를 하고, 늙음과 죽음의 두려움에 대한, 자신의 육체에 대한 애착으로 청결을 유지하고 관리하는 것이 일반적이다.

그러나 이 구절에서는 청결을 통해 자신의 육체를 멀리하고 (jugupsa) 다른 사람들과의 관계도 멀리하여야 한다고 말하고 있다. 이유는 간단하다. 요가수련자는 자신의 육체에 대한 애착과 집착으로 청결을 유지하는 것이 아니라 이 청결함을 통해 흐트러지는 몸과 마음의 경각심을 높이고 수행자로서의 마음가짐을 경건하게 하기 위함이다. 뿐만 아니라 수행에 방해받지 않기 위해 다른 사람들과의 접촉을 피해 더 높고 깊은 산속으로 들어가기도 한다. 따라서 이 구절은 보는 사람에 따라 시시해 보일 수도 있겠지만 결연한 의지와 수행에 대한 경각심을 고취시키고자하는 수행자에게는 꼭 필요하다.

2-41 절

सत्त्वशुद्धिसौमनस्यैकाग्र्येन्द्रियजयात्मदर्शनयोग्यत्वानि च ॥

'sattva suddhi saumanasya eka agrya indriya jaya atma darsana yogyatvani ca'

'사뜨와 숫디 사우마나스야 에까 아그르야 인드리야 자야 아뜨마 다르사나 요그야뜨와니 짜'

'그리고(ca)나면 사뜨와(satva)로 정화(suddhi)된 평화로운 의식상태(saumanasya)는 감각기관(indriya)에 대한 지배력(jaya)이 생기며 마음은 하나(eka)의 초점(agrya)에 집중되고 자아(atman)를 깨닫는데(darsana) 적합하게(yogyatva) 된다.'

해석 ; '사뜨와(satva)'는 존재 혹은 존재의 기본 특성, '숫디(suddhi)'는 정화, '사우마나스야(saumanasya)'는 평화로운 마음 상태, '에까(eka)'는 하나, '아그르야(agrya)'는 집중하는 능력, '인드리야(indriya)'는 감각기관, '자야(jaya)'는 숙달 혹은 지배,

따라서 '인드리야 자야(indriya jaya)'는 감각기관에 대한 조절, '아뜨만(atman)'은 자아, '다르사나(darsana)'는 비젼 혹은 깨달음, '요그야뜨와(yogyatva)'는 능력 혹은 적합함 등으로 풀이한다. '짜(ca)'는 그리고, 라 풀이한다.

주:- 청결함을 유지하면서 경건한 마음으로 수련을 하는 과정은 정화(suddhi)의 과정이다. 이러한 과정을 극복한 수행자는 감각기관에 대한 절제와 통제력이 생기고 마음은 하나의 대상에 몰입하는 선정상태를 경험하게 되고 결국은 자아를 깨닫고 해탈로 이어지게 된다. 따라서 야마(yama), 니야마(niyama)의 수련은 해탈의 기반이 된다.

2-42 절

संतोषादनुवत्तमसुखलाभः ॥

'santosad anuttamah sukha labhah'

'산또사드 아누따마 수카 라바'

'만족(santosa)을 통해 더 없(anuttama)는 행복(sukha)을 얻는다.(labha)'

해석 ; '산또사(santosa)'는 만족, '아누따마(anuttama)'는 월등한, '수카(sukha)'는 즐거운(無上樂), '라바(labha)'는 획득하다로 풀이한다.

주:- 인간적인 삶에서 행복이란 무엇일까? 라고 한번쯤 생각해 보지 않은 사람은 없을 것이다.

그렇다면 이 행복이란 무엇일까? 라는 질문에 대한 답은 바로 이 구절에서 찾을 수 있다. 답은 간단하다. 더 이상 가지고자 하는 탐욕과 욕망이 없는 모든 것이 충족된 순간이다. 모든 것이 충족되어 더 이상 가지고 싶은 것이 없다면 우리는 만족감을 느낄 것이다. 그런데 문제는 만족함을 느끼지 못한다는 데 있다.

따라서 만족하지 못하게 되면 불만족에 의해 모든 일에 불평불만이 많아지고 다 채워지지 않은 욕망과 욕구 때문이다. 인간의 탐욕은 끝이 없다. 좋은 집과 좋은 차에 좋은 음식을 먹으면서 물질적인 풍요를 느끼는 물질적인 욕망도 있지만 더 많은 것을 알고자하는 지식에 대한 욕망도 있다. 이러한 욕망과 욕구들은 끝이 없다. 왜냐면 무지(avidya)하기 때문이다.

인간의 욕구는 물질적이고 지적인 욕망을 넘어 영적이고 정신적인 욕망도 가지고 있다.

풍부한 물질을 풍요롭게 누리고 있으면서 많은 책을 읽고 배워 박학다식한 지식을 가졌다하더라도 정신적이고 영적인 균형이 맞지 않으면 늘 불균형을 느끼면서 무엇인가 채워지지 않은 빈곤감을 느낄 것이고, 그 채워지지 않은 그 무언가를 찾아 헤매면서 살게 된다. 현대 사회는 모든 게 풍요롭다. 그럼에도 불구하고 많은 대다수의 현대인들이 우울증과 조현병과 같은 정신 분열적인 현대병이라는 질환을 앓고 있다. 이것은 풍요로운 물질 사회 속에서 채워지지 않은 정신적인 빈곤감에 의해서이다. 물질적 지적 충족감으로도 행복감은 얻을 수 있다. 그러나 그것은 일시적이면서 새로운 욕망의 디딤돌이 되면서 새로운 괴로움의 시작이다. 다시 일시적인 행복을 구하기 위해 사람들은 또 그 욕망을 성취하기 위해 노력한다. 그것을 성공과 성취이라는 말로 격려하면서 그러면서 반복된 악순환을 겪으며 산다.

우리는 햇살 좋은 봄날 기분 좋은 미풍을 맞으면서 정자나무 아래에서 아주 기분 좋은 행복감을 느껴 본적이 있을 것이다. 이때 어떤 욕구와 욕망이 있었다면 그러한 행복감을 느끼지 못할 것이다. 반면 욕심과 욕구가 사라지고 나면 아주 넉넉한 마음으로 그 순간의 행복을 잠시나마 즐길 수 있었을 것이다. 따라서 행복은 욕심과 탐욕이 사라졌을 때 느낀다.

모든 탐욕과 욕망을 비워내면 내적인 만족감으로 채워진다. 이때 이 구절에서 말하는 무상 락(無上樂)을 얻게 되고, 무상 락이라는 것은 이 보다 더한 즐거움은 없다는 뜻으로 이러한 행복은 영적 정신적인 깨달음을 이루어 더 이상 구하고자하는 것이 없을 때 얻는 행복감이다. 그러나 깨달음이라고 하면 거창하면서도 어려운 것이 아닐까 할 수도 있겠지만, 깨달음은 사소한 것에서부터 아주 고차원적인 영적 정신적 깨달음까지 다양해서 굳이 고차원적인 깨달음이 아니더라도 사소한 깨달음에서도 그 만한 가치와 행복을 느낄 수 있기 때문에 만족과 행복을 알아차리고 행복할 줄 아는 것이 중요하다.

행복할 줄 알기 위해서는 자신의 내면을 관찰해서 관조할 수 있는 능력을 기르면 된다.

이게 바로 명상이다. 자기 자신의 의식과 마음을 도구로 그 흐름을 이해하게 되면 어렵지 않게 물질적 외적 풍요와 내적인 의식이 균형을 이루면서 조화롭고 여유로운 삶을 누릴 수 있게 된다.

2-43 절

कायेन्द्रयिसद्धिरशुद्धक्षियात्तपसः॥

'kaya indriya siddhir asuddhi ksayat tapasah'

'까야 인드리야 싯디르 아숫디 크사야뜨 따파사'

'고행(tapas)을 통해 신체(kaya)와 감각기관(indriya)의 불순물(asuddhi)은 제거되고 (ksaya) 완전해(sidhi) 진다.'

해석 ; 까야(kaya)'는 육체, '인드리야(indriya)'는 감각기관, '싯디(siddhi)'는 완전함, '아숫디(asuddhi)'는 부정한 혹은 불순물, '크사야(ksaya)'는 제거 혹은 파괴되다. '타파스(tapas)'는 열정적인 노력(고행)으로 풀이한다.

주:- 인간은 감각기관에 의거하여 살아간다고 해도 과언이 아니다. 이러한 감각기관에 의해 인간의 탐욕과 욕망도 그 끝을 모른다. 감각기관의 욕구를 채워주기 위해 살다보면 몸과 마음은 피폐해 진다. 그러나 금욕과 절제, 고행은 육체적인 정신적 에너지 고갈을 막으면서 강건한 신체를 만들어주고 의식은 감각기관을 통제하여 흔들림이 없는 지혜를 얻게 된다. 이는 육체적 정신적 정화작용으로 해탈의 바탕이 되어 주고 윤회에서 벗어나게 한다.

2-44 절

स्वाध्यायादिष्टदेवतासंप्रयोग ः॥

'svadhyayad ista devata samprayogah'

'스와드야야드 이스따 데와따 삼쁘라요가'

'학습(svadhyaya)을 하면 자신이 희망하는(ista) 신(devata)과 접촉(samprayoga)도 가능하다.'

해석 ; '스와드야야(svadhyaya)'는 학습, '이스따(ista)'는 선택 혹은 희망하다. '데와따(devata)'는 신, '삼쁘라요가(samprayoga)'는 만나다 혹은 접촉하다. 로 풀이한다.

주:- 스스로 공부하는 자율 학습이란, 자아실현을 스스로 실천 수련해 주는 것을 말한다. 스스로 실천 수련해 주는 방법에는 여러 가지가 있다. 예를 들면, 경전을 독송할 수 있고, 명상수련으로 자아를 탐구할 수 있고, 어느 절대자를 향한 기도를 할 수 있고, 만뜨라의 암송을 통해서도 할 수 있다. 따라서 자율학습은 수행자가 선택하기 나름이다.

이러한 수련을 통해 수행자는 자신이 원하는 바를 이룰 수 있는데, 그 중의 하나가 신(devata)과의 접촉도 가능하고, 교류도 가능하다. 물론 신과의 접촉과 교류를 못하란 법은 없지만 신과의 접촉과 교류는 어디까지나 명상이나 기도, 만뜨라 수련 중에 나타나는 하나의 현상이다.

여기서 중요한 것은 현상은 현상일 뿐 더 이상도 더 이하도 아니다. 따라서 신과의 접촉이나 교류가 수행의 목표가 되

어서는 안 된다. 는 것이다. 수행은 자기 자신과의 접촉으로
궁극의 해탈(samadhi)을 이루어 최상의 지혜(jnana)를 성취하
여 대 자유인(kaivalya, 독존)이 되는 것이 목표가 되어야 한
다. 신과의 접촉 내지는 교감도 가능한일이긴 하지만 그것은
하나의 현상일 뿐 현상에 빠져서는 본질을 놓치고 엉뚱한 길
로 빠질 우려가 있다. 설대 현혹되어서는 안 되겠다. <2/45절
참조>

따라서 여기서 말하는 신과의 접촉이란 자기 자신과의 접촉
으로 보는 게 현명하다.

우빠니샤드에는 브라흐만(Brahman, 이스와라)이 아뜨만(atman,
참 자아)이고 아뜨만은 아까시(akash, 대공)라고 하면서 모두가
동일시한다.

한편, 자신에게 맞는 수행법을 선택하고, 그 길을 갖다온 제
대로 된 스승을 만나 제대로 수련해 주는 것이 무엇보다 참
으로 중요하다.

2-45 절

समाधिसिद्धिरीश्वरप्रणिधानात् ॥

'samadhi siddhir isvara pranidhanat'

'사마디 싯디르 이스와라 쁘라니다나뜨'

'신(isvara)에 대한 헌신(pranidhana)으로 사마디(samadhi)를
성취(siddhi) 할 수 있다.'

해석 ; '사마디(samadhi)'는 삼매, '싯디(siddhi)'는 완전한 혹은 성취하다. '이스와라(isvara)'는 신 또는 자재신(自在神), '쁘라니다나(pranidhana)'는 헌신이라 풀이한다.

주:- 앞 1/23절에 이어 이 구절에서도 신(神,)에 대한 헌신적인 믿음으로 요가의 최상경지인 사마디(삼매)를 성취할 수 있다고 말하고 있다. 실지로 수행하는 과정에서는 어떤 하나의 대상에 헌신적으로 몰입을 해 주게 되면 사마디에 들어갈 수 있는 것은 당연하다. 사마디를 경험하는 과정에서 일어나는 현상으로 신과의 접촉이나 교류도 충분이 가능하다. 따라서 자신이 신봉하는 절대자에게 헌신함으로써 초월의식을 경험하는 경우를 주변에서도 종종 경험할 수 있는데, 이러한 경험은 엄청나게 강한 충격으로 다가온다. 이러한 현상은 아무나 경험 할 수 있는 일도 아닐뿐더러 신과 접촉을 했다. 라는 사실 하나만으로도 자신이 마치 신으로부터 무한한 은혜나 혜택을 입은 특별한 존재로 여겨지기 때문에 이러한 경험을 한 사람은 순식간에 엄청난 변화를 겪게 된다.

그러나 여기서 경계해야 할 것은 그러한 경험이 결코 전부가 아닐뿐더러 경험에 현혹되어서도 안 된다.는 것이다. 명상이나 기도는 어느 하나의 대상에 깊은 몰입을 하게 되면 내면의 깊은 잠재의식은 내가 원하는 무엇이던 간절하면 그 원하는 것을 창조 해 낼 수 있는 능력을 가지고 있다. 그러나 이것은 어디까지나 내 마음 내지는 뇌(腦)가 창조해낸 것이다. 간절하면 이루어진다고 말한다.

그래서 간절하게 명상을 하고 간절하게 기도를 한 사람들 중에 신과의 교류내지는 계시를 받았다고 하고 신의 강림을 경험해 보았다고 말할 뿐 아니라, 누구는 전생을 다녀왔다고도 하고, 누구는 끝도 한도 없는 무한한 행복감을 느끼기도 하고, 누구는 반대로 두 번 다시 경험하고 싶지 않은 무시무시한 공포를 느끼기도 했다고 말한다.

이러한 것들은 어디까지나 자신이 만들어낸 것이다. 이 말은 존재하던 신이 내 앞에 나타난 것이 아니라 내 간절함이 만들어낸 뇌의 창조물이다. 그래서 생각이 현실을 창조한다. 라는 말도 있고, 뇌는 착각의 대장이라는 말도 있다.

이러한 경험들은 깊은 몰입 상태에서 경험하게 되는 하나의 현상으로 경험은 어디까지나 경험일 뿐, 이러한 현상에 현혹되지 말아야 하고 더 중요한 것은 이러한 현상과 경험에 현혹되어 그러한 현상이 전부인양 빠지지 말아야 한다는 것이다. 이러한 느낌은 그 느낌이 너무나 강렬하여 보통 사람들은 이러한 현상에 빠지기가 쉽다. 그래서 광신(狂信)이나 맹신(盲信)이 나타나기도 하고, 자신이 마치 신의 대변자라도 된 것처럼 말하면서 세상 사람들을 현혹하는 경우도 볼 수 있는데, 이를 예방하는 차원에서 이 길을 먼저 다녀온 길을 아는 올바른 지혜를 가진 스승이 꼭 필요한 것이다.

स्थिरसुखमासनम् ॥

'sthira sukham asanam'

'스티라 수캄 아사남'

'아사나(asana)는 안정(sthira)되고 편안(sukha)해야 한다.'

해석 ; '스티라(sthira)'는 단단하고 안정된, '수카(sukha)'는 즐거움 혹은 편안한, '아사나(asana)'는 동작이라 풀이한다.

주:- 일반적으로 알고 있는 아사나(asana)의 개념은 동작이나 자세라는 뜻으로 알고 있다. 그러나 원래 아사나(asana)는 어원적으로 '앉다'라는 의미의 '아스(as)'에서 왔다. 그래서 방석이나 좌대 역시도 아사나라고 표현한다. 여기서 빠딴잘리가 말하는 아사나의 정의는 명상 중에 취해 주는 명상자세로서 앉는 좌법을 의미한다. 따라서 요가와 명상을 하기위한 자세는 안정되고 편안해야 한다는 의미이고 아사나(asana)는 요가의 8단계 중 세 번째 단계이다.

이때 수련하는 아사나는 강건한 몸과 이를 통한 심리적인 안정감을 바탕으로 명상에 몰입하기 좋은 몸과 마음상태를 가다듬기 위한 일련의 과정이다.

14~16세기 중세에 접어들면서 하타요가(hatha)가 크게 발전하게 되고 아사나의 개념도 바뀌게 되는데, 명상자세를 포함한 여러 가지 동작과 자세 등으로 다양해졌다.

뿐만 아니라 명상 수행 중에 발생할 수 있는 후유증을 최소화하고, 명상 수련의 질적인 향상을 위해서도 신체의 단련은 필요한 것이라고 말하면서 신체적 정신적 강건함과 심리적인 안정감을 강조하게 된다. 이 시기에 하타(요가)쁘라디피카(HathaYogaPradipika), 게란다 상히따(Gerandha Samhita), 시바 상히따(Siva Samhita) 등 많은 하타요가 경전들이 나타나면서 아사나가 발전하고, 현대에 이르러서는 건강에 대한 의식들이 더욱 확대되면서 요가의 아사나가 웰빙의 대명사가 되었다. 그러나 오로지 아사나에 만 집착하고 명상이 빠졌다는 것은 커다란 아쉬움으로 남는다. 다행히 의식이 내면으로 향하면서 명상에 대한 관심도 높아지고 있는 현상은 인류의 진정한 웰빙(well-being, 안녕과 행복)에 좋은 징조로 여겨진다. 겨우 코끼리 다리하나 만져본 사람이 아사나도 명상이고, 호흡도 명상이고, 삶 자체가 명상 아닌 게 없다면서 마치 세상의 이치를 다 아는 냥 말하는 것은 삼가 하자. 물론 명상 아닌 게 없이 모든 게 명상일 수는 있다. 그렇지만 다 아는 것은 아니지 않은가, 진정한 현자(賢者)가 아닌 이상...

2-47 절

पुरयत्नशैथिल्यानन्त्यसमापत्तभ्याम्॥

'prayatna saithilya ananta samapattibhyam'

'쁘라야뜨나 사이띨야 아난타 사마빠띠브얌'

'(아사나 수련으로) 긴장(prayatna)이 이완(saithilya)되면 무한한(ananta) (의식세계) 와(bhyam) 일치감(samapatti)을 느낄 수 있다.'

해석 ; '쁘라야뜨나(prayatna)'는 노력 혹은 긴장, '사이띨야(saithlya)'는 휴식 혹은 이완, '아난타(ananta)'는 무한한 또는 완전함. '사마빠띠(samapatti)'는 일치, '브얌(bhyam)'은 ~와 함께 라 풀이한다.

주:- 이 구절에 대한 번역은 아주 단순한 것 같으면서 쉽지 않은 부분으로 여러 가지로 번역을 해 놓고 있는데, 이 문장의 구절 자체가 명확하지 못해서이다. 그러나 분명한 것은 앞의 2/46절과 연결해 보면 아사나는 안정되고 편안해야 한다는 것에 초점을 맞추어 편안하고 안정된 아사나가 완성되면 사마빠띠(samapatti, 삼매, 일치) 즉 삼매에 몰입해 들어가는데 한결 쉬워진다는 말이다.

명상을 통해 우리가 원하는 사마디(samadhi, 삼매)에 들어가기 위해서는 몸도 마음도 긴장되어 있는 상태에서는 원하는 것을 이루기가 어렵다. 왜냐면 긴장상태에서는 교감신경이 흥분되어 아드레날린이 분비되면서 몸과 마음이 편안하게 이완되지 않기 때문이다. 잔잔한 호수에 자신의 얼굴을 비춰보고 싶다면 호수의 물이 잠잠해지기를 기다려야한다. 마찬가지로 우리 내면의 자신을 관조하고 싶다면 몸과 마음이 안정되어야 한다. 몸이 굳어 있다는 것은 내 몸을 구성하고 있는 세포와 신경계, 호르몬 등 여러 가지가 굳어있고 이완이 되지 않은 상태이다. 이때는 당연히 혈액 순환도 잘 안되면서 모든 세포는 경직되어 있고 신경계도 긴장되어 있을 것이다.

이때 아사나[흔히 말하는 동작이나 자세(Hathayoga)]로 몸을 가볍게 풀면 혈액 순환도 원활해지고 경직되어 있던 근육세포들과 신경세포들도 이완되고 편안해지면서 명상을 하기 위한 적당한 몸과 마음 상태가 되면서 명상을 하게 되면 삼매에 들기에 한결 수월한 환경이 내 몸과 마음에 조성이 된다. 그러나 자칫 잘못하면 아사나를 수련하는 과정에 사마디(삼매)에 들어간다는 식의 해석을 해놓은 책들도 있는데, 이건 결코 그렇게 될 수가 없다. 왜냐면 앞에서 이미 말했듯이 호수가 잠잠해야 나를 비추어 볼 수 있듯이 아사나를 수련하고 있는 과정에서는 결코 내 자신을 관조할 수가 없다. 그런데 아사나 수련 중에 뭔가를 느꼈다는 사람들을 볼 수 있는데, 우리 인체의 신비 중에 한 가지는 극한의 고통을 감내하게 되면 인체는 자체적으로 그 고통을 희석시키기 위해 호르몬이 분비되면서 진통효과를 내면서 희열감도 같이 온다는 사실이다. 이것은 결코 명상을 통한 사마디(삼매)와는 차원이 다른 얘기이다.

요가수트라에서 말하는 아사나 좌법은 명상자세로서의 좌법을 의미하고 명상자세로서의 아사나 좌법의 완성은 오랜 명상을 통해 체득되어 터득되어 진다.

누구나 명상을 하면 좋다고 알고 있지만 실지로 명상을 한다고 앉아보면 어깨도 아프고, 허리도 아프고, 무릎도 아프고,

다리도 저리고 그렇게 쉽지가 않다. 일단 앉는 좌법부터가 쉽지 않아서 포기하는 사람이 많다. 물론 사람마다 다를 수 는 있겠지만 오랜 시간과 수련을 통해 자신에게 맞는 좌법이 경험과 체험을 통해 터득된다. 이때 비로소 2/46절에 말하듯 이 안정되고 편안한 좌법(아사나)으로 명상을 하면서 다라나 (dharana), 드야나(dhyana)를 통해 사마디(Samadhi, 삼매)에 들 수 있게 된다.

2-48 절

ततो द्वन्द्वानभिघातः ॥

'tato dvandva anabhighatah'

'따또 드완드와 안아비가따'

'그 이후로는(tato) 이분법(dvandva)으로부터 벗어나게 (anabhighatah) 된다.'

해석 ; '따또(tato)'는 그 뒤에 혹은 그로부터, '드완드와 (dvandva)'는 반대되는 짝(모순) 혹은 이분법, '안아비가따 (anabhighata)'는 논쟁할 여지가 없는 혹은 고통으로부터 자 유로울 수 있는 으로 풀이한다.

주:- 현실 세계는 이중성과 다양성으로 이루어져 있다. 흔히 말하는 선과 악, 추함과 아름다움, 기쁨과 슬픔, 흑과 백, 남 과 여, 행과 불행 등으로 짝을 이루며 반대되는 개념을 가지 고 있고, 이러한 이분법은 인간의 감각기관을 자극하고 항상

갈등을 야기한다. 그런데 요가의 명상적 좌법을 통해 사마빠띠를 성취하고 삼매(samadhi)를 경험하게 되면 이러한 이분법의 원리에서 벗어나 자유롭게 된다. 정말 신기한 노릇이다. 이게 과연 가능한 일인가? 그렇다 이분법 혹은 더 다양하게 작용하고 있는 현실세계에서 우리는 자유로울 수 있다. 그래서 상카라는 아드와이타 베단타(Advaita vedanta)라는 학파를 창시했다. 아드바이타는 불이일원론(不二一元論)이라한다. 모든 것은 하나로 귀결된다는 말이다. 그 하나는 어디란 말인가?

오직 실천수련으로 경험해본 사람만이 알 수 있는 세계이다.

2-49 절

तस्मिन् सति श्वासप्रश्वासयोर्गतिविच्छेदः प्राणायामः ॥

'tasmin sati svasa prasvasayor gati vicchedah pranayamah'

'따스민 사띠 스와사 쁘라스와사요르 가띠 비체다 쁘라나야마'

'이것이(tasman) 되면(sati) 들숨(svasa)과 날숨(prasvasa)이 둘(yor) 사이의 흐름(gati)을 멈추는 것(vicchedah)을 수련해야 한다. 이것이 쁘라나야마(pranayama) 라고 한다.'

해석 ; '따스민(tasmin)'은 이것 안, '사띠(sati)'는 ~이다 혹은 있다, 되다. '스와사(svasa)'는 들숨, '쁘라스와사(prasvasa)'

는 날숨, '요르(yor)'는 그 둘의, '가띠(gati)'는 흐름 혹은 전개, '비체다(vicchedah)'는 중단하다 혹은 방해하다. '쁘라나야마(pranayama)'는 호흡조절이라 해석한다.

주:- 이것이란 앞 구절 2/48절의 아사나를 뜻한다. 따라서 아사나가 숙달이 되고, 어느 정도 완성이 되고나면 비로소 쁘라나야마를 수련해 주는데, 들숨(svasa)과 날숨(prasvasa) 사이의 흐름(gati)을 조절해 주는 것을 쁘라나야마라고 한다. 고빠딴잘리는 말하고 있다. 아사나의 완성도가 높으면 몸과 마음의 이완도가 높아 그만큼 호흡을 조절해 주기가 쉽고, 이러한 호흡의 조절은 감각기관의 활동을 억제와 조절해 주면서 수행자의 의식을 하나의 대상에 집중해 주기 쉽게 해주기 때문이다. 쁘라나야마를 수련 해 줄때 멈추어 주는 것을 지식 혹은 정지라고 하는데 이를 꿈바카(kumbakha)라고 한다. 이 구절에서 '비체다(vicchedah)'라는 말을 꿈바카의 수련을 의미한다고 풀이하는 학자도 있다.

꿈바카의 수련은 감각과 의식작용의 제한이 일어나고 동시에 변덕스런 의식과의 일치가 용이 해 지는 효과가 있다. 그러나 명상 수련 중에 해 줄 수 있는 호흡 조절은 쁘라나야마(호흡법)에서 말하는 기교적인 호흡법과 완전히 다른 것으로 쁘라나야마에서 수련하는 호흡법하고는 관계가 없다.

बाह्याभ्यनृतरस्तम्भवृव्वत्रिदेशकालसंख्याभिः परिद्रिष्टो दीर्घसू क्ष्मः॥

'bahya abhyantara stambha vrttir desa kala samkhyabhih paridrsto dirgha suksmah'

'바야 아브얀따라 스탐바 브르띠르 데샤 깔라 상캬비 빠리 드르스또 디르가 숙스마'

'(쁘라나야마는) 날숨(bahya)과 들숨(abhyantara) 그리고 작용(vrtti)을 멈추고(stambha), 장소(desa)와 시간(kala)에 따라 횟수(samkhya)를 조절(paridrsta)하면서 섬세하게(suksma) 늘여(dirgha)주는 것이다.'

해석 ; '바야(bahya)' 바깥(외부), '아브얀따라(abhyantara)'는 안(내부), '스탐바(stambha)'는 정지, 고정하다. '브르띠(vrttir)'는 요동, 작용으로 풀이하고, '데샤(desa)'는 장소 혹은 지역, 범위, '깔라(kala)'는 시간 혹은 기간, '상캬(samkhya)'는 수, '빠리드르스따(paridrsta)'는 조절. '디르가(dirgha)'는 연장하다, 늘이다. '숙스마(suksma)'는 미묘한 혹은 섬세 한으로 풀이한다.

주:- 쁘라나야마는 들숨(abhyantara)과 날숨(bahya), 그리고 들숨과 날숨 사이를 멈추는 꿈바카(kumbakha)로 이루어져 있다. 이 구절에서 말하는 작용을 멈춘다. 라는 'stambha vrtti'는 호흡을 멈추어 주는 지식(止息), 즉 꿈바카(kumbakha)를 말한다. 들숨과 날숨 그리고 꿈바카는 쁘라나야마를 수행하는

기술(technic)로서 시간과 장소에 따라 수행 방법이 달라 질 수도 있고 나아가 수행의 깊이에 따라 의식의 흐름을 더욱 미묘한 상태로 나타내는 척도이기도하다.

2-51 절

बाह्याभ्यन्तरवषियाक्षेपी चतुर्थः॥

'bahya abhyantara visaya aksepi caturthah'

'바야 아브얀따라 비사야 악세삐 짜뚜르타'

'네 번째 단계(caturthah)인 쁘라나야마는 내적(abhyantara) 외적(bahya) 영역(visaya)을 초월(aksepi)하는 힘이 있다.'

해석 ; '바야(bahya)'는 바깥(외부), '아브얀따라(abhyantara)'는 안(내부), '비사야(visaya)'는 대상 혹은 영역, '악세삐(aksepi)'는 초월하다. '짜뚜르타(caturtha)'는 네 번째라고 풀이한다.

주:- 아스탕가 요가의 네 번째 단계(caturtha)인 쁘라나야마는 인체의 내부와 외부를 드나들면서 인체의 에너지를 관장한다. 이로 인해 쁘라나야마의 오랜 수련과 깊은 몰입은 인체의 내, 외부를 넘어 깊은 내면의 잠재의식과 무한한 우주적 영역에 까지도 의식이 확대된다. 따라서 쁘라나야마의 수련이 깊어지면 꿈바카를 수련 중 하타요가쁘라디피카 2/72절에서 말하는 깨왈라 꿈바카(Kaivala kumbhaka)와 같은 현상이 일어나 사마디(삼매)와 같은 의식 세계를 경험하게 된다. 일반적으로 호흡은 들숨(abhyatra), 날숨(bhaya), 정지(stambha)로 이루어져

있지만 오랜 수련으로 단련된 수행자는 임의적으로 정지해주는 사히따 꿈바카를 초월해 깨왈라 꿈바카를 경험하게 되는 단계를 호흡 수련 중에 나타나는 4번째 영역이라 표현하고 있다. 이때 본문에서 말하는 바와 같이 내, 외적 영역을 초월하는 경험을 하게 된다. 이 같은 경험은 명상에서도 일어난다.

2-52 절

ततः क्षीयते प्रकाशावरणम् ॥

'tatah ksiyate prakasa avaranam'

'따따 크시야떼 쁘라까샤 아와라남'

'그 결과(tata) 내면의 빛(prakasa)을 가리고 있던 장막(avarana)이 사라진다(ksiyate).'

해석 ; '따따(tatah)'는 그 이후로, '크시야떼(ksiyate)'는 사라지다, '쁘라까샤(prakasa)'는 빛, '아와라남(avaranam)'은 장막 혹은 덮게라 풀이한다.

주:- 따라서 2/51절에 설명하였듯이 의식이 깊은 내면의 잠재의식과 무한한 우주의식에 까지 그 영역이 확대되었다는 것은 그 동안 어리석음(avidya)으로 인해 내면의 빛(prakasa)을 가리고 있던 장막(avaranam)이 벗겨지면서(ksiyate) 지혜의 눈이 열리게 된다.

2-53 절

धारणासु च योग्यता मनसः ॥

'dharanasu ca yogyate manasah'

'다라나수 짜 요그야떼 마나사'

'그리고는(ca) 다라나(dharana)에 적합한(yogyate) 마음
(manas)이 된다.'

해석 ; '다라나(dharana)'는 집중 혹은 전념, '짜(cha)'는 그리
고는, '요그야떼(yogyate)'는 적합한, '마나스(manas)'는 마음
또는 의식으로 풀이한다.

주:- 다라나(dharana)는 아스탕가 요가 중 여섯 번째 단계로
앞으로 전개될 부분으로 실질적인 명상에 들어가는 단계를
말한다.

따라서 지금까지 2/49절부터 앞 2/52절까지 호흡법에 대한
수련으로 안정되고 확대된 의식으로 어리석음의 장막을 걷어
내고 나면 비로소 실질적인 명상 수련의 첫 단계인 다라나
(dharana) 수련에 적합한 의식상태가 된다는 고 말하고 있다.

2-54 절

सववषियासंपुर्योगे चवितस्य सवरूपानुकार इवेन्द्रियिाणां प्रत्या
हारः ॥

'sva visaya asamprayoge cittasya sva rupa anukara iva indriyanam pratyaharah'

'스와 비사야 아삼쁘라요그 찌따스야 스와 루빠 아누까라 이와 인드리야남 쁘라뜨야하라'

'감각기관(indriya)이 마치 (iva) 자기 자신이(sva) 의식(cittasya)의 영역(visaya)인양 모방 (anukara)하는 것으로부터 분리되어 (asamprayoga) 자신의 본래모습(sva-rupa)으로 돌아가는 것이 쁘라뜨야하라(pratyahara)이다.'

해석 ; '스와(sva)'는 자기 자신의 혹은 스스로, '비사야(visaya))'는 대상 혹은 영역. '아삼쁘라요그(asamprayoge)'는 분리시키다. '찌따(citta)'는 의식, '스와(sva)'는 스스로, '루빠(rupa)'는 형태 혹은 본성, '아누까라(anukara)'는 흉내 혹은 모방, '이와(iva)'는 말하자면, '인드리야(indriya)'는 감각기관, '쁘라뜨야하라(pratyahara)'는 보통 제감(制感)이라하는데 감각기관의 활동을 거두어들이는 것을 말한다.

주:- 앞에서 이미 언급하였지만 인간은 감각기관(五感: 眼, 耳, 鼻, 舌, 身)에 의존해 살면서 지배를 받으며 살아간다. 오감의 지배를 받다보면 탐욕과 욕망을 느끼고 집착, 애착이 생기고 이를 충족시키기 위해 갈등과 괴로움을 동반한다. 그래서 인간은 감각기관의 지배를 받고 감각기관을 먹여 살린다. 고도 말한다. 감각기관이 지배를 하고 있는 순간에는 의식은 그 존재감이 없다. 이때는 감각적으로만 말하고 행동하게 된다. 그래서 이때는 참 자아는커녕 의식도 감각기관에 빼앗겨버린 상태라 온전한 생각과 행동을 할 수가 없이 오직 감각기관이 하자는 대로 움직이고

있다. 그래서 이때는 나라는 존재는 감각기관이 하자는 대로 움직이기 때문에 감각기관의 좀비에 지나지 않는다.

거기다가 이때에는 감각기관의 주도하에 움직이다보니 이때의 감각기관은 마치 의식의 대리인 인양 행동하고 이때의 감각기관의 모습을 의식을 모방한다고 본 구절에서는 표현하고 있다.

따라서 쁘라뜨야하라의 수련은 감각기관에 매몰되어 감각기관의 유혹에 따라 움직이고 있는 상태에서 벗어나(asamprayoga) 자신의 본래 모습으로 돌아가게 하는 것이 쁘라뜨야하라인 것이다.

그래서 이러한 무지(avidya)에서 벗어난 수행자는 감각기관의 지배를 받는 모든 내적 외적 대상으로부터 의식이 분리되어 물질적 욕망과 집착, 애착에서 벗어나 자유롭게 된다. 이렇게 된 수행자에게 있어서는 감각기관이 더 이상 영향력을 행사할 수 없게 되고 오히려 수행자의 의지를 따라 감각기관 자신의 본래 모습을 버리고 수행자의 뜻에 따라 순종하게 된다. 이때 비로소 진정한 라자요가(Rajayoga)의 성취가 이루어지는 것이다.

이렇게 감각기관(indriya)을 길들여 그 기능을 거두어들이는 것 이것이 바로 쁘라뜨야하라(pratyahara, 제감)인 것이다.

2-55 절

ततः परमा वश्यतेन्द्रियाणाम् ॥

'tatah parama vasyata indriyanam'

'따따 빠라마 바스야따 인드리야남'

'그 결과(tata) 감각기관(indriya)을 완전히(parama) 통제하게(vasyata) 된다.'

해석 ; '따따(tatah)'는 그 이후 혹은 그 결과, '빠라마(parama)'는 지고한 혹은 완벽한, '바스야따(vasyata)'는 통제 혹은 정복, '인드리야(indriya)'는 감각기관으로 풀이한다.

주:- 감각기관을 다스리기 위해서는 먼저 의식을 다스려야 한다. 의식이 순수하지 못하면 욕망은 살아있고 살아 있는 욕망은 감각기관에 의해 날개를 단다. 따라서 이 감각기관을 통제하기 위해서는 먼저 의식이 순수해 져야 한다.

순수의식은 참 자아 아뜨만 이지만 처음부터 아뜨만을 찾아 내기는 쉬운 일이 아니다. 그래서 그 과정이 바로 명상이고 이 과정을 겪어 나가다보면 의식은 점점 맑아지고 순수해지면서 감각기관으로 부터도 서서히 멀어지는 것을 느낄 수가 있다. 그러다 사마디의 경험은 순수 참자아를 체험하게 되고, 의식이 순수의식으로 바뀌면서 감각기관으로부터 완전히 해방되고 자유자재로 통제가 가능해진다.

감각기관을 완전하게 통제한다는 것은 요가의 목적지인 해탈에 더욱 가까워지고 있음을 뜻하고 라자요가를 성취한다는 의미이다. 따라서 지금까지 수련의 결과 우리 자신을 현혹시키는 감각기관에 대하여 완전하게 통제할 수 있게 된다.

이렇게 하여 요가수트라 제 2장의 설명을 마친다.

신통 품 혹은 자재 품

(요가의 능력)

제 3징. 비부띠 빠다

Vibhuti-pada,

3장은 아스탕가 요가의 8단계 중 다라나, 드야나, 사마디(samadhi, 삼매)가 일어나는 과정과 사마디 상태에서 나타나는 현상을 설명하고, 그러한 수행을 바탕으로 인간이 가진 모든 능력들과 자연 현상들에 적용시키게 되면 초인간적인 힘을 가질 수도 있다는 것을 설명하고 있다.

어원학적으로 '비(Vi)'라는 말은 특별한, '부(Bhu)'는 되다. '띠(ti)'는 확장하다. 로 풀이한다. 따라서 이 말은 요가 수련으로 인간이 가진 능력을 확장시켜 초자연적인 힘을 갖게 된다는 의미를 가지고 있다. 그래서 신통 품이라 이름하였다. 그러나 제대로 된 수행자들은 초자연적인 힘을 얻는데 집중 할 것이 아니라 참다운 지혜를 완성하는데 전념해야 한다고 경고하고 있다.

초자연적인 능력의 성취는 외부지향적인 마음을 내부로 끌어들이는 동기를 부여하고, 초인간적인 능력을 획득한 성취감과 희열은 가져다줄지라도 지고한 행복을 가져다주는 사마디(삼매)하고는 별개이므로 오히려 장애가 된다.<3/37 절 참조>

따라서 결국은 정신세계를 공부하는 목적과 완성은 초 자연력(초능력)을 이루는데 있는 것이 아니라 사마디(삼매)를 바탕으로 해탈(moksa)을 이루어 독존(kaivalya)이 되어 진정한 자유인이어야 한다는 것을 알 수 있다.

देशबन्धश्चवित्तस्य धारणा ॥

'deśa bandhaś cittasya dhāraṇā'

'데사 반다스 찌따스아 다라나'

'집중(dharana)은 하나의 대상(desa)에 의식(citta)을 고정시키는 것(bandha) 이다.'

해석 ; '데사(desa)'는 장소 혹은 한 점, '반다(bandha)'는 묶다 혹은 고정하다. '찌따(citta)'는 의식, '다라나(dharana)'는 집중이라 풀이한다.

주:- 의식을 어느 한곳에 집중해 준다는 것은 그것이 무엇이든지 상관이 없다. 어떤 사람은 호흡이 들락날락 하는 코끝에, 어떤 사람은 양미간사이에, 어떤 사람은 단전에, 어떤 사람은 자신이 숭배하는 신의 영상을 떠올려서, 어떤 사람은 인간이 지닌 7개의 챠크라 중 어느 하나에, 어떤 사람은 하나의 점을 찍어 놓고 그 점에 집중을 해 줄 수도 있다. 인도의 유명한 성자 라마나 마하리쉬(Ramana Maharish)는 먼 산을 바라보는 것으로 유명하다.

현대에 들어와서 명상도 퓨전(fusion)화하여 어떤 사람은 음악에, 어떤 사람은 춤 등 각자의 원하는 데로 하나의 대상을 선택하여 집중을 해 주고 있다.

그러나 제일 좋은 방법은 자신의 몸 어느 한 부분을 대상으로 집중하는 것이 좋다. 왜냐면 명상은 자신의 참모습을 찾아 자신의 내면세계로 들어 가야하기 때문에 자기 자신을 대상으로 했을 때 자기 자신의 의식이 작용하는 실질적인 다양한 모습을 완전하게 경험을 하면서 최종적으로 진정한 자아를 발견 할 수 있다. 그 외 자신이 아닌 다른 어떤 사물을 대상으로 명상을 한다는 것은 나 아닌 다른 대상에 의식이 집중됨으로서 본래의 나 자신은 도외시되고 다른 대상으로의 집중은 나 아닌 외적인 대상에 집중됨으로서 자기 스스로 통제할 수 있는 능력 밖의 현상이 발생하면서 명상이 왜곡될 수도 있기 때문에 주의를 요하고 꼭 올바른 스승의 지도하에 수련을 해야 한다.

다라나의 수련은 자기 자신과의 게임이며, 집중력 훈련이다. 마음은 야생마 같고 럭비공 같아서 언제 어디로 튀어 나갈지 모르는 마음을 제어해 지금 현재 여기에 머무르게 한다는 것은 꾸준한 기다림과 인내심을 가지고 지속적으로 반복 수련이 이루어졌을 때 다음 단계인 드야나(dhyana)로 넘어갈 수 있다. 이때 베다(veda)에서 말한 요가의 뜻, '요가는 말에게 멍에를 씌우는 것'이라는 말이 성립하게 된다. 말에게 멍에를 씌우는 순간 수행자는 흔히 말하는 멘탈 마스터(mental master)가 된다. 다라나(dharana)는 명상의 첫 번째 단계이며 시작점이자 아스탕가요가의 여섯 번째 단계이다.

तत्र प्रत्ययैकतानता ध्यानम् ॥

'tatra pratyaya ekatānatā dhyānaṃ'

'따뜨라 쁘라뜨야야 에까따나따 드야남''

'현재 생각하는 대상(pratyaya) 거기에(tatra) 한 방향(ekatanata)으로 이어지는 현상을 드야나(dhyana)라 한다.'

해석 ; '따뜨라(tatra)'는 ~에 관련하여 혹은 거기에, '쁘라뜨야야(pratyaya)'는 현재의 생각 혹은 인지, '에까(eka)'는 하나, '따나따(tanata)'는 한 방향으로 연속적으로 이어지는 것, '드야나(dhyana)'는 집중 혹은 몰입이라 풀이한다.'

주:- 다라나(dharana)의 수련은 의식을 하나의 대상에 집중(고정)하는 노력이다. 그러나 드야나(dhyana)는 다라나에서 의식의 흐름을 하나의 대상에 집중해 주려는 노력의 결과 의식의 흐름이 원하는 한 방향으로만 집중되는 것이다. 즉 생각과 의식의 흐름이 흩어지거나 동요함이 없이 집중하고자 하는 하나의 대상에 끊어짐이 없이 이어져 몰입이 이루어지는 상태이다.

이것을 불교에서는 선정(禪定)이라하고, 선정이 이루어지고 나면 비로소 삼매에 들어갈 수 있게 된다. 요가에서는 삼매를 사마디(samadhi)라 한다. 여기서 경계해야 할 것은 집중하는 대상이 집중하는 과정에서 일어나는 생각 중 하나에 의해 한 방향으로 이어지는 것이 아니라, 수행자 자신이 집중하고 있는 대상에서 다른 생각의 방해 없이 몰입되어 그 대상과 하나로 일치됨을 뜻한다.

이것이 아스탕가 요가의 일곱 번째 단계인 드야나(dhyana) 즉 응념(應念) 혹은 삼매(三昧, samadhi)의 초기단계라 한다.

3-3 절

तदेवार्थमात्रनिर्भासं स्वरूपशून्यमिव समाधिः ॥

'tad evārthamātra nirbhāsaṃ svarūpa śūnyaṃ iva samādhiḥ.

'따드 에와 아르타 마뜨라 니르와삼 스와루빠 순야 이와 사마디'

'그것(tad)은 마치(iva) 대상(artha)은 사라지고(sunya) 실지로 (eva) 오직(matra) 자기 자신의 본질(svarupa)만이 인지(nirbhasam)될 때 사마디(samadhi)라고 한다.'

해석 ; '따드(tad)'는 그것, '에와(eva)'는 실지로 혹은 같은, '아르타(artha)'는 목적 혹은 대상, '마뜨라(matra)'는 단지 혹은 오직, '니르바사(nirbhasa)'는 빛을 발하다 혹은 인지하다. '스와(sva)'는 자기 자신, '루빠(rupa)'는 형태 혹은 모습, 이 둘을 합쳐서 자신의 본질이라 하고, '순야(sunya)'는 공 혹은 빈, '이와(iva)'는 말하자면 혹은 마치 그대로, '사마디(samadhi)'는 완전한 집중상태 혹은 삼매라 풀이한다.

주:- 다라나(dharana)를 거쳐, 드야나(선정, 禪定)에 들어, 드야나(dhyana) 상태가 이어져 사마디(samadhi)에 이르면 명상의 대상은 사라지고 본래의 자기모습만이 남게 된다. 그때 느껴지는 자기 자신의 본질이란 어떤 것일까? 그것은 마치 아무것도

없는 공(空)으로 느껴진다. 그런데 그 공속에는 아무것도 없는 텅 빈 것이 아니라 충만감으로 가득 차 있다. 그래서 불교에서는 색즉시공 공즉시색(色卽是空 空卽是色)이라했고, 나아가 진공묘유(眞空妙有)라 한다.

이 때 1/41절서 인용한 신수대사의 게송을 뛰어넘는 6조 혜능대사의 게송이 적용된다.

'보리본무수(菩提本無樹)

명경역비대(明鏡亦非臺)

본래무일물(本來無一物)

하처야진애(何處惹塵埃)

보리라는 나무는 원래 없었던 나무이고,

거울 또한 본래 있던 것이 아니었는데,

이렇게 본래 한 물건도 없었던 것을,

어디에 먼지가 묻는단 말인가.'

여기서 비록 혜능대사가 1/41절에서 인용한 신수대사의 게송(偈頌)을 반박하는 내용이라고 하지만 신수대사의 게송이 잘못됐다는 얘기는 절대 아니다, 신수대사의 게송 내용 역시 사마디 중에 경험할 수 있는 경지이지만 어디까지나 요가에서 말하는 유상삼매(samprajnath samadhi)의 경지이고, 여기서 인용한 혜능대사의 게송은 그 보다 한 차원 높은 무상삼매(asamprajnath samadhi)의 경지를 나타냄으로서 오조(五祖) 홍인대사의 법맥(法脈)을 잇게 되는 것이다.

물론 요가에서는 참자아가 있는 유아(有我)를 주장하지만,

불교에서는 내가 없는 무아(無我)를 주장하면서 아무것도 없는 공(空)인 상태에서 모든 것은 마음이 만들어내는 일체유심조 (一切唯心造)라 하였다. 실지로 명상을 하면서 깊은 몰입 상태 를 경험해 보면 경험적으로 아무것도 없는 게 맞다. 그러나 요가에서는 아무것도 없는 그것이 아뜨만(atman, 참 자아)인 것이다. 있다 없다는 물질론 적으로 말하면 없는 것이 맞지만, 형이상학적 본질론 적으로 말하면, 참자인 아뜨만(atman)은 존재한다. 그래서 불교에서 말한 색즉시공 공즉시색(色卽是空 空卽是色)과 일맥상통한다.

하타요가 쁘라디피카에서는 대양(大洋)속에 빠져있는 항아리 는 안과 밖이 새로운 의식으로 가득 채워진다. 라고 했다.≪ H. P 4/55절, 4/56절. 4/57절≫

3-4 절

तरयमेकत्र संयमः ॥

'trayaṃ ekatra saṃyamaḥ'

'뜨라얌 에까뜨라 삼야마'

'세 가지(traya)를 하나(ekatra)로 묶어 삼야마(samyama)라 한다.'

해석 ; '뜨라야(traya)'는 세 가지, '에까뜨라(ekatra)'는 하나 로 혹은 함께 라고 풀이한다. '삼야마(samyama)'는 다라나, 드야나, 사마디를 함께 묶어 삼야마라 한다.

주:- 흔히 명상이라고 하면 눈을 감고 가만히 앉아 묵상에 잠기는 것을 말한다. 눈을 감고 묵상에 잠기는 것에 관해서는 이미 앞 3/1절에서 다양한 방법들이 있다고 설명을 하였다.

그런데 요가에서는 단순히 막연하게 가만히 앉아 있는 것으로만 말하지 않고 더욱더 구체적으로 다라나, 드야나, 사마디라는 세 가지 단계로 명상이 진행되는 과정을 자세하게 구분해 설명해 주고 있다.

3-5 절

तज्जयात्प्रज्ञालोक :॥

'taj jayāt prajñālokaḥ'

'따즈자야뜨 쁘라즈나로까'

'그것(taj)이 완성되면(jaya) 지혜의 빛(prajna)이 나타난다 (aloka).'

해석 ; '따즈(taj)'는 tad에서 온 말로 그것이라 풀이한다. '자야(jaya)'는 승리 혹은 정복이라는 뜻인데 여기서는 완성이라 풀이한다. '쁘라즈나(prajna)'는 초월적 직관력 혹은 통찰력 그리고 지혜라 풀이한다. '아로까(aloka)'는 빛나다, 나타나다. 로 풀이한다. '쁘라즈나로까'는 지혜의 빛이라 풀이 할 수 있다.

주:- 여기서 말하는 그것(taj)은 다라나, 드야나, 사마디의 수련을 의미하는 삼야마를 뜻한다. 따라서 삼야마 즉 명상 수련에 의한 삼야마의 완성은 초월적 직관력이나 지혜의 빛이 생

겨나게 한다. 하지만 이것으로 지혜가 완성되는 것은 아니다. 사마디를 성취했다는 것은 한 순간의 일이고 이제부터 시작에 불과하다. 사마디를 성취한 뒤에도 꾸준하게 수행을 해 주었을 때 지혜의 완성도는 점점 높아진다.

3-6 절

तस्य भूमिषु विनियोगः ॥

'tasya bhūmiṣu viniyogaḥ'

'따스야 부미수 비니요가'

'그것(tasya)은 단계적으로(bhumisu) 적용된다(viniyoga).'

해석 ; '따스야(tasya)'는 그것은 즉 삼야마를 뜻하고, '부미수(bhumisu)'는 단계, '비니요가(viniyoga)'는 응용하다, 적용하다. 그리고 수련하다. 로 풀이한다.'

주:- 실질적으로 명상을 수련하다가 사마디(samadhi)를 경험해 보면 3/4절처럼 다라나, 드야나, 사마디가 단계적으로 정확하게 적용되는 것이 느껴진다. 이것을 일반적으로 구분 없이 명상이라고 말하고, 요가에서는 세분하여 삼야마라고 한다는 것을 알 수 있다. 그러나 이러한 현상에 대한 구분은 오직 깊은 몰입을 경험해 본 수행자만이 인지가능하고 이를 통해 섬세하게 움직이는 마음 작용을 느껴 볼 수 있다.

단계라는 것은 명상에서만 적용되는 것이 아니고, 모든 일에

서도 단계적으로 적용되고, 요가 역시 아스탕가 요가<2/29
절>라는 단계를 밟아 줄 때 요가의 최상 경지에 올라 갈 수
있다.

3-7 절

तत्रयमन्तरङ्गं पूर्वेभ्यः॥

'trayam antaraṅgaṃ pūrvebhyaḥ'

'뜨라얌 안따랑가 뿌르베브야'

'세 가지(trayam) 구성요소(angam)는 이전(purvabhya) 것들
보다 내적(antara)인 수행 과정이다.'

해석 ; '뜨라야(traya)'는 세 가지 구성 원소, '안따라(antara)'은
내부 혹은 내적인, '앙감(angam)'은 단계 혹은 구성요소, '뿌르
베브야(purvebhya)'는 이전의 또는 초기라고 풀이한다.

주:- 여기서 말하는 세 가지 구성 요소란 다라나. 드야나. 사마
디를 의미하고 이전의 것들이란 아스탕가 요가의 8가지 중 야마
(yama), 니야마(niyama), 아사나(asana), 쁘라나야마(pranayama),
쁘라뜨야하라(pratyahara)를 가르킨다. 이들 다섯 가지는 외적
이고 삼야마를 수행하기위한 준비과정인 반면 다라나, 드야나,
사마디는 내적인 수행과정이라는 것을 의미한다.

내적 수행은 외적으로 인지 할 수 있는 몸을 비롯한 감각, 호흡,
잡다한 생각들 모두가 사라지고 자신의 내면으로 들어가 지금까
지와는 완전히 다른 세계를 경험하게 되면서 의식의 변화를 경

험을 통해 체득하게 된다. 이렇게 체득되어진 경험은 수행자의 일 생을 좌우하게 된다.

3-8 절

तदपि बहिरङ्गं निर्बीजस्य ॥

'tad api bahiraṅgaṃ nirbījasya'

'따드 아삐 바히랑감 니르비자스야'

'그(tad) 단계(angam)들 또한(api) 무 종자(nirbijas)삼매에 비하면 외적인 단계(bahiranga)이다.'

해석 ; '따드(tad)'는 그것들, '아삐(api)'는 또한 혹은 심지어, '바히랑감(bahiraṅgaṃ)'은 외적인 단계, '니르비 자스야(nirbījasya)'는 씨앗이 없는(무 종자, 無 種子)것 으로 풀이한다.

주:- 다라나, 드야나, 사미디라는 삼야마의 수련이 내 적인 수련임에 분명하지만 사마디에도 그 깊이와 정도 의 차이가 있어서 삼야마의 수련 중 나타나는 몰입도의 깊이에 따라 유 종자 삼매(sabija samadhi)와 무 종자 삼매(nirbija samadhi)로 나누고 있다.

따라서 유 종자 삼매에서는 전반적인 사고(思考)나 반 조, 미묘한 생각 등이 존재하기 때문에 유상삼매 (samprajnatha samadhi, 有想三昧)라 하고, 이 모두가 사라진 상태를 무상삼매(asamprajnatha samadhi, 無想

三昧) 혹은 무 종자 삼매(nirbija samadhi)라고 한다.

3-9 절

वयुत्थाननिरोधसंस्कारयोरभिभवप्रादुर्भावौ   निरोधक्षणचित्तान्व
यो निरोधपरिणामः ॥

'vyutthāna nirodha saṃskārayor abhibhava prādurbhāvau
nirodha kṣana cittānvayo nirodha pariṇāmaḥ'

'브웃타나 니로다 삼스까라요르 아비바와 쁘라두르 바와우
니로다 크샤나 찌딴와요 니로다 빠리나마'

'순간순간(ksana) 나타나는(vyutthāna) 생각이 억제(nirodha)
되고, 발현(prādurbhāvau)하고자 하는 잠재적 활성체(saṃskārayor)
도 가라앉아 있는(abhibhava) 의식의 상태(citta)가 연결되어(anvayo)
있는 것을 니로다 빠리나마(nirodha-parinama)라 한다.'

해석 ; '브웃타나(vyutthāna)'는 외적인 출현 혹은 발생,
'니로다(nirodha)'는 통제 혹은 억제, 숙달하다. '삼스까라요
(saṃskārayor)'는 잠재적 활성체 혹은 잠재인상, '아비
바와(abhibava)'는 정복하다 혹은 지배하다. '쁘라두르바와
우'(prādurbhāvau)'는 출현 혹은 발현하다. '크샤나(kṣana)'는
순간 혹은 찰나, '찌따(cittā)'는 의식, '안와요(anvayo)는 결합
혹은 연결하다. '빠리나마(pariṇāmaḥ)는 결과 혹은 변화,
전변(轉變) 등으로 풀이한다.

주:- 이 구절은 유상삼매에 대한 설명으로 삼야마(명상)

수련 중에 어느 정도 몰입이 되면 몰입 속에서 그동안 잠재되어 있던 상념들이 나타났다 사라지는 현상이 일어난다. 잠재되어 있던 상념들은 윤회의 사슬고리로 작용하는 삼스까라(samskara)이다. 상념들이 일어난다는 것은 의식 활동이 작용한다는 뜻이고 상념이 억제되면 의식 작용도 억제 되었다는 것을 의미하는데, 이것은 의식이 완전히 억제되지 않은 상태로서 유 종자삼매 내지는 유상삼매 상태이다.

의식이라는 하나의 본질에서 하나의 대상에 집중을 하다보면 완전한 사마디(삼매)에 들어가지 전에 순간순간 나타나던 상념들은 집중력에 의해 억제된다. 이때를 본문에서는 '**순간순간(ksana) 나타나는(vyutthāna) 생각이 억제(nirodha) 되었다.**' 라고 표현하고 있고, 그 뿐만 아니라 깨어있는 의식 밑에서 이러지도 저러지도 못하던 여러 가지 잠재 인상들도 몰입에 의해 가만히 가라앉게 된다. 이때를 '**발현(prādurbhāvau)하고자 하는 잠재적 활성체(saṃskārayor)도 가라앉아 있는(abhibhava) 의식의 상태(citta)**'로 표현하고 있다. 이러한 몰입상태기 이어지면서 어느 순간 나타나면서 떠올랐던 생각과 떠오르기 직전의 잠재인상들이 사라지지 않고 모든 움직임이 그 순간 멈추게 된다.

이렇게 떠오른 의식과 잠재의식은 사라지지 않고 수행자의 의식 주변에 멈춰서 있는 것이 느껴지고, 또 다른 잠재의식은 수행자의 내면에서 통제되어 있는 상태에서 수행자는 이러한 현상을 인지하고 있고, 고조된 집중상태로 인해 더 이상 활성화되지 못하고 멈춰 선 상태로 수행자는 관조자 (drstha)의 상태로 존재한다. 마치 슬로우 비디오가 정지된 것처럼.. 이때 이미 떠오른 상념은 억제되었고 잠재의식 속에 또 다른 생각이 또 떠오르고자 하지만 강한 몰입으로 의식이 가라앉은 상태이기 때문에 떠오르지는 못하고 이 역시 멈춰진 상태가 서로 연결되어 인지되고 있는 의식상태, 이것을 니로다 빠리나마(nirodha parinama) 즉 제한적 전변이라 한다. 이때를 앞<1./42절, 1/43절, 1/44절>에서 설명을 했던 삐따르까 혹은 비짜라 사마빠띠라고 했었다.

여기서 더 깊은 몰입이 되면 무상삼매 즉 무 종자 삼매로 이어지게 되는데 이때 삼스까라(samskara)는 사라져 없어지고 윤회(samsara)에서도 벗어나게 된다.

3-10 절

तस्य प्रशान्तवाहिता संस्कारात् ॥

'tasya praśānta vāḥitā saṃskārāt'

'따스야 쁘라산따 와히따 삼스까라'

'그것(tasya)은 잠재인상(samskarat)의 안정된(prasanta) 흐름(vahita) 때문이다.'

해석 ; '따스야(tasya)' 그것의, '쁘라산따(praśānta)'는 안정된' '와히따(vāḥitā)'는 흐름, '삼스까라뜨(saṃskārāt)'는 잠재인상 이라 풀이한다.

주:- 일반적으로 명상 중에 집중력이 고조되면 몰입이 깊어지면서 상념들도 사라진다고 말한다. 그래서 명상을 할 때 사람들은 집중력을 높이고 잡념들을 떨쳐버리기 위해 애를 쓴다. 그런데 이 구절에서는 잠재되어 있던 상념들이 억제됨으로서 고요한 명상적 몰입 상태가 이루어졌다고 역설적으로 말하고 있다.

명상 중에 생각을 멈추던지 버리라고 하는데, 생각은 마음 내지는 의식에서 일어난다. 특히 잠재의식에서 발현한다. 잠재의식은 그 동안 지나온 미루고 이루지 못한 좋고 나쁜 경험들이 마음 속 깊은 저변에 침착되어 있다가 불의 불식간에 일어나 평온했던 의식 세계를 흔들어 놓는다. 그래서 마음을 비우라고 하는데 마음이 생각의 근원지로서 마음이 흔들리면 마음에 담겨있던 잠재의식들이 요동을 치면서 평온했던 사람의 마음을 흔들어 놓는다. 반대로 잠재의식들이 요동을 치면 마음도 같이 흔들어 놓기 때문에 두 현상을 한꺼번에 묶어 마음을 비우라고 하는 것이다.

이것은 의식은 하나인데 두 가지 형태로 작용하는 현상이다. 그런데 이러한 현상을 의식의 두 가지 작용이라고 말하지만 실질적으로는 변화무상한 쁘라끄르띠의 본질적 문제이다. 쁘라끄르띠의 본질은 변화무상한 기질을 갖고 태어나기 때문에 근본적으로 변화무상한 의식작용을 해결 할 수 없다. 단지 그 작용을 관찰할 수는 있다. 그 관찰을 통해 통제 가능한 것이고 관찰과 통제를 반복함으로서 항상 억제된 상태를 유지 관리할 수 있게 된다. 이것이 유상삼매이고, 이러한 현상들을 좀 더 근본적인 해결 방법은 무상삼매 즉 무 종자 삼매를 경험해야 만이 자연적 억제와 통제가 가능한 상태가 되면서 흔한 말로 자유로운 영혼이 되는 것이다.

자유로운 영혼이 된다는 것은, 물속에 가라앉아 있는 커다란 통속에 낙엽이 쌓이는 현상과 같다. 낙엽이 한 닢 두 닢 통속에 쌓이면서 밑에 먼저 가라앉은 낙엽은 썩어갈 것이다. 이것은 사람에 있어서 망각이라는 현상이다. 세일 밑에 가라앉아 썩어 문드러진 낙엽은 완전히 잊혀진 기억이다. 자연스런 현상이다. 그런데 썩지 않고 형태가 잘 보존된 낙엽은 물결이 일 때마다 다시 통속을 떠돌면서 휘젓고 다닌다. 이것은 인간에게 있어서 트라우마라는 것이다. 유상삼매는 이 낙엽들을 하나하나 상처 없이 들추어내는 작업이고, 무상삼매의 효과는 들쳐 낸 묵은 낙엽들을 용해시켜 분해 시켜주는 현상이다. 이렇게 되면 마음이라는 통은 완전히 비워져서 아주 깨끗한 상태가 되면서 새로운 낙엽들이 쌓일 것이다. 쌓인 낙엽들은 좋고 나쁜 기억들로 다음 생으로 연결하게 되는 윤회의 사슬고리인 삼스까라(samskara)이다. 이때 중요하게 작용하는 것이 까르마 요가이다. 까르마 요가의 수련은 이 마음이라는 통속에 낙엽이 쌓이는 일이 없도록 항상 깨끗하게 유지하게 한다. 만약 죽을 때까지 마음이라는 통속이 깨끗하게 비어있다는 것은 윤회에서 벗어남을 의미한다. 따라서

브리하다란야까 우빠니샤드 4장4편5절에서 '가진 욕망만큼 의지가 쌓이고 쌓인 의지만큼 행위가 이루어지고, 이루어진 행위만큼 업이 쌓여 윤회를 벗어날 수가 없어 자유로운 영혼과는 거리가 멀어진다. 그리고 계속해서 4장4편6절에서 욕망에서 벗

어난 사람만이 자유로운 영혼이 될 수 있다고 말하고 있다.

이는 까르마 요가를 통해 삼스까라(samskara)를 만들지 않음으로
가능한 일이다. 까르마 요가(karma yoga)는 아무리 강조하여도
지나침이 없다.

3-11 절

सर्वार्थतैकाग्रतयोः क्षयोदयौ चत्तिस्य समाधिपरिणामः ॥

'sarva arthata ekagratayoh ksaya udaya cittasya
samadhi parinamah'

'사르와 아르타따 에까그라따요 크사야 우다야 찌따스야
사마디 빠리나마'

'의식(citta)이 고조(udaya)되어 모든(sarva) 대상(arthata)
들이 줄어들어(ksaya) 하나로 일치(ekagrata)되면 삼매(samadhi)로
전환(parinama)된다.

해석 ; '사르와(sarva)는 전부, '아르타따(arthata)'는 대상 혹은
목적, '에까그라따(ekagrata)'는 일치하다. '크사야(ksaya)'는
줄어들다. '우다야(udaya)'는 위로 오르다. '찌따(citta)'는 의식,
'사마디(samadhi)'는 삼매, '빠리나마(parinama)'는 전환이라
풀이한다.

주:- 모든 대상이 줄어든다. 라는 말은 명상 중에 일어나는
모든 상념들이 감소하는 것을 의미한다. 이러한 상념들이
없어지고 나면 의식은 결국 하나의 대상에 일치하기 된다.

이때 의식은 사마디(삼매)상태로 전환된다. 이러한 현상은 명상 중에 나타나는 하나의 과정이면서 상태이다. 다시 말해 다라나(dharana) 상태에서 드야나(dhyana) 상태로 전이가 일어나는 현상을 사마디 빠리나마(samadhi parinama)라고 한다.

이때의 사마디는 얕은 단계의 유상삼매(有想三昧) 혹은 유종자(有種子) 삼매라고하고 불교에서는 선정(禪定)에 들어간다. 라고 한다.

3-12 절

ततः पुनः शान्तोदितौ तुल्यप्रत्ययौ चवितस्यैकाग्रतापरिणामः॥

'tatah punah santah uditau tulya pratyayau cittasya ekagrata parinamah'

'따따 뿌나 산따 우디따우 뚤야 쁘라뜨야야우 찌따스야 에까그라따 빠리나마'

'그러고 나면(tata) 안정(santa)되었다가 다시(puna) 일어나는(udita) 생각(pratyaya)들이 하나(ekagrata)의 의식(citta)으로 같아지는(tulya) 전환(parinama)이 일어난다.'

해석 ; '따따(tatah)는 그러고 나면, '뿌나(punah)는 다시, '산따(santa)는 조용한, 잠잠한, '우디따(uditas)는 봉기 혹은 오르다, '뚤야(tulya)는 유사한, '쁘라뜨야야(pratyaya)는 현재의 생각, '찌따(citta)는 의식, '에까그라따(ekagrata)는 일치, '빠리나마

(parinama)는 변환 혹은 전환이라 풀이한다.

주:- 마음작용은 처음에는 많은 생각들이 이것에서 저것으로 끊임없이 주제를 바꾸면서 일어났다 사라지기를 반복하면서 변덕스럽게 작용한다. 그런데 계속되는

다라나(dharana, 집중)의 수련으로 이러한 생각들은 점점 줄어들면서 하나의 대상에만 몰입이 된다. 이것을 앞 구절에서 사마디 빠리나마라고 했다. 이 상태를 사마디에 들어가는 과정이면서 다라나(dharana)에서 드야나(dhyana)상태로 막 접어든 것을 의미한다. 이때 그렇게 많은 생각들은 다양하고 흩어진 그대로 하나의 패턴으로 몰입된다.<3/9절 참조>

　이 말은 몰입이 깊어진 의식 속에서 모든 마음작용이 멈추면서 의식이 고요해지고, 고요해진 의식 속에 모든 생각들도 그대로 멈춰 선다. 이것은 마치 진공상태의 병속에 들어 있는 부유 물질이 병속에 들어 있는 물에는 아무런 영향을 미치지 않고 떠 있는 것과 같다.

이렇게 잡다한 생각들이 하나로 일치되어 일어나는 마음작용으로 인해 많은 생각들로부터 방해받지 않고 더 깊은 삼매 속으로 계속해서 몰입할 수가 있게 된다. 이것을 의식(citta)의 에까그라 빠리나마(citta ekagra parinama)라고 한다. 이때를 유 종자 삼매 혹은 유상삼매, 비따르까 사마빠띠[분별삼매, 分別三昧 (1/17절 참조)]라 한다.

एतेन भूतेन्द्रियेषु धर्मलक्षणावस्थापरणिमा व्याख्याताः ॥

'etena bhuta indriyesu dharma laksana avastha parinamah vyakhatah'

'에떼나 부따 인드리예수 다르마 락사나 아와스타 빠리나마 뱌카따.'

'이러한 것들은(etena) 구성요소(bhuta)와 감각기관(indriya)들에 일어나는 형태적 (dharma) 시간적(laksana) 그리고 상태적(avastha) 변환(parinama)에 대한 설명(vyakhata)이다.'

해석 ; '에떼나(etena)'는 이것에 의한, '부따(bhuta)'는 구성요소, '인드리야(indriya) 감각기관, '다르마(dharma)는 기본 속성, 고유의 성질, 특성 '락사나(laksana)는 부차적 특징 혹은 시간변화, 징후. '아와스타(avastha)는 위치, 상태, '빠리나마(parinama)는 변환, '뱌카따(vyakhyata)는 설명하다. 로 풀이한다.

주:- 3/9절에 니로다 빠리나마, 3/11절에 사마디 빠리나마, 3/12절에 에까그라 빠리나마를 설명하면서 마음 작용이 어떻게 변화하는지 그 과정을 보여 주고 있다. 이러한 과정은 사람의 의식세계 뿐만 아니라 삼라만상 모든 내, 외적인 물질적 정신적 요소에도 적용할 수 있다. 그래서 빠딴잘리는 현상세계의 삼라만상 모든 내, 외적인 물질은 형태나 특징에 따른 변화를 다르마 빠리나마(dharma parinama, 형태적 변화)라 하였고, 과

거, 현재, 미래로 구분되는 시간의 연속성에 의한 변화를 락사나 빠리나마(laksana parinama, 시간적 변화), 그리고 이러한 총체적인 변화에 의한 상태에 변화가 오는 것을 아와스타 빠리나마(avastha parinama, 상태의 변화)라는 세 가지 형태로 구분하였다.

이 구절에서 더 심오하게 생각해야 할 것은, '있는 그대로를 보는 것'이 진리라는 말이 있다. 예를 들어, 황토라는 물질을 가지고 우리는 여러 가지 형태의 사물을 본다. 옹기단지, 도자기 주전자, 찻잔, 접시 등과 같은 많은 도자기 제품들을 볼 수가 있는데 모양만 다르지 그 본질 즉 황토라는 재질과 황토라는 본질은 같다.

이것을 다르마 빠리나마(dharma parinama, 법 혹은 형태적 전변)라고 한다.

모양과 형태는 모두 다르지만 황토라는 재질과 본래의 성질에는 변함이 없다. 그래서 모양이 바뀌었음으로 형태적 전변이라 하고 설사 모양은 바뀌었더라도 그 본질에는 변함이 없기 때문에 법(dharma)적 변화 혹은 형태적 변화라고 한다.

이 뿐만 아니라 모든 것은 시간에 의해서도 영향을 받는다. 이것을 락사나 빠리나마(laksana parinama)라고 하는데, 도자기가 되기 전, 과거라는 시간에는 단순한 황토 흙이었다가 지금은 도자기로 굽혀서 찻잔이 되어 있다. 이때를 락사나 빠리나마(laksana parinama, 시간적 혹은 특징적 전변)라 한다.

그렇다면 미래는 어떻게 될까? 아마도 깨져서 어디 갖다 버리면 깨진 모양으로 다르마 빠리나마가 일어나면서 깨진 상태로 존재하게 될 것이다. 이때 이 깨진 도자기 주전자는 과거에는 도자기 주전자로 주인한테 애지중지 소중하게 다뤄지다가 깨지니까 버려진 상태로 존재한다는 것은 락사나 빠리나마가 된다. 이때에도 어쨌거나 주전자에서 깨진 형태로 바뀌었지만 그 황토 흙 이였다는 본질에는 변함이 없다. 그래서 이때에도 다르마 빠리나마는 적용된다. 그렇다면 더 먼 미래에는 어떻게 될까? 수백 년 수천 년이 지나면 한줌의 먼지로 화할 것이다. 그래도 그 본질은 변함없이 황토먼지로 변할 것이다. 이때에도 역시 다르마 빠리나마, 락사나 빠리나마는 적용된다.

이렇게 변화하는 것은 자연의 이치이다. 여기서는 주전자가 깨어졌기 때문이라고 했지만 우리가 인위적으로 손을 쓰지 않고 가만히 있어도 시간이 흐르면서 자연스럽게 모든 것은 이와 같이 본래의 모습으로 돌아간다. 이것을 보고 아와스타 빠리나마(avastha parinama, 조건 혹은 상태 적 전변)라고 한다.

이러한 변화는 시간의 흐름 때문인데, 시간이란 순간들의 연속으로 이루어져 있고 이러한 흐름은 우리가 알게 모르게 변화시키는 힘이 있다. 이러한 시간의 연속성에 따라 모든 사물은 쇠락한다. 이것을 인간에게 적용할 때 우리는 노화과정이라 표현한다.

이러한 변화의 과정을 부분적으로 우리 몸이나 마음, 의식에도 적용할 수 있는데, 우리 몸과 마음, 의식이 깊은 몰입 속에서도 작용하는 원리가 비슷하다는 것을 이 구절에서 설명하고 있지만, 우리 인간의 전반적인 삶에 적용하여도 같은 원리로 변한다는 것이다. 예를 들어, 인간의 육체는 언젠가 죽어서 썩어 문드러져 결국은 흙으로 돌아 갈 것이다. 그래서 요가 철학에서는 인간의 육체를 흙의 성질을 가졌다고 말한다. 그러면 육체가 흙으로 돌아간다는 것은 도자기가 흙에서 만들어진 것처럼 인간도 원래 흙에서 만들어 졌는가 하면 그게 아니고 더 미세한 물질로 분해된다. 무엇으로? 바로 쁘라끄르띠로 돌아간다. (물론 흙 역시도 쁘라끄르띠이다.) 그렇다면 인간의 영혼은 어떻게 되는가? 바로 뿌루사로 돌아간다.

이게 바로 아뜨만이다.

그렇다면 먼지로 돌아간 도자기는 어떻게 되는가?

도자기는 영혼이 없기 때문에 쁘라끄르띠로 만 돌아간다.

그렇다면 강아지와 같은 짐승이나 동물들은 어떻게 되는가? 이들도 육체와 영혼이 있기 때문에 뿌루사와 쁘라끄르띠로 돌아간다. 그래서 중요한 것은 모든 살아있는 생물들은 본질적으로 모두 다 똑 같다. 는 것이다. 인간이던 동물이던 그 무엇도 이 세상에서 특별한 존재는 존재하지 않는다는 사실이다.

명상은 이러한 사실을 확인하는 과정이고 작업이다. 이 과정이 끝나면 비로소 모든 속박과 굴레에서 벗어난 자유로운 존재(kaivalya, 독존)가 된다.

3-14 절

शान्तोदिताव्यपदेश्यधर्मानुपाती धर्मी ॥

'santa udita avyapadesya dharma anupati dharmi

'산따 우디따 아브야빠데스야 다르마 아누빠띠 다르미'

'본성을 간직한 것들(dharmi)은 고요하게 정지 해 있을 때 (santa)나 깨어나 활동을 할 때(udita)나 잠재되어 아직 미 현현 일 때(avyapadesya)나 그 본질 (dharma)에 있어서는 같다 (anupati).'

해석 ; '산따(santa)'는 고요한 혹은 잠복되어 있는, '우디따(udita)' 는 발생하다 혹은 오르다, '아브야빠데스야(avyapadesya)는 설명 할 수 없는 혹은 미 현현, '다르마(dharma)'는 기질, 속성, 본성 등 으로 풀이하고, '아누빠띠(anupati)는 일치하다, '다르미(dharmi) 는 다르마를 소지하고 있는 것으로 풀이한다.

주:- 여기서 말하는 본성을 간직한 것들이란 삼라만상 모든 존 재들을 의미한다.

사람을 포함한 이 모든 존재들은 살아서 활동하고 있는(udita) 생물이던 아니면 아직 알에서 깨어나지 못한 생명체든(santa), 알도 아닌 그 이전의 잠재적 존재(avyapadesya)로서의 그 어떤 물질이던 이 모든 존재에는 동일한 본질(dharma)을 갖고 있다 는 말이다. 그 본질을 가지고 있는 존재들을 다르미(dharmi)라 말한다. 이러한 모든 존재들은 앞에서 언급한 형태적 변화와 시 간적 변화, 상태 적 변화를 누구나 할 것 없이 겪는다. 이것은 자 연의 섭리이고 우주적 법칙이다.

이러한 자연의 질서와 우주적 법칙을 구성하고 있는 바탕에는 뿌루사와 쁘라끄르띠가 있고, 이러한 구성물질을 간직하고 있는 삼라만상 모든 존재물들의 겉이 아닌 근본바탕으로 들어가 보면 영구불변하는 뿌루사와 쁘라끄르띠를 만날 수가 있다.

요가에서 뿌루사와 쁘라끄르띠는 우주 만물을 형성하는 근본 물질로서 쁘라끄르띠는 동력인을 가지고 다양한 변화를 주도하는 구나(gunas)들을 내포하고 있으면서 필연적으로 형태적 변화와 시간적 변화, 상태적 변화와 같은 다양한 변화를 겪게 한다. 반면 뿌루사는 변화하지 않는 본질적인 순수의식으로 인간 내면의 중추를 이루면서 쁘라끄르띠를 지배한다.

그러나 현실적으로는 뿌루사는 동력이 없는 순수 의식으로만 존재하기 때문에 뿌루사의 움직임을 알 수 없어 사람들은 뿌루사의 존재조차도 인지하지 못한다. 그래서 평소의 사람들은 변화무상하고 활동성이 강한 쁘라끄르띠의 움직임을 마치 자아인양 착각하면서 살아간다. 그러면서 변화로 인한 고통을 그대로 감내하면서 희, 로, 애, 락 속에서 살아간다.

그러는 와중 가끔 '삶이 이게 전부가 아닌데', 하는 회의와 의구심과 함께 또 다른 진정한 자아의 존재에 대한 의문을 가지게 되면서 참자아를 찾게 된다. 그렇다면 여기서 말하는 참자아란 바로 뿌루사를 말하고 다른 표현으로 아뜨만(atman)이다. 아뜨만은 영원불멸하는 불변의 진리로서 인간을 포함한 삼라만상 모든 존재의 중추적 핵심으로 인간을 포함한 모든 존재는 아뜨만으로 부터 기인한다.

따라서 인간을 포함한 모든 존재의 본질은 아뜨만이다. 고향을 떠난 사람들은 언젠가는 고향으로 돌아가고, 돌아가지 못한 사람들은 돌아가고 싶어 한다. 마찬가지로 내면을 추구하는 사람은 자신의 근원을 찾아가고자 한다. 그것은 바로 아뜨만이다. 따라서 이 구절에서 말하는 정지해 있는 존재나 깨어있는 존재나 잠재되어 있는 존재들 모두가 불변하는 근본 본질은 모두가 아 뜨만을 가지고 있다는 것은 같다고 말하는 것이다.

3-15 절

क्रमान्यत्वं परिणामान्यत्वे हेतुः ॥

'krama anyatvam parinama anyatve hetuh'

'끄라마 안야뜨왐 빠리나마 안야뜨웨 헤뚜'

'연속적(krama)인 다른 국면(anyatva)은 전변(parinama)을 구별(anyatve)하는 원인(hetu)이 된다.'

해석 ; '끄라마(krama)'는 연속, '안야뜨와(anyatva)'는 다른 국 면 혹은 단계, '빠리나마(parinama)는 전변, '안야뜨웨(anyatve)는 분화, 차별 혹은 구별, '헤뚜(hetu)'는 원인이라 풀이한다.

주:- 앞 구절 특히 3/13절에서 설명한 빠딴잘리의 전변론은 겉으로 드러난 기질적인 다양한 변화(dharma)와 시간에 의한 변화(laksana), 상태 적 변화(avastha)와 같은 단계적인 변화 에 의거하여 우리가 사물을 보면서 일반적으로 그렇게 구별 하여 부르는 원인을 제공한다.

그래서 우리는 산속에 있는 돌을 보고 금이라 부르지 않고, 그 돌을 정제하여 금이라는 물질로 형태가 바뀌었을 때 우리 는 그것을 돌이라 부르지 않고 금이라 부르는 것이다.

게다가 같은 장미꽃이라도 성성한 장미꽃, 시든 장미꽃, 죽은 장미꽃 등으로 또 구별해서 부른다. 이런 현상은 싱싱한 장미꽃에서 시든 꽃으로 변화한 그 현상을 구별하였기 때문에 그렇게 부르는 것이다. 그런데

본질을 꿰뚫어 볼 수 있는 요기(yogi)는 그러한 것은 단지 형태의 변화에서 온 것이지 본질은 변한 것이 없다는 것을 알기에 그러한 변화에 연연하지 않는다는 것이다.

게다가 더욱 더 본질적인 것은 이 모든 현상은 뿌루사와 쁘라끄르띠의 결합에 의해 이루어진 것이고, 이러한 것들은 결국에는 뿌루사와 쁘라끄르띠의 본래 모습으로 돌아가게 된다. 는 것을 알기에 집착과 애착에서 벗어날 수가 있다.

현상에 집착한 사람들은 같은 현상이나 사물을 두고도 사람들마다 제 각각 다르게 느끼면서 다르게 말하며 많은 오류와 왜곡을 불러일으키면서 갈등과 대립, 고통으로 이어진다.

이러한 현상을 자신의 관점에 비추어 말한다고 하면서 서로의 관점을 일치시키기 위해 대화와 소통을 하고, 그 뜻(관점)이 서로 일치하면 같은 편이 되고 그렇지 못하면 적대시하는 편 가르기를 한다. 이러한 행위들은 모두 까르마의 법칙에 저촉되어 윤회의 사슬 고리로 연결되어 윤회의 악순환을 겪게 되는 원인으로 작용한다.

따라서 마음공부란 단순히 서로의 관점을 일치시키는 관점 바꾸기에 그치는 것이 아니라 현상의 본질을 꿰뚫어 보는데 있다. 그래서 본질을 볼 수 있을 때 갈등과 대립에서 완전히 벗어나 고통에서 해방되고 사회는 이상적인 세계(paradise)가 되는 것이다.

परिणामत्रयसंयमादतीतानागतज्ञानम्॥

'parinama traya samyamad atita anagata jnanam'

'빠리나마 뜨라야 삼야마드 아띠따 아나가따 즈나나'

'(앞에서 말한) 세 가지(traya) 전변(parinama)에 대하여 삼야마(samyama)를 수련해 주면 과거(atita)와 미래(anagata)에 대한 지혜(jnana)를 얻는다.'

해석 ; '빠리나마(parinama)'는 전변 혹은 변화, '뜨라야(traya)'는 세 가지, '삼야마(samyama)'는 집중 혹은 명상, '아띠따(atita)'는 과거, '아나가따(anagata)'는 미래 혹은 장래에, '즈나나(jnana)는 지혜 혹은 지식이라 풀이한다.

주:- 과일 가게 앞을 지나가면 맛있는 사과가 보인다.

그 사과를 보면서 색깔도 곱고 아주 탐스럽게 맛있어 보인다면 우리는 그 사과의 지난 내력을 대충 알 수 있다. 물론 누군지도 모르지만 어떤 농부의 손에 의해 충분한 영양분을 공급받고 잘 관리를 받아 지금 현재 내 눈앞에 먹음직스럽게 진열되어 있다. 이것이 이 사과의 과거이고 현실이다. 이 사과를 내가 이 자리에서 사서 집에 들고 가 가족들과 나누어 먹는다면 이 사과는 나와 내 가족들의 영양 간식으로 맛있는 부분은 내 몸에 들어와 피와 살이 되고 나머지는 음식물 쓰레기로 버려지고 다시 자연으로 돌아갈 것이라고 얼마든지 추측 할 수 있다. 그러나 내가 이 사과를 사가지 않는다면 나 아닌 또 다른 누군가에게 팔려나가 똑 같은 운명을 갖게 될 것이다. 라고도 추측 할 수가 있다.

　이렇게 보았을 때 아무것도 아닌 아주 단순한 일이지만 우리 인간은 사과의 과거와 현재, 미래를 완전히 꿰뚫어볼 수 있는 안목을 가진 초능력자인 셈이다.

마찬가지로 각자의 자신에 대한 과거로 돌아가 보면 부모로부터 태어나 유아기를 거쳐 초, 중, 고를 거쳐 대학을 나오고 이런 저런 직장도 다녀보고 장사를 해 보기도 하다가 결혼을 하고 아기도 낳고 지금은 요가 선생으로 활동을 하고 있는 현재의 상태까지는 명확하게 알 수 있다. 그리고 지금 계획하고 있는 일이 있어 내일은 무엇을 할 것이고, 이어서 모레는 무엇을 할 것이고, 한 달 후에는 또 어떻게 할 것이라는 등, 한 달 후, 일 년 뒤, 십년 뒤를 나름대로 계획을 세우고 일을 추진하면서 미래의 자신을 미리 예측해 볼 수도 있다. 이렇게 추측한 대로만 된다면 이 사람은 과거도 알고 현재도 알고 미래도 아는 초능력을 가진 사람이다. 그런데 현실은 내가 내일 무엇을 하겠다고 했지만 뜻밖의 어떤 일이 일어나 전혀 예상치 못한 다른 방향으로 틀어질 수도 있다. 왜냐면 이 세상은 나 혼자만이 살아가는 것이 아니고 개성이 다른 여럿이 얽히고 설켜 살다보니 어떤 변수가 어떻게 발생할지 몰라 불확실한 것이다.

　미래의 일은 자신이 생각한 대로 잘 이루어질 수도 있고 안 이루어질 수도 있는 불확실하기 때문에 불안감이 동시에 존재한다. 그래서 사람들은 자신의 미래에 대한 어떤 확실한 해답을 알고자 한다. 그래서 자신의 힘으로는 안 되니까 유명한 점쟁이를 찾아가기도 한다. 점쟁이를 통해 좀 더 구체적으로 뭔가를 들었다면 그 정도의 차이는 있겠지만 조금은 안심이 되면서도 여전히 불안감은 남아 있다. 좀 더 호기심이 많은 사람은 자신의 과거 즉 부모로부터 태어나기 이전 즉 전생으로부터의 과거를 궁금해 한다. 게다가 죽은 후의 사후 세계도 궁금해 한다.

이 구절에서는 형태적(dharma) 변화와 시간적(laksana) 변화, 상태적(avastha) 변화에 대한 삼야마(samyama) 수련을 통해 자신을 포함한 삼라만상의 과거와 미래를 알 수 있다고 말하고 있다.

요가에서는 정신세계에 수련의 깊이를 더해가다 보면 초자연적인 현상을 겪으면서 초자연적인 능력도 개발이 된다. 고 말한다. 그래서 자신의 과거와, 현재를 대상으로 명상을 함으로서 과거와 현재 미래에 대한 예지력을 얻을 수도 있다.

요가 수련 특히 명상수련을 하다보면 여러 가지 현상을 경험하게 된다. 이러한 경험들은 무의식 내지는 잠재의식에 의해 발현되고 이런 현상은 깨어있는 의식세계에도 영향을 미쳐 수련자에게 변화를 가져오게 한다. 이러한 변화는 매우 긍정적이고 창조적이다. 그런데 이러한 현상을 잘못활용하고 과신을 하면 자가당착에 빠지게 된다. 그래서 요가수련의 목적이 그러한 초자연적인 현상과 능력을 얻기 위해서 수련하는 것을 경계하고 있다.

삼야마(samyama)를 수련하는 과정에 겪게 되는 경험들은 모두가 하나의 현상에 불과하다. 현상은 현상일 뿐 현상에 집착을 해서는 안 된다. 이러한 현상들은 그야말로 무상(無常)한 것이다. 그러면서 진리는 이러한 무상함을 겪으면서 무상함 속에 진리가 있다는 것을 깨닫게 한다. 이때 비로소 요가의 궁극적인 목적을 성취하게 된다.

शब्दार्थप्रत्ययानामितरेतराध्यासात् संकरस्तत्प्रवभागसंयमा त्
सर्वभूतरुतज्ञानम्॥

'sabda artha pratyayanam itara itara adhyasat samkaras tat pravibhaga samyamat sarva bhuta ruta jnanam'

'샵다 아르타 쁘라뜨야야남 이따라 이따라 아드야사뜨 상카라스 따뜨 쁘라비바가 삼야마뜨 사르와 부따 루따 즈나남'

'소리(sabda)와 대상(artha), 개념(pratyaya) 등 이러한(tad)것들이 서로(itara itara) 혼합(adhyasa)되어 혼란스러운(samkara) 모든(sarva) 생물체(bhuta)의 언어(ruta)를 구별(pravibhaga)할 수 있는 지혜(jnana)를 삼야마(samyama)를 통해 얻을 수 있다.'

해석 ; '샵다(sabda)'는 소리 혹은 말, '아르타(artha)'는 뜻 혹은 대상, '쁘라뜨야야(pratyaya)'는 생각 혹은 개념, '이따라(itara)'는 상호간의 혹은 각각의, '아드야사(adhyasa)'는 합성 혹은 부가, 첨가, '상카라(samkara)'는 혼란, '따드(tad)'는 저것 혹은 이러한 것들, '쁘라비바가(pravibhaga)'는 차이 혹은 구별, '삼야마(samyama)'는 명상, '사르와(sarva)'는 전부, '부따(bhuta)'는 요소 혹은 생물체 또는 살아있는 존재 등으로 해석한다. '루따(ruta)'는 말 혹은 생명체의 소리, '즈나나(jnana)'지식 혹은 지혜라고 풀이한다.

주:- 일반적으로 어떤 사물을 부를 때 우리는 그 사물의 이름을 부른다. 이때 그 사물의 이름을 듣는 순간 우리는 사물의 이미지를 떠올림과 동시에 사물의 이름과 형태 그리고 그 사물이 사용되는 용도 등과 같은 그 사물의 전반적인 개념을 떠올리면서 이름과 떠오른 이미지를 일치시켜서 그것이 무엇을 가르키는지 알아차린다.

그런데 만약 우리가 그 어떤 사물에 대한 이름과 모양, 용도 등을 전혀 모른다고 한다면 그 사물에 대한 이름을 불러줘도 한낱 낯선 한 음절의 소리에 불과하다.

예를 들어, 영어로 'goat'란 단어를 아는 사람에게는 이 말을 듣는 즉시 이것이 무엇이라는 것을 알아차릴 것이고 심지어 이 말을 듣지 않았더라도 생각만으로도 이미지와 용도 등을 알 수 있겠지만 영어를 전혀 모르는 사람에게 'goat'란 말을 들려주었을 때 그 말을 들은 사람에게 그 어떤 형태의 이미지도 떠오르지도 않고, 또 어디에 어떤 용도로 쓰이는 물건인지 알 수 없을 테고, 단지 'goat'란 소리의 음절로만 들릴 것이다.

마찬가지로 우리는 까마귀 울음소리를 들었을 때 우리는 단지 '까악 까악'하는 소리로만 들릴 뿐 그게 어떤 의미인지 알지를 못한다. 그러나 전통적인 명상이나 영적 수련에 있어서 말이나 소리의 본질적인 진동 속에는 소리를 내는 사물과의 인과 관계를 내포하고 있기 때문에 소리를 대상으로 삼아 마를 수련하게 되면 그 소리를 파악할 수 있는 크고 작은 통찰력이 얻어진다고 말한다.

संस्कारसाक्षत्करणात् पूर्वजातज्ञिआनम् ॥

'samskara saksat karanat purva jati jnanam'

'삼스까라 삭사뜨 까라나뜨 뿌르와 자띠 즈나남'

'잠재인상(samskara)의 직접적 인식(saksatkarana)를 통해 그 사람의 전생(purva-jati)에 대한 지혜(jnana)를 얻을 수 있다.'

해석 ; '삼스까라(samskara)'는 잠재인상, '삭사뜨(saksat)'는 직접적인 혹은 눈과 함께, '까라나(karana)'는 경험 혹은 지각하다. 따라서 이 둘(saksat +karana)을 합쳐서 '직접적으로 인식하다.' 라고 풀이한다. '뿌르와(purva)'는 이전의, '자띠(jati)'는 탄생 혹은 삶 '즈나나(jnana)'는 지혜라 풀이한다.

주:- 윤회설에 따르면 모든 행위는 그 행위에 대한 잠재인상을 우리의 의식 속에 저장해서 기억으로 남기게 된다. 이 것을 우리는 업(業, samskara)이라고 한다. 업은 현재의 행위에 의해 그 사람의 지나온 과거의 삶에 대한 것도 유추해낼 수가 있고, 다음에 닥쳐올 미래의 운명을 예측할 수도 있다. 따라서 윤회설을 믿는다면 전생 또한 그 사람의 지나온 과거의 삶으로 현재의 그 사람의 삶에 녹아 있을 수밖에 없다. 그래서 그 사람의 현재의 행위에는 그 사람의 과거의 삶이 잠재적(samskara)으로 밑바탕으로 깔려 있기 때문에 그 사람의 잠재적 활성체인 삼스까라(samskara)에 삼야마

(samyama, 명상)를 해 주게 되면 그 사람의 과거(전생)를 알 수 있는 능력(jnana, 지혜)이 생기게 된다.

3-19 절

पुरत्ययस्य परचत्तितज्ञानम्॥

'pratyayasya para citta jnanam'

'쁘라뜨야야스야 빠라 찌따 즈나남'

'현재 보여지는 인상(pratyaya)을 통해 다른 사람(para)의 마음(citta)을 알 수 있는 지혜(jnana)를 얻게 된다.'

해석 ; '쁘라뜨야야(pratyaya)'는 현재의 느낌 혹은 보여지는 인상, '빠라(para)'는 다른 사람, '찌따(citta)'는 의식, '즈나나(jnana)'는 지혜라고 풀이한다.

주:- 생각은 마음의 창에 나타나고 사람들은 그것을 마치 영화관의 스크린을 보면서 영화를 감상하듯 마음의 창에 나타난 생각들을 요리저리 관찰하면서 어떻게 할까를 고민한다. 마찬가지로 누군가를 만났을 때 그 사람과의 만남을 통해 남은 그 사람의 말과 행동 그리고 그 사람이 남긴 인상들을 자신의 마음의 창에 띄워놓고 분석한다. 이렇게 띄워 놓은 그 사람에 대한 다양한 인상들을 이리저리 관찰하고 분석하여 그 사람이 좋다 나쁘다 혹은 마음에 든다 안 든다를 결정하게 된다.

그 사람의 손짓 발짓, 제스처나 외모적인 인상 그리고

그 사람의 말소리 등과 같은 것은 그 사람에 대한 정보이며 자료이다. 이러한 자료를 토대로 그 사람이 좋다 나쁘다를 판단하는 기준이 된다. 이러한 자료를 가지고 분석을 했다 하더라도 사람들은 종종 잘못된 판단을 내린다. 그러나 삼야마의 수련은 이러한 판단을 정확하게 할 수 있는 지혜를 얻게 된다는 것이다.

수행자는 삼야마의 수련을 통해 그 사람의 말과 목소리를 통해 그 사람이 말하는 본질적인 의도를 알 수 있고, 그 사람이 시각적으로 보여주는 외모나 행동, 제스처 등 모든 외적인 모양과 형태 등을 통해 그렇게 말하고 행동하는 자체의 본질을 꿰뚫어 볼 수 있게 된다.

여기서 삼야마의 수련 시 중요한 핵심은 자신의 생각을 첨가해서는 안 된다는 사실이다.

자신의 마음의 창에 보여 지는 그대로만을 가지고 삼야마를 수련 해 주어야지 자신의 생각을 첨가하게 되면 본질에 색깔이 덧칠해 지면서 진실은 왜곡되고 조작되게 된다.

따라서 보여 지고 있는 그대로를 관찰함으로서 거기에 대한 통찰력을 얻을 수 있는 것이다. 이러한 통찰력은 어떤 사물이나 현상을 파악하는데도 똑 같이 적용된다.

न च तत् सालम्बनं तस्यावषियीभूतत्वाद् ॥

'na ca tat salambanam tasyavisayi bhutatvat'

'나 짜 따뜨 살람바남 따스야 아비사이 부따뜨와뜨'

'그러나(ca) 그것(tasya)은 다른 사람의 의식(마음)이 뒷받침되지(salambana) 않아(na) 추상적(avisayi)으로 존재(bhutatva)한다.

해석 ; '나(na)'는 아니다, '짜(ca)'는 그리고 혹은 그러나, '따드(tad)'는 그것, '살람바나(salambana)는 의존하다 혹은 뒷받침하다. '따스야(tasya)'는 이것 혹은 그것은, '아비사이(avisayi)'는 추상적인 혹은 무관하다. '부따뜨와(bhutatva)'는 존재하다. 로 풀이한다.

주:- 앞 구절 3/19절에서 다른 사람의 겉으로 보여지는 인상에 의한 판단은 단지 그 사람의 겉모습이라 그 사람의 속마음 까지는 잘 알 수가 없고 추상적인 추측만이 가능하다는 의미이다. 왜냐면 그 사람의 마음속을 알기위해서는 명상의 대상이 겉모습이 아니라 그 사람의 내면을 관찰할 수 있는 대상이라야 실질적인 그 사람의 마음을 읽어 낼 수가 있기 때문이다. 사람의 마음을 꿰뚫어 보기위해서는 3/34절에 나오는 심장을 대상으로 수련을 해 주어야 한다.

कायरूपसंयमात् तद्ग्राह्यशक्तिस्तिम्भे चक्षुःप्रकाशासंप्रयोगे
ऽन्तर्धानम्॥

'kaya rupa samyamat tad grahya sakti stambhe caksuh
prakasaasamyoge'ntardhanam'

'까야 루빠 삼야마뜨 따드 그라흐야 삭띠 스땀베 짝수
쁘라까사 아삼요겐따르다남‘

'명상(samyamat)을 하면 그것(tad)으로 눈(caksu)이 받아들
이는(grahya) 능력(sakti)을 정지(stambhe)하면 빛(prakasa)이
차단되어(asamyoga) 몸(kaya)의 형태(rupa)를 보이지 않게
(antardhana) 할 수 있다.'

해석 ; '까야(kaya)'는 몸(육체), '루빠(rupa)'는 형태 혹은 모
양, '삼야마(samyama)'는 명상, 통제, 억제하다. '따드(tad)'
는 그것, '그라흐야(grahya)는 흡수 혹은 수용하다. '삭띠
(sakti)'는 힘 혹은 능력, '스땀바(stambha)는 정지 혹은 연
기, '짝수(caksu)'는 눈, '쁘라까사(prakasa)'는 빛, 조명, 시
각적 특징, '아삼요가(asamyoga)'는 연결이 끊어진, 방해하
다, '안따르다나(antardhana)'는 보이지 않는 혹은 사라지다.
로 풀이한다.

주:- 사람을 비롯한 모든 사물은 지(地), 수(水), 화(火), 풍(風),
공(空)으로 이루어져 있고, 이것을 5대 요소(5Mahabhutas)
라고 부른다.

특히 사람은 이 다섯 가지 요소를 모두 가지고 있고, 불(火)의 요소로 인해 따뜻한 체온을 느끼기도 하고 찬 한기(寒氣)를 느끼기도 하는데, 불의 요소는 열감과 찬 기운을 느끼기도 하지만 빛도 불의 요소로서 우리 몸에서 빛을 나게 하기 때문에 어둠 속에서도 사람의 얼굴은 알아 볼 수가 있다. 물론 외부의 빛이 있다면 이 빛의 반사로인해 더욱 잘 볼 수 있게 된다.

이 구절에서 말하는 명상은 불의 요소에 명상을 하게 되면 내 몸에서 나오는 빛 즉 불(火)의 요소를 차단할 수 있는 능력이 생기게 되면서 내 몸에 나오는 빛이 차단되고 나를 보는 다른 관찰자의 눈에는 내가 보이지 않게 된다는 말이다. 따라서 요가 수행자는 자신의 몸을 사라지게 하는 것이 아니라 빛을 내게 하는 불의 요소를 없앰으로서 자신의 몸을 다른 사람에게 보이지 않게 할 수 있는 능력을 가지게 된다.

이것은 샹카 철학의 25원리에 바탕을 두고 사람을 포함한 모든 물질은 지수화풍공이라는 5대 원소(mahabhutas)로 만들어져 있고, 이 원소들은 5가지 행동기관(karmendriyas)과 5가지 감각기관(jnanendriyas), 더 나아가 5가지 미세원소(tanmatras)로 이루어져 있고, 요기(yogi)는 이러한 요소들을 명상으로 모두 분해할 수 있는 능력을 가질 수 있다고 믿는다. 따라서 이러한 요소들을 분해 할 수 있는 요기들은 자신의 몸을 구성하고 있는 불의 요소를 분해시킴으로서 다른 사람의 눈에는 보이지 않게도 하고 다른 여러 가지 초인간적인 능력도 발휘하게 된다. 이것은 일종의 은신술(隱身術)이다.

3-22 절

सोपक्रमं निरुपक्रमं च कर्म तत्संयमादपरान्तज्ञानमरिष्टे
भ्यो वा ॥

'sopakramam nirupakramam ca karma tat samyamad aparanta jnanam aristebhyo va'

'소빠끄라맘 니르 우빠끄라맘 짜 까르마 따뜨 삼야마드 아빠란따 즈나남 아리스떼 브요 와'

'까르마(karma)는 빨리 결실(sopakrama)을 맺는 것과 혹은(va) 늦게 결실(nirupakrama) 을 맺는 두 가지가 있다. 그리고(ca) 그것(tad)에 삼야마(samyama)를 수련해 주면 죽음(aparanta)의 징조(arista)를 아는 지혜(jnana)를 얻게 된다.'

해석 ; '소빠끄라마(sopakrama)'는 빠른 작용, '니루빠끄라마(nirupakrama)'는 느린 작용, '짜(ca)'는 그리고, '까르마(karma)'는 행위, '따드(tad)'는 그것(여기서는 자신의 업을 가리킨다), '삼야마(samyama)는 억제 통제하다. '아빠라 안따(apara-anta)'는 최종적인 끝을 말하는데, 죽음을 의미한다. '즈나나(jnanam)'은 지혜, '아리스따(arista)'는 징조 혹은 조짐, '와(va)'는 혹은 으로 풀이한다.

주:- 윤회설(samsara)에 따르면 지금 행하고 있는 행위는

지난 일에 대한 과보(果報)로 그 대가를 치르고 있는 것이 기도 하지만 한편으로는 지금의 행위는 미래의 삶에 대한 예고편이기도하다. 따라서 이런 행위의 결과에 대한 대가는 빨리 치를 수도 있고 좀 더 늦게 치를 수도 있고, 지금 당장 그 결실을 보지 못하면 죽어서 다음 생에 그 대가를 치를 수도 있다. 그래서 본문에는 까르마의 결실을 빨리 맺을 수도 있는 것과 늦게 맺을 수도 있는 두 가지로 나누고 있다.

까르마(karma)란 과거에 자신이 행했던 행위이고, 현재 살아가고 있는 현실이 과거에 지었던 까르마(업)에 의한 삶일 수도 있다. 그래서 현재의 삶이 비록 과거의 업(karma)에 의한 삶일 수도 있지만 한편으로는 현재의 삶을 어떻게 사느냐에 따라 미래의 삶에 대한 예고편이기도 한 것이다. 이러한 것을 토대로 업(karma)을 대상으로 삼야마(samyama)를 수행해 주면 자신의 미래를 추측해 볼 수 있을 뿐만 아니라 자신이 언제 죽을 것인지에 대한 예측을 할 수 있다. 그 원리는 우리가 물을 끓이는 과정에서 찾을 수 있다.

작은 주전자에 물을 담아 가스 불에 올려놓고 물을 끓일 때 대부분의 사람들은 그 주전자의 물이 끓기까지는 대략 몇 분 쯤 걸릴 것이라고 예상 할 수가 있다. 그것은 주전자의 크기와 주전자의 재질에 따른 열전도량, 물의 양 그리고 가스 불의 세기 등을 나름대로 정확하게 알고 있기 때문에 가능한 일이다. 물론 이러한 추측은 그동안의 경험에 의해 가능하다. 마찬가지로 요가 수행자는 현재 자신이 처한 상황과 자신이 과거에 행하고, 현재 행하고 있는 행위에 대한 삼야마(samyama)의 수련을 통해 자신의 미래에 어떤 결과를 가져 올 것이라는 예지력과 뿐만 아니라 자신의 죽음에 대한 예측을 정확하게 할 수 있어서 죽는 날짜도 마음대로 조절 할 수 있다.고 믿는다. 게다가 자신이 죽을 때를 안다는 것은 다음 생에 어떤 삶을 살게 될까 하는 예측도 가능하기 때문에 수행자는 올바른 수행으로 그 동안에 지은 업(業, karma)을 소멸하고 더 이상 까르마(業)를 짓지 않음으로 모든 까르마(業)를 근원적으로 제거함으로서 윤회에서 벗어날 수가 있다.

따라서 까르마요가(karma yoga)의 수련은 매우 중요하다.

3-23 절

मैत्र्यादिषु बलानि ॥

'maitry adisu balani'

'마이뜨리 아디수 발라니'

'자비와 연민(maitri) 등(adisu)에 삼야마(samyama, 명상)를 수련해주면 강한 힘(bala)을 얻는다.'

해석 ; '마이뜨리(maitri)'는 자비 혹은 친절, '아디수(adisu)'는 ~와 같은 혹은 기타 등등, '발라(bala)'는 힘으로 풀이한다.

주:- 긍정적이고 좋은 감정과 정서에 삼야마를 행해주면 좋은 힘과 에너지를 얻지만 반면 부정적이고 나쁜 감정과 정서에 삼야마를 수련해 주면 부정적인 정서에 의해 나쁜 힘과 에너지를 얻는다.

따라서 모든 생물체에 자비와 연민을 베풀므로 수행자 자신에게 긍정적인 힘으로 되돌아온다. 이렇게 자비로움과 연민 등을 대상으로 직접적으로 삼야마를 수행 해 주는 것도 좋고, 사람과 모든 생물체에 자비와 연민을 베풀어 주는 것도 좋은 일이지만 삼야마(samyama) 수련 그자체로 사람들은 강력한 선의의 에너지를 얻는다.

이것이 삼야마의 수련의 결과 경험하는 선정상태(samadhi, 삼매)의 힘이다.

따라서 수행자는 이렇게 얻어진 에너지의 나눔을 위해,

1) 자기 자신에게 자비와 연민을 가지고 자기 자신 스스로에게도 그 에너지를 나누고. 2) 자신과 가장 가까운 가족과 친지 그리고 친한 친구들과도 에너지를 나누고,

3) 가까운 가족이나 친지, 친구가 아닌 잘 모르는 제 3자와도 에너지를 나누고,

4) 또한 서로 간에 악감정을 가지고 있는 원수 같은 사람과도 좋은 에너지를 나누고,

5) 세상에 존재하는 모든 동물을 포함한 생물들과도 나눌 것을 권장한다.

3-24 절

बलेषु हस्तबिलादीनि ॥

'balesu hasti bala adini'

'발레수 하스띠 발라 아디니'

'코끼리(hasti)와 같이(adi) 힘(bala)이 강한 대상을 상대로
삼야마(명상)를 수련해 주면 그에 비견할 만한 힘(bala)을
얻게 된다.'

해석 ; '발라(bala)'는 힘, '하스띠(hasti)'는 코끼리, '아디
(adi)'는 기타 등등으로 풀이한다.

주:- 앞 3/23절은 자비와 연민 등은 감정과 정서를 자극
하는 내적인 대상으로 명상을 하면 추상적이지만 내적 정
신적인 힘을 얻는다는 의미이고, 코끼리나 태풍과 같이 외
부적인 강한 힘을 대상으로 명상을 하면 거기에 상응하는
힘을 얻게 된다고 말하고 있다. 이것은 육체적인 강인함이
개발되는 것을 의미한다.

3-25 절

प्रवृत्त्यालोकन्यासात् सूक्ष्मव्यवहितविप्रकृष्टज्ञानम्॥

'pravrtti aloka nyasat suksma vyavahita viprakrsta
jnanam'

'쁘라브르띠 알로까 느야샷 숙스마 브야와히따 위쁘라
끄르스따 즈나남'

　'번쩍이는(aloka) 내면의 빛(pravrtti)에 초점을 맞추어
(nyasa) 삼야마를 수행해 주면 미세한(suksma) 것과 가려져
보이지 않는 것(vyavahita), 아주 멀리 떨어진 것(viprakrasta)
에 대한 지혜(jnana)를 얻게 된다.

해석 ; '쁘라브르띠(pravrtti)'는 활동 혹은 내면의 빛, '알로
까(aloka)'는 번쩍이다 혹은 반짝이다. '느야사(nyasa)'는 초점
을 맞추다, '숙스마(suksma)'는 아주 작은, '브야와히따(vyavahita)'
는 숨겨진 혹은 가려진, '위쁘라끄르스따(viprakrsta)'는 멀리 떨
어진, '즈나남(jnanam)'은 지혜라 풀이한다.

주:- 인간은 감각기관(indriyas)에 의지하여 살아간다. 그
래서 눈으로는 좋은 것만 보려고 하고, 귀로는 좋은 소리만
들으려하고, 코로는 좋은 냄새만 맡으려하고, 혀는 맛있는
것만 먹으려하고 몸은 좋은 감촉만 느끼려고 한다. 이러한
감각기관에 길들여진 사람은 감각적인 삶에만 치우쳐 유행
을 쫓으며 겉으로만 치장을 하고 결국은 감각기관에 종속
되어 감각기관의 노예가 되어 외부 지향적인 삶을 살면서
즐거움과 쾌락만을 쫓아 감각기관이 요구하는 욕망과 쾌락
만을 쫓아 피곤한 삶을 살아간다. 이에 요가에서는 그러한
감각기관의 하나에 초점을 맞추어 삼야마를 수련해 주면
마음은 안정감을 이룰 수 있다고 1/35절에서 말하고 있다.

요가에서 감각기관을 통제하는 것을 쁘라뜨야하라(pratyahara)
라고 하고, 쁘라뜨야하라의 수련은 외부지향적인 의식을 내

부로 이끌어 그 균형을 맞추어준다.

삼야마로 내면의 빛을 개발하게 되면 아무리 작고 미세한 것일 지라도 그 빛을 통해 그 존재를 분석해 낼 수 있고 뿐만 아니라 숨겨져 있는 존재나 아주 멀리 떨어져 있는 존재도 알아낼 수 있게 된다. 내면의 빛은 명상 중에 나타나는 현상 중 하나이며, 전통적으로 송과체와 관련이 있다고 믿는다. <3/32절 참조>

3-26 절

भुवनज्ञानं सूर्ये संयमात् ॥

'bhuvana jnanam surya samyamat'

'부와나 즈나남 수르야 삼야마뜨'

'태양(surya)을 대상으로 삼야마(samyama)를 수행해 주면 우주(bhuvana)에 대한 지혜(jnana)를 갖게 된다.'

해석 ; '부와나(bhuvana)'는 우주 혹은 세계, '즈나나(jnana)'는 지혜, '수르야(surya)'는 태양, '삼야마(samyama)'는 명상 혹은 억제하다. 로 풀이한다.

주:- 인도 신화에서 우주는 14개의 세계로 나누어져 있고 14개 중 7개는 인간 세계보다 우월한 위로 존재하고, 나머지 7개는 인간세계보다 저급한 아래로 존재한다고 한다. 인간세계의 위로 존재하는 7개의 세계는 우주를 중심으로 태양이 그 중심이라 한다. 따라서 우주의 중심인 태양을 대상으로

삼야마(samyama, 명상)를 해 주게 되면 우주를 알 수 있는 지혜를 얻을 수 있고, 초능력을 얻은 요기는 실지로 인간세계의 위로 존재하는 7개의 세계를 마음대로 유행(遊行)할 수 있다고 한다. 우리 인체에서는 배꼽에 해당한다. 따라서 배꼽을 대상으로 명상을 하게 되면 우리 인체의 전반적인 흐름을 파악할 수가 있다. <3장 29절 참조>

7개의 세계는 다음과 같다.

1) **사뜨야 로카**(satya-loka) - 로카스 중 최상층에 존재하는 곳으로 사뜨야 혹은 브라흐만 로카라 부르고 탄생과 죽음을 초월한 브라흐만(Brahman)과 같은 초신성(超神聖)들이 거주하는 곳으로 알려져 있다. 우리 인체를 소우주로 가정했을 때 사하스라라 차크라에 해당한다.

2) **타파스 로카**(tapas-loka) - 사뜨야 로카 아래에 타파스(금욕과 고행) 로카는 금욕과 고행으로 인간들의 언어로 의인화되어 지적인 지성과 의식을 갖춘 불멸의 존재들이 거주하는 세계이다. 이들은 그 순수성으로 인해 사뜨야 로카에 들어가는 것은 그렇게 어려운 일이 아니다. 우리 인체를 소우주로 가정했을 때 아즈나 차크라에 해당한다.

3) **갸나 로카**(jana-loka) - 이 세계에 존재하는 존재들은 살아서 깨달음을 이뤄 완전한 영혼을 가진 존재들로서 물질계에 살고 있지만 물리적인 물질세계의 영향을 받지 않고 원하는 곳으로 생각을 함과 동시에 원하는 곳으로 여행할 수 있는 존재들만이 살고 있는 세계이다. 우리 인체를 소우주로 가정했을 때 비수다 차크라에 해당한다.

4) 마하르 로카(mahar-loka) - 위대한 성자 혹은 깨달은 존재들이 거주하는 곳으로 다른 말로 maha-loka라고 한다. 여기 거주하는 존재들은 오랜 기간 타파스(tapas, 금욕과 고행)의 수련으로 데와(Deva, 신)들 보다도 더 위대한 존재들이다. 우리 인체를 소우주로 가정했을 때 아나하따 차크라에 해당한다.

5) 마하 인드라 로카(maha-indra-loka) - 이곳은 스와르그 로카(swarg loka)라고 하는데 인드라(Indra)와 같은 신들과 성자들과 간다르와(gandharvas, 반인반신) 등이 거주하는 곳으로 신화적으로 메루 산(Meru, 히말라야)꼭대기에 존재한다고 믿는다. 우리 인체를 소우주로 가정했을 때 마니뿌라 차크라에 해당한다.

6) 안따릭샤 로카(antariksa-loka) - 태양과 별들의 세계로 준 신성(準 神性)의 존재들이 거주하면서 때때로 필요에 의해 인간세계에 들어와 인간세계의 일에 관여하기도 한다. 다른 말로 부와르 로카(bhuvar-loka)라고도 한다.

우리 인체를 소우주로 가정했을 때 스와디스타나 차크라에 해당한다.

7) 부 로카(bhu-loka) - 인간들이 다른 모든 존재물들과 함께 존재하는 인간 세계를 말한다. 우리 인체를 소우주로 가정했을 때 물라달 차크라에 해당한다.

「다음 세계들은 인간세계 이하에 존재하는 세계들(lokas)

이다. 여기에도 7개의 세계가 존재한다.

1. **아딸라 로카(Atala loka)** - 마야(Maya)의 아들 발라(Bala)가 지배하는 곳으로 호화로운 궁전으로 아름다운 여자들이 거주하면서 성적으로 유혹하는 관능의 세계이다.

우리 인체를 소우주로 가정했을 때 엉덩이에 해당한다.

2. **비딸라 로카(Vital, loka)** - 물질적 욕구를 충족시키기 위해 금과 보석과 같은 물질들만 모으는 물질적 탐욕의 세계이다. 우리 인체를 소우주로 가정했을 때 허벅지에 해당한다.

3. **수딸라 로카(sutala loka)** - 한때 비쉬누(Vishnu)의 화신 바만(Vaman)에게 참패를 당한 발리(Bali)가 지배하는 세계이다. 우리 인체를 소우주로 가정했을 때 무릎에 해당한다.

4. **라사딸라 로카(Rasatala loka)** - 신들(devas)과 오랫동안 적대관계를 맺고 있는 다바나들(davanas)과 다이뜨야(daityas)들이 사는 세계이다. 우리 인체를 소우주로 가정했을 때 종아리에 해당한다.

5. **딸라딸라 로카(talatal loka)** - 악마 만도다리(Mandodari)의 아버지인 라바나의 부인 마야(Maya)가 지배하는 세계이다. 우리 인체를 소우주로 가정했을 때 발목에 해당한다.

6. **마하딸라 로카(Maha tala loka)** - 후드를 뒤집어 쓴 뱀들이 천적인 독수리로부터 안전하다고 믿고 평화롭게 살수 있다고 믿는 나가(nagas, 뱀)들의 세계이다.

우리 인체를 소우주로 가정했을 때 발 뼈에 해당한다.

7. 빠딸라 로카(patala loka) - 가장 어두운 곳에서 보석으로 장식된 후드를 쓴 뱀들이 사는 세계로 뱀들(nagas)의 왕 바수키(Vasuki)가 지배하는 곳이다. 우리 인체를 소우주로 가정했을 때 발바닥에 해당한다. ㄱ

3-27 절

चन्द्रे तारव्यूहज्ञानम् ॥

'candre tara vyuha jnanam'

'찬드레 따라 브유하 즈나남'

'달(chandra)을 대상으로 삼야마를 수련해 주면 별(tara)들의 배열(vyuha)에 대한 지혜(jnana)를 갖게 된다.'

해석 ; '찬드라(candra)'는 달, '따라(tara)'는 별, '브유하(vyuha)'는, 체계 혹은 형성, '즈나나(jnana)'는 지혜라 풀이한다.

주:- 달은 지구를 중심으로 공전(公轉)과 자전(自轉)을 하는 지구의 위성으로 알려져 있다. 그러나 달이 어떻게 지구의 위성이 되었는지는 아직도 신비로 남아있다. 그래서일까? 달을 대상으로 명상(samyama)을 해 주게 되면 별들이 복잡하게 얽혀 있는 은하계가 어떻게 배열(형성)되어 있나 알 수 있는 지혜를 얻게 된다. 우리 인체에서는 망사체에 해당한다. 망사체의 계발(啓發)은 신경계의 계발(啓發)을 의미한다.

ध्रुवे तद्गतज्ञिानम् ॥

'dhruve tad gati jnanam'

'드루베 따드 가띠 즈나남'

'북극성(dhruve)을 대상으로 삼야마(samyama)를 수련하면 별(tad)들이 운행(gati)되는 지혜(jnana)를 얻게 된다.'

해석 ;'드루베(dhruve)'는 북극성, '따드(tad)' 그들의, '가띠(gati)'는 움직임 혹은 이동, '즈나남(jnanam)'은 지식 혹은 지혜라 풀이한다.

주:- 지구는 자전(自轉)운동을 통해 낮과 밤이 이루어진다. 이때 자전하는 축(軸)은 북극성(pole star)이 된다. 이렇게 지구가 한 바퀴 도는데 24시간이 걸리고 이것을 우리는 하루라고 한다.

마찬가지로 지구뿐만 아니라 태양을 비롯한 모든 별들도 북극성을 중심으로 자전을 한다. 이와 같은 자전의 축이 되는 북극성을 대상으로 삼야마를 수련해 주면 별들이 어떻게 운행을 하는지 알 수 있는 지혜를 얻게 된다. 이러한 별들의 움직임에 대한 지혜를 얻게 되면 자연현상에 대한 흐름을 이해 할 수 있기에 이러한 자연현상을 인간들의 삶에 이용할 수도 있고, 자연재해를 예방할 수 있는 능력도 생긴다.

नाभिचक्रे कायव्यूहज्ञानम् ॥

'nabhi cakre kaya vyuha jnanam'

'나비 차크라 까야 브유하 즈나남'

'마니뿌라 차크라(nabhi cakra)를 대상으로 삼야마를 수행하면 몸(kaya)의 체계(vyuha)를 알 수 있는 지혜(jnanam)를 갖게 된다.'

해석 ; '나비(nabhi)'는 배꼽, '차크라(cakra)'는 바퀴 혹은 에너지 센터(신경총), '까야(kaya)'는 몸(육체), '브유하(vyuha)'는 체계 혹은 형성, '즈나나(jnana)'는 지혜라 풀이한다.

주:- 나비 차크라(nabhi cakra)는 배꼽으로 마니뿌라(manipura) 차크라를 의미한다. 나비 차크라는 현대 해부학적으로는 태양신경총을 말하고 우리 인체의 중심이다.

이 차크라를 대상으로 명상을 해 주게 되면 우리 몸의 전체적인 형성체계를 알 수 있는 지혜를 얻을 수 있다고 말한다.

3-30 절

कण्ठकूपे क्षुत्पिपासानिवृत्तिः॥

'kantha kupe ksut pipasa nivrttih'

'깐타 꾸뻬 크슈뜨 삐빠사 니브르띠'

‘비수다 차크라(kantha kupe)에 삼야마를 수련하면 배고 픔(ksut)과 목마름(pipas)이 멈춘다(nivrtti).’

해것 ; ‘깐타(kantha)'는 목구멍, ’꾸뻬(kupe)'는 움푹 패인 곳, ‘크슈뜨(ksut)'는 배고픔, ’삐빠사(pipasa)'는 갈증, 니브 르띠(nivrtti)'는 멈추다, 달아나다. 로 풀이한다.

주:- ’깐타 꾸뻬'는 목 앞쪽에 움푹 패인 곳으로 비수다 차 크라를 의미한다. 다른 말로는 ‘칸타 차크라’라고 부른다. 이 차크라를 대상으로 명상(samyama)을 수련해 주게 되 면 배고픔과 갈증으로부터 해방된다. 비수다 챠크라는 쁘 라나야마에서도 갈증을 해소하는데 많이 활용한다. 예를 들면, 시딸리 쁘라나야마, 시뜨까리 쁘라나야마 등이 있다.

3-31 절

कूर्मनाड्यां स्थैर्यम् ॥

'kurma nadyam sthairyam'

'꾸르마 나드얌 스테이르얌‘

‘꾸르마 나디(kurma nadi)는 안정감(sthairyam)을 준다.’

해석 ; ‘꾸르마(kurma)'는 거북, ’나디(nadi)'는 관, ‘스테이 르야(sthairya)'는 안정감으로 풀이한다.

주:- 많은 나디(nadi) 중의 하나인 꾸르마 나디(일명 거북 이 나디)는 물라다라 챠크라와 스와디스타나 챠크라의 중 간지점에서 시작하여 비수다 차크라 아래 부분에서 끝나는

나디(nadi)이다. 이 나디는 가슴부위에서 기관지 호흡기계를 관장하는 신경계로 이 나디를 대상으로 삼야마(명상)를 수련해 주면 수행자에게 평온함과 확고부동한 안정감, 고요함을 준다. 뿐만 아니라 수행자의 몸을 어떤 힘으로도 움직일 수 없게 된다.

인도 신화에서 거북이는 비쉬누(Vishnu) 신(神)의 2번째 화신으로 그의 등으로 지구를 떠받치고 있다고 한다. 거북이는 좀처럼 움직이지 않는 특성을 가지고 있는데 이 거북이 움직일 때 마다 지구는 지진과 같은 커다란 충격을 받게 된다. 거북이의 안정됨은 그만큼 지구의 안정감과 직결된다고 할 수 있다. 인도 신화에 비쉬누 신은 유지의 신으로 신봉된다. 그 유지의 신이 거북으로 환생하여 지구를 등에 지고 지구의 안정감을 책임지고 있는 것이다.

3-32 절

मूर्धज्योतिषि सद्धिदर्शनम्॥

'murdha jyotisi siddha darsanam'

'무르다 죠띠시 싯다 다르사남'

'정수리(murdha)내의 빛(jyotisi)에 삼야마(samyama)를 수련해 주면 완전한(siddha) 예지력(darsana)을 갖게 한다.'

해석 ; '무르다(murdha)'는 머리(정수리), '죠띠시(jyotisi)'는 빛, '싯다(siddha)'는 완성된 혹은 완전한, '다르사나(darsana)'

는 시각 혹은 예지력이라 풀이한다.

주:- '무르다 죠띠시(murdha jyotisi)'는 정수리 아래 틈새에서 발생하는 빛이다. 이 틈새에서 발생하는 빛은 송과체(pineal gland)에서 방출하는 빛으로 새벽이 밝아 오기 전의 여명이나 해질 무렵의 황혼과 같이 아주 희미한 빛으로 시작하여 점점 밝아오는 현상을 경험할 수 있다. 요가 수행자는 이 빛을 대상으로 삼야마(명상)를 규칙적으로 수행하면 미래에 일어날 일을 미리 예견할 수 있는 예지력을 얻을 수 있다. 뿐만 아니라 일반 사람들은 볼 수 없는 아주 작은 물체나 영적인 존재들도 볼 수 있다.

정수리는 사라스라라 차크라(Sahasrara, ckakra)이고, 그 아래의 틈새는 아즈나 차크라일 가능성이 크고 깊은 몰입 속에서 빛을 관찰 할 수 있다.

3-33 절

पूरातभिाद्वा सर्वम्॥

'pratibhad va sarvam'

'쁘라띠바드 와 사르왐'

'뿐만 아니라(va) 이 직관적인 빛(pratibhad)을 통해 모든 것(sarva)을 알 수 있는 지혜를 얻게 된다.'

해석 ; '쁘라띠바드(pratibhad)'는 직관적인 빛 혹은 스스로의 경험, '와(va)'는 뿐만 아니라, '사르왐(sarvam)'은 모두 혹은 모든 것이라 풀이한다.

주:- 앞 구절 3/32절과 같이 직관력을 얻게 되면 이 직관력을 통해 모든 것을 자연스럽게 알게 된다. 이러한 능력은 인위적으로 만들어서가 아니라 스스로 자연스럽게 깨닫는 것이다. 이러한 현상은 예로부터 송과체와 관련이 있는 것으로 전해진다.

송과체를 대상으로 한 명상은 다른 어떤 것이 옳으냐는 분별력이 생기기 전에 예지력에 의해 결정되어지기 때문에 항상 옳은 결정만 이루어진다. 고 믿어진다.

3-34 절

हृदये चवित्तसंवति ॥

'hrdaye citta samvit'

'흐르다예 찌따 삼비뜨'

'심장(hrdaya)을 대상으로 삼야마를 행하면 의식(citta) 작용을 알 수 있다(samvit).'

해석 ; '흐르다예(hrdaye)'는 심장, '찌따(citta)'는 의식, '삼비뜨(samvit)'는 알다 혹은 이해하다. 로 풀이한다.

주:- 마음은 의식의 바탕위에 존재한다. 의식이 바탕이면 마음은 의식이 생각하고 있는 바를 겉으로 드러내는 역할을 한다. 우리의 의식 속에는 많은 일들이 저장되어 있다. 그것을

잠재의식이라 한다. 이 잠재의식은 인간이 가지고 태어난
유전인자들의 지난 과거의 일들을 모두 담고 있다. 이것을
가지고 인간은 무한한 잠재능력을 가지고 있다고 말한다.
이러한 능력들은 어떻게 개발하느냐에 따라 발휘된다.

무한한 잠재력들이 인간내면의 의식 속에서 작용하고 있을 때
이러한 움직임을 마음이 밖으로 표출시키는데 이때 마음은
의식작용의 허상에 불과하다.

　　이때 심장은 마음과 연결되어 있고 마음은 의식과 연결
되어 있다. 그래서 심장을 대상으로 삼야마를 수행해 주면
수행자 자신은 물론 다른 사람의 마음작용과 의식작용의
본질에 대한 지혜를 얻을 수 있다. 이것을 일종의 타심통
(他心通)이라 한다.

심장은 비수다 차크라(Bisuddha chakra)이다.

3-35 절

सत्त्वपुरुषयोरत्यन्तासंकीर्णयोः प्रत्यायावशिषो भोगः परार्थत्
वात् स्वार्थसंयमात् पुरुषज्ञानम् ॥

'sattva purusayor atyanta asamkirnayoh pratyaya
aviseso bhogah para arthatvat sva artha samyamat purusa
jnanam'

'사뜨와 뿌루사요르 아뜨얀따 아삼끼르나요 쁘라뜨야야
아비세소 보가 빠라 아르타 뜨와뜨　스와 아르타 삼야마

뜨 뿌루사 즈나남'

'현재를 인식하는(pratyaya)것은 뿌루사(purusa)와 사뜨와
(satva)의 구분이 없어(avisesa)보이지만 실제로는 완전히
(atyanta) 다른 것(asamkirna)이다. 즐거움(bhoga)이라는 것
은 다른 것(para)의 목적에 합치되는(arthatvat)것이고, 스스로
(sva)를 대상(artha)으로 삼야마(samyama)를 수행 해 줄때 뿌
루사(purusa)에 대한 지혜(jnanam)를 얻을 수 있다.'

해석 ; '사뜨와(sattva)'는 쁘라끄르띠의 구성요소, '뿌루사
(purusa)'는 참 자아, '아뜨얀따(atyanta)'는 절대적인 혹은 완
전한, '아삼끼르나(asamkirna)'는 섞이지 않은 혹은 제각각
구별되는, '쁘라뜨야야(pratyaya)'는 현재의 생각 혹은 인상,
'아비세사(avisesa)'는 구분이 없는, '보가(bhogah)'는 즐거움
혹은 희열, '빠라(para)'는 다른 사람 혹은 다른 것, '아르타뜨
와(arthatva)'는 의도적인 혹은 목적이 있는, '스와(sva)'는 자
신의, '아르타(artha)'는 목적 혹은 대상, '삼야마(samyama)'
는 명상, '뿌루사(purusa)'는 자아, 즈나나(jnana)'는 지혜라
풀이한다.

주:- 명상을 하다보면 마음이 고요하게 가라앉으면서 평정심
이 형성된다. 이때의 느낌은 3구나 중 사뜨와(sattva)의 기
질이 강하게 작용하면서 일어나는 현상이다. 그러나 이때의
느낌(pratyaya)은 사뜨와의 기질이 작용해서 마음이 가라앉
고 고요해 졌다고 해서 참자아인 아뜨만(atman)을 경험한 것
은 아니다. 참 자아로서의 뿌루사의 기질은 순수의식으로 영
구불변하는 존재로서 우리 인간이 실질적 현상세계에서 겪

고 있는 희로애락을 겪지 않는 보편적이면서 우주적인 초월적 자아이다.

반면 3구나(3gunas) 중 사뜨와(sattva)적 기질은 순수의식이긴 하지만 뿌루사와는 본질적으로 다르다. 요가 철학에서 만물이 형성되는 것은 뿌루사와 쁘라끄르띠의 결합에 의한 산물이라고 한다. 쁘라끄르띠는 3구나(3gunas)를 내포하고 있고 사뜨와는 그 중의 하나로 희로애락을 인식하고 관여하는 존재로서 감성, 지성 등을 갖추고 존재하는 현재의 '나(個我)'인 지바 아뜨만(jiva atman)을 구성하고 있는 구성요소이며 지바 아뜨만인 현재의 내가 원하는 모든 욕구를 충족시키기에 급급하면서 세속적인 물질에 종속되어 살아가고 있다.

수행자가 명상을 통해 나타나는 안정감과 조화로움을 경험하게 되면 사뜨와적 기질이 강하게 작용하면서 마치 참 자아(atman)를 경험한 것이 아닌가 하고 생각 할 수도 있는데, 이것은 하나의 현상적인 착각일 뿐 참자아인 아뜨만(atman)과 사뜨와(satva)는 완전히 별개의 것이다.

따라서 이 구절에서 말하는 즐거움(bhoga)이라는 것은 명상 중에 나타나는 희열감이다. 이 희열감은 일종의 선정(禪定) 상태로서 사뜨와적 심리상태에서 나타나는 안정감과 균형감, 조화로움이며 이때의 심리상태는 순수 의식 상태인 것은 맞다. 이로 인해 수행자는 이것은 참자아를 경험한 것이 아닌가 하고 착각을 할 수 있는데 이때의 희열감은 3구나의 작용이 잠시 멈추면서(vrtti nirodha) 나타나는 현상이다. 반면 참자아를 경험하기 위해서는 이러한 현상을 넘어서야 한다. 참 자아(atman)로서의 순수의식(purusa)은 안정감, 조화로움, 희열감이라는 심리적 정신적 감정이 개입되어 있지 않은 그야말로 순수 그 자체의 의식이다. 이때 비로소 참자아를 경험할 수 있다. 따라서

이 구절은 뿌루사와 쁘라끄르띠의 관계를 이해하고 뿌루사와 사뜨와는 완전히(atyanta) 다르다는 것(asamkirna)을 강조하면서 참 자아인 자신(sva)의 뿌루사에 삼야마를 수련해 주면 참 자아(atman)에 대한 지혜를 얻게 된다는 것을 설명하고 있다.

3-36 절

ततः प्रातिभश्रावणवेदनादर्शास्वादवार्ता जायन्ते॥

'tatah pratibha sravana vedana adarsa asvada varta jayante'

'따따 쁘라띠바 스라와나 베다나 아다르샤 아스와다 와르따 자얀떼'

'참자아를 경험하고(pratibha) 나면(tata) 청각(sravana), 후각(varta), 시각(adarsa), 미각(asvada), 촉각(vedana)등이 개발된다(jayante).'

해석 ; '따따(tatah)'는 거기에서 혹은 그 뒤에, '쁘라띠바(paratibha)'는 빛 혹은 경험, '스라와나(sravana)'는 듣기, '베다나

(vedana)는 감지 또는 관통, '아다르샤(adarsa)'는 보기, '아스와다 (asvada)'는 맛, '와르따(varta)'는 냄새, '자얀떼(jayante)'는 발생 혹은 나타나다. 로 풀이한다.

주:- 본문의 '따따(tata)'는 앞의 3/35절에서 말한 참자아를 알 고 난 이후를 뜻한다. 참자아를 알았다는 것을 이 구절에서는 쁘라띠바(pratibha)로 표현하면서 자아를 깨달은 바를 스스로 수행을 통해 체득되어진 경험 혹은 지혜의 신성한 빛 (pratibha)으로 나타내고 있다. 따라서 자기 스스로에 대한 수 행을 통해 참자아를 경험하고 난 이후로는 다섯 감각 즉 청 각, 촉각, 시각, 미각, 후각 등이 일반인들은 보고 듣고 느끼기 힘든 미세한 물질이나 작은 소리를 들을 수 있고, 맛을 느낄 수 있으며, 냄새 등을 맡을 수 있는 등의 남다른 능력을 얻게 된다고 말하고 있다.

3-37 절

ते समाधावुपसर्गा व्युत्थाने सद्धियः॥

'Te samadhav upasarga vyuttane siddhayah'

'떼 사마다브 우빠사르가 브웃따네 싯다야'

'이러한 것들(te)은 사마디(samadhi)를 이루는데 장애(upasarga) 가 되지만 산만하고 외부지향적인 마음(vyuttana)을 내부지 향적인 마음으로 완성(siddhayah)된다.'

해석 ; '떼(te)는 이러한 것들, '사마다브(samadhav)'는 삼매,

'우빠사르가(upasarga)는 장애물, '브웃따나(vyuttana)는 외부지향적인, '싯디(siddhi)'는 성취하다 혹은 완성하다. 로 풀이한다.

주:- 일반적으로 사람의 마음은 수행자가 아닌 이상 산만하면서도 외부 지향적이다. 그러나 인간이 가진 능력으로는 불가능해 보이는 초자연적인 현상을 완성해 줄 수 있다는 것은 매우 매력적으로 보인다. 따라서 불가능을 가능한 것으로 만들어주기 위해서는 외부지향적인 마음으로는 이루어 줄 수 없기 때문에 내부지향적인 의식이 초 자연력을 성취해 줄 수 있다는 것은 외부지향적인 의식을 내부지향적으로 바뀌게 해 주는 동기를 부여하여 주는 계기가 된다.

그러나 초자연적인 능력의 성취는 외부지향적인 마음을 내부로 끌어들이는 동기를 부여하고 초인간적인 능력을 획득한 성취감과 희열은 가져다줄지라도 지고한 행복을 가져다주는 사마디(삼매)하고는 별개이므로 오히려 장애가 된다. 따라서 결국은 정신세계를 공부하는 목적과 완성은 초자연력(초능력)을 이루는데 있는 것이 아니라 사마디(삼매)가 바탕이 되어 해탈(moksa)을 이루는데 그 목적이 있다.

3-38 절

बन्धकारणशैथिल्यात्प्रचारसंवेदनाच्च चत्तिस्य परशरीरावेशः॥

'Bandha karana saithilyat pracara samvedanac ca

cittasya para sarira avesah'

'반다 까라나 사이띨야뜨 쁘라짜라 삼베다나쯔 짜 찌
따스야 빠라 사리라 아베샤'

'그리고(ca) 모든 속박(bandha)의 원인(karana)으로부터 벗어
나(saithilya) 의식(citta)의 움직임(pracara)을 이해함(samvedana)
으로 요가 수행자는 다른 사람(para)의 몸(sarira)속으로 들어
갈 수(avesha)가 있다.'

해석 ; '반다(bandha)'는 속박 혹은 집착, '까라나(karana)'는
원인, '사히띨야(saithilya)'는 이완, '쁘라짜라(pracara)'는 움
직임 혹은 통로, '삼베다나쯔(samvedanac)'는 느낌 혹은 이
해, 지혜, '짜(ca)'는 그리고, '찌따스야(cittasya)'는 의식, '
빠라(para)'는 다른, '사리라(sarira)'는 몸(육체), '아베샤
(avesha)'는 들어가다. 로 풀이한다.

주:- 여기서 말하는 속박(bandha)이란 인간이 가진 육체와
정신에 대한 집착과 애착 그리고 인간이 가진 육체적 정신
적인 능력의 제한된 한계를 뜻한다. 따라서 육체와 마음
(citta) 심지어 내부 장기들에 대한 명상수련으로 육체적 정
신적 수련이 충만하게 되면 이 충만 된 에너지로 요가 수행
자는 자신의 육체를 떠나 다른 사람의 육체 속으로 들어갈
수 있는 능력을 얻게 된다. 이러한 능력은 지금까지 육체적
수련 그리고 그 육체 속에 저장되어 있는 장기들에 대한 수
련으로 얻은 경험과, 정신적 영적 수련으로 경험한 체험들
을 통해 얻은 정신과 육체에 대한 지식이 함축되어 유체이
탈이라는 능력을 수행가능하게 한다. 더 구체적으로 말하

면, 우리 몸과 마음을 구성하고 있는 5대(maha bhutas)와
5딴마뜨라(tanmatra), 3구나(gunas)들을 분해하고 마음대로
조절 가능할 때 이러한 능력이 가능해진다.<3/44절, 3/45절
참고>

3-39 절

उदानजयाज्जलपङ्ककण्टकादिष्विवसङ्ग उत्क्रान्तिश्चि॥

'udana jayaj jala panka kantaka adisv asanga
utkrantis ca'

'우다나 자야즈 잘라 빤카 깐따까 아디스워 아상가 웃
끄란띠스 짜'

'그리고(ca) 우다나(udana)에 숙련(jayaj)이 되면 공중부양
(utkranti)을 통해 물(jala) 위를 걸을 수 있고 진흙(panka) 속
에도 빠지지 않으며, 가시(kantaka)덤불을 밟아도 찔리지 않
으며, 그와 유사한(adisu) 일에도 아무런 영향(asangah)을 받
지 않는다.'

해석 ; '우다나(udana)'는 인체를 관장하는 다섯 바유중 하나로
위로 움직이는 에너지를 뜻하고, '자얏(jayat)'은 노력을 통한
통제 즉 고도의 훈련으로 숙련이 된 상태를 의미한다. '잘라
(jala)'는 물, '빤카(panka)'는 진흙, '깐따까(kantaka)'는 가시,
'아디수(aadisu)'는 '다른 유사한 것' 으로 풀이한다. '아상가
(asangah)'는 '점착이 되지 않는' 그래서 분리 혹은 분열이라

해석하고, '웃끄란띠(utkranti)'는 상승 혹은 죽음, '짜(ca)'는 '그리고'라 풀이한다.

주:- 요가에서 인간의 몸은 다섯 가지 바유(vayu)에 의해 유지 관리된다고 한다.(다음 3/40절의 그림 참조) 그 가운데 우다나 바유는 팔다리를 들어 올리는 것을 비롯하여 목에서 머리 끝까지를 관장하면서 에너지를 위로 끌어 올리는 기능을 담당한다. 따라서 우다나 바유를 마스터하면 수행자는 자신의 몸을 위로 공중부양 시킬 수 있는 능력을 얻게 되어 물이나 늪지대, 진흙탕 속에 빠져도 빠지지 않고 가시밭길을 가더라도 가볍게 몸을 위로 띄워 찔리지 않게 된다. 그 외에 유사한 상황에 처하더라도 아무런 영향을 받지 않게 된다.

한편 인도인들은 인간이 죽음을 맞이하게 되면 영혼은 브라흐만란드라(정수리)를 통해 하늘로 올라간다고 믿는다. 이 또한 우다나 바유의 기능으로 우다나 바유를 마스터한 수행자는 우다나 바유의 상승에너지를 이용하여 자신의 죽음까지도 마음대로 할 수 있다고 믿는다.

다섯 바유(vayu)는 쁘라나(prana)로 바꿔 말하기도 하는데 다음과 같다.

1) 쁘라나 바유(prana vayu) - 코에서부터 가슴에 걸쳐 존재하면서 들이마시고 흡입하는 힘

2) 아빠나 바유(apana vayu) - 골반과 생식기를 관장하면서 배출하는 작용을 담당한다.

3) 사마나 바유(saman vayu) - 가슴에서부터 배꼽에 걸쳐

존재하면서 섭취한 물과 음식물을 소화시키고 분배하는 작용.

4) 우다나 바유(udana vayu) - 팔다리 경동맥에 존재하면서 위로 들어 올리는 작용을 함

5) 브야나 바유(vyana vayu) - 온몸에 두로 퍼져 있으면서 혈액 순환과 같은 전체적인 흐름을 관장한다.

다섯 바유(Vayu)의 위치

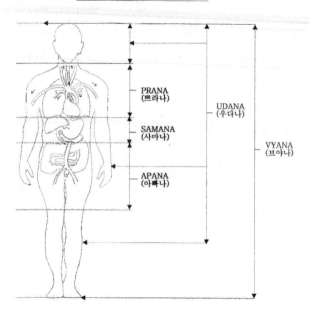

3-40 절

समानजयाज्ज्वलनम् ॥

'Samana jayaj jvalanam'

'사마나 자야즈 즈발라남'

'사마나(samana) 바유에 숙련(jayaj)되면 광채(jvalanam)가 난다.'

해석 ; '사마나(samana)바유'는 심장에서부터 배꼽에 걸쳐 존재하면서 인체에 흡수되는 음식물을 소화시켜 에너지대사를 관장하는 다섯 바유 중 하나, '자야(jaya)'는 숙련 혹은 통달하다, '즈발라나(jvalanam)'는 광채' 혹은 빛이라 해석한다.

주:- 동양철학에서 전통적으로 배꼽은 태양총이라 하여 에너지의 원천으로 여긴다. 따라서 배꼽을 관장하는 사마나 바유에 대한 조절 능력은 원활한 에너지 활성화와 혈액순환 등과 같은 신체대사 작용이 좋아질 뿐만 아니라 얼굴과 몸에서도 빛이 발산된다.

3-41 절

श्रोत्राकाशयोः संबन्धसंयमाद्ददिव्यं श्रोत्रम्॥

'srotra akasayoh sambandha samyamad divyam srotram'

'스로뜨라 아까사요 삼반다 삼야마드 디브야 스로뜨람'

'공간(akasayoh)과 귀(srotra)를 연계(sambandha)하여 삼야마(samyamad)를 수련해 주면 고도(divyam)의 듣는 힘(srotram)을 얻을 수 있다.'

해석 ; '스로뜨라(srotra)'는 귀 혹은 청각, '아까사요(akasayoh)'는 공간 혹은 에테르, '삼반다(sambandha)'는 관계, '삼야마뜨(samyamat)'는 삼야마의 수련에 의해, '디브얌(divyam)'은 고도의 혹은 섬세한, '스로뜨람(srotram)'은 듣기 혹은 듣는 힘이라 풀이한다.

주:- 인도 철학에서 인체의 구성은 지(地), 수(水), 화(火), 풍(風), 공(空)이라는 5대(mahabhutas)로 구성되어 있고, 이들을 구성하고 있는 미세원소인 색(色), 성(聲), 향(香), 미(味), 촉(燭)이라는 5딴마뜨라(tanmatras)가 있다.

이 중에 소리(聲)는 5대 중 공간(空)을 통해 5감각기관 중하나인 귀(耳)로 들어오고 그 소리를 대뇌가 구분하는데 가까운 소리는 선명해서 어떤 소리인지 누구나 알아들을 수 있으나 멀리서 나는 아주 작은 소리는 아무나 알아들을 수가 없다. 따라서 수행자가 5딴마뜨라 중 소리의 미세 원소를 내포하고 있는 공간에 명상을 해 줌으로 멀고 가까운 소리를 알아들을 수 있을 뿐만 아니라 새소리나 짐승들의 소리도 알아들을 수 있는 초인간적인 능력이 생긴다고 한다. 이를 천이통(天耳通)이라 부른다.

여기서 말하는 '스로뜨라(srotra)'라는 말은 귀나 청각이라 해석하기도 하지만 5딴마뜨라 중 소리(聲)의 미세 원소를 가르키는 말이다.

कायाकाशयोः संबन्धसंयमाल्लघुतूलसमापत्तेश्चाकाशगमनम् ॥

‘kaya akasayoh sambandha samyamad laghu tula samapattes ca akasa gamanam'

'까야 아까사요 삼반다 삼야마드 라구 뚤라 사마빠떼 스짜 아까샤 아가마남‘

'그리고(ca) 신체(kaya)의 공간(akasayo)과 연계(sambandha)하여 삼야마(samtamad)를 수행한 결과(samapatte) 수행자는 목화솜(tula)과 같이 가볍게(laghu) 공간(akasa)을 날(gamanam)수 있는 능력을 갖게 된다.'

해석 ; '까야(kaya)'는 육체, '아까사요(akasayoh)'는 공간, '삼반다(sambandha)'는 관계, '삼야마드(samyamad)'는 삼야마, '라구(laghu)'는 가벼운, '뚤라(tula)'는 면(목화), '사마빠떼(samapatte)'는 완성 혹은 결과, 효과, '짜(ca)'는 그리고, '아까샤(akasa)'는 공간, '가마남(gamanam)'은 날다 혹은 항해하다 등으로 풀이한다.

주:- 앞 구절 3/41절과 같이 5딴마뜨라 중 공간(ether, 空)의 요소에 명상을 하게 되면 중력에 반하는 능력이 생기면서 수행자의 몸이 바람에 날리는 솜털과 같이 가벼워져서 거미줄을 따라 걸을 수 있고, 태양 광선을 따라 걷고, 공간을 어디든지 마음대로 걸어 다닐 수 있는 초인간적인 능력이 생긴다.

बहिरिकल्पिता वृव्वतरि्महावदिहा ततः प्रकाशावरणक्षयः॥

'bahir akalpita vrttir maha videha tatah prakasa avarana ksayah'

'바히르 아깔삐따 브르띠르 마하 비데하 따따 쁘라까샤 아와라나 크샤야'

'외부(bahir)의 형체가 없는(akalpita) 의식작용(vrttir)으로 빛(prakasa)을 덮고 있던 장막(avarana)이 사라지고(ksayah) 그때(tatah) 위대한 비데하(maha-videha)라고 한다.'

해석 ; '바히르(bahir)'는 외부의 혹은 바깥, '아깔삐따(akalpita)'는 형체가 없는, '브르띠르(vrttir)'는 정신적 작용, '마하(maha)'는 위대한, '비데하(videha)'는 영적인 혹은 비물질적인, '따따(tatah)'는 그것 때문에, '쁘라까샤(prakasa)'는 빛, '아와라나(avarana)'는 덮개 혹은 장막, '크샤야(ksayah)'는 사라지다, 용해되다. 등으로 풀이한다.

주:- 몰입이 깊어지면서 유체이탈(流體離脫)도 가능해 진다. 따라서 본문에서 말하는 '외부의 형체가 없는 의식작용 이란' 깊은 몰입 상태에서 유체이탈이 되어 수행자의 정신(영혼)이 몸(육체) 밖으로 나간 상태를 말한다. 이렇게 영혼이 수행자의 몸(육체)을 벗어나 육체가 없는 상태를 아깔삐따(akalpita)라 하고, 이때를 '마하 비데하(Maha-videha)'는 '위대한 영적인 상태'라 한다.

'비데하(videha)'는 몸(육체)이 없는 상태를 말한다. 윤회설에 따르면, 사람이 태어날 때 영혼은 육체를 빌려 태어난다고 한다. 그래서 죽음을 맞이하게 되면 빌려온 육체를 버리고 영혼만 떠나가게 된다. 이렇게 떠난 영혼은 다른 몸을 빌려 다시 태어나면서 윤회를 거듭한다. 그래서 해탈을 함에 있어서도 살아서 이루는 해탈을 목샤(moksa) 혹은 묵띠(mukti)라고 하는데, 죽어서 이루는 해탈을 '비데하 묵띠(videha mukti)' 즉 몸(육체) 없는 해탈이라고 한다. 진정한 해탈을 이룬 수행자는 비데하 묵띠를 이루면서 윤회재생에서 벗어나 해방된다고 믿는다.

3-44 절

स्थूलस्वरूपसूक्ष्मान्वयार्थवत्त्वसंयमाद भूतजयः॥

'sthula sva rupa suksma anvaya arthavattva samyamad bhuta jayah'

'스뚤라 스와 루빠 숙스마 안와야 아르타왓뜨와 삼야마드 부따 자야'

'크고(sthula) 작은(suksma) 본래모습(sva-rupa)과의 관련성(anvaya)과 의도(arthavattva) 등에 삼야마(samyamad)를 수행 해 주면 요소(bhutas)들을 정복(jayah)하게 된다.'

해석 ; '스뚤라(sthula)'는 조대한 혹은 단단한, '스와루빠(svarupa)'는 본 모습, '숙스마(suksma)'는 작은 혹은 섬세한, '안와야(anvaya)'는 관련 혹은 유대, '아르타아왓뜨와 (arthavattva)'는 목적 혹은 의도, '삼야마드(samyamad)'는 삼야마의 수련, '부따자야(bhuta-jayah)'는 원소들에 대한 정복이라 풀이한다.

주:- 이 구절에서 말하는 크다. 라는 스뚤라(sthula)는 지(地), 수(水), 화(火), 풍(風), 공(空)으로 일컬어지는 조대한 원소 마하부따(maha-bhutas)를 의미하고, 작다고 말하는 숙스마(suksma, 미세원소)는 그 어떤 물질의 존재의 추이를 나타내는 딴마뜨라[tanmatras; 색(色), 성(聲), 향(香), 미(味), 촉(觸)], 그리고 구나(gunas)와 같은 모든 물질을 구성하고 있는 요소들을 뜻한다.

따라서 이러한 것들이 가진 특성들에 삼야마(samyama)를 수행해 주게 되면 이러한 요소들을 마음대로 조절하고 통제할 수 있는 능력을 갖게 된다. 그 능력을 갖게 되면 다음 구절과 같은 초능력도 발휘할 수 있게 된다.

3-45 절

ततोऽणिमादिप्रादुर्भावः कायसंपत्तद्धर्मानभिघातश्च॥

'tato'nima adi pradurbhavah kaya sampat tad dharma anabhighatas ca'

'따또니마 아디 쁘라두르바와 까야 삼빠뜨 따드 다르마 아나비가따스 짜'

'그때부터(tatah) 원자화(animadi)와 같은 여러 가지(adi) 능력을 발휘(pradurbhava)할 수 있을 뿐만 아니라(ca) 몸(kaya)을 구성(dharma)하고 있는 물질(tad)들은 파괴할 수 없는 불멸(anabhighata)의 완벽한(sampat)상태가 된다.'

해석 ; '따따(tatah)'는 그때부터 혹은 거기서 부터, '아니마니(animadi)'는 원자화. '아디(adi)'는 기타 등등, '쁘라두르바와(pradurbhavah)'는 나타나다 혹은 발현하다. '까야(kaya)'는 몸, '삼빠뜨(sampat)'는 완전한, '따드(tad)'는 그들의, '다르마(dharma)'는 구성 혹은 특성, '아나비가따(anabhighata)'는 파괴할 수 없는 혹은 불멸성의, '짜(ca)'는 그리고 라고 풀이한다.

주:- 우리 몸을 구성하고 있는 요소들을 마음대로 조절할 수 있게 되면 수행자는 자신의 몸을 자신이 원하는 형태로 마음대로 조절할 수 있을 뿐만 아니라 그 무엇으로도 파괴할 수 없는 금강불괴(金剛不壞)와 같은 강인한 육체를 갖게 된다. 이런 능력은 자신의 몸을 아주 작게 만드는 원자화(atomization) 뿐만 아니라 더 많은 능력을 갖게 되는데 대표적으로 8가지가 있다. 그 8가지는

1) Anima - 자신의 몸을 원자(atom)만큼 작게 만들 수 있는 능력.

2) Mahima - 자신의 몸의 크기와 부피를 마음대로 키우고 힘도 늘일 수 있는 능력.

3) Laghima - 자신의 몸을 솜털처럼 가볍게 만들어 공중부양을 할 수 있는 능력.

4) Garima - 자신의 몸무게를 마음대로 무겁게 만들 수 있는 능력.

5) Prapti - 자신의 힘을 아무리 먼 곳이라도 닿게 할 수 있는 능력.

6) Prakamya - 무엇이나 원하는 것을 얻고, 온갖 의지로부터의 자유로움.

7) Isitva - 모든 것을 통제하고 창조할 수 있는 능력.

8) Vasitva - 사람을 비롯한 모든 창조물들에 대한 지배할 수 있는 능력.

이 여덟 가지를 '아스따 싣디(asta-siddhis, 여덟 가지 신통력)'라 부른다.

3-46 절

रूपलावण्यबलवज्रसंहननत्वानि कायसंपत्॥

'rupa lavanya bala vajra samhananatvani kaya sampat'

'루빠 라완야 발라 바즈라 삼하나나뜨와니 까야 삼빠드'

'완벽한(sampat) 육체(kaya)는 아름답고 품위 있는(lavanya) 용모(rupa)와 금강석과 같이 튼튼하고 강한(vajra samhananatvani) 힘(bala)으로 구성된다.'

해석 ; '루빠(rupa)'는 용모, '라완야(lavanya)'는 사랑스럽고 품위 있는, '발라(bala)'는 힘 혹은 강한, '바즈라(vajra)'는 금강석, '삼하나 나뜨와니(samhana natvani)'는 튼튼하고 강한, '까야(kaya)'는 육체, '삼빠뜨(sampat)'는 완전한 혹은 완벽 한으로 풀이한다.

주:- 이 구절은 앞 구절(3/45절)에서 완벽한 신체는 몸을 구성하고 있는 구성요소들을 마음대로 할 수 있고 금강불괴와 같은 강한 신체를 가질 수 있다고 했는데, 이 구절에서는 이 뿐만 아니라 아름답고 품위 있는 용모에 강하고 튼튼함도 같이 더 해 진다고 말하고 있다.

3-47 절

ग्रहणस्वरूपास्मितान्वयार्थवत्त्वसंयमादनि्द्रयियजयः॥

'grahana svarupa asmita anvaya arthavattava samyamad indriya jayah'

'그라하나 스와루빠 아스미따 안와야 아르타와뜨와 삼야마드 인드리야 자야'

‘자아의식(asmita)과 자신에 대한 본질(svarupa)과의 연결성(anvaya), 의도(arthavasttava), 인지하는 과정(grahana) 등에 삼야마(samyamad)를 수련해 주면 감각기관(indriya)을 지배(jayah)할 수 있다.'

해석 ; '그라하나(grahana)'는 인지 혹은 파악하는 과정, '스와루빠(svarupa)'는 자신의 본래 모습, '아스미따(asmita)'

는 자아의식, '안와야(anvaya)'는 관련 혹은 연결하다. '아르타와뜨와(arthavattva)'는 목적 혹은 의도, '삼야마드(samyamad)'는 삼야마의 수행, '인드리야(indriya)'는 감각기관, '자야(jayah)'는 승리 혹은 지배하다로 풀이한다.

주:- 이 말은 어떻게 사물을 인지하는지에 대한 과정을 관찰하고, 자신의 외모와 성격을 관찰하고, 자아의식이나 자신의 고유성 그리고 욕망의 목적과 본질 등에 대하여 삼야마를 수련해 줌으로서 수행자는 감각기관에 대한 통제력을 얻는다.

이 구절은 쁘라뜨야하라(pratyahara, 제감)의 구체적인 수련 방법을 설명하고 있다.

일반적으로 무엇인가를 인지하고 이해하는 힘은 우리 신체의 외부에 존재하는 눈, 귀, 코, 혀, 피부 등에 존재하는 감각기관 때문이다. 이러한 것들은 특정한 사물의 외부의 빛의 파장이나 소리의 음파, 휘발성의 냄새분자 들이 외부에 존재하는 감각기관과 연결되면서 인지하고 그것이 대뇌로 연결되어 대뇌는 지난날의 다양하게 경험했던 기억을 바탕으로 그 냄새 혹은 소리가 어떤 것이라는 것을 판단한다. 이러한 모든 현상은 우리 몸을 구성하는 감각기관을 비롯해서 이러한 물질들 차도 5대 원소에 의해 이루어져있고, 이러한 5대 원소를 뒷받침하는 배경에는 5딴마뜨라가 존재한다.

한편으로 이러한 감각기관들은 결국 자아의식(ahamkara)에서 기원한다. 따라서 자아의식은 더욱 섬세하게 개발된 감각기관의 실질적인 인식 기관이다. 5대원소와 5딴마뜨라 그리고 자아의식은 서로 밀접하게 연결되어 상호작용하면서 탐욕과 집착 그리고 욕망의 원리로 작용하기 때문에 이들을 상대로 수행해 주는 수행자는 제대로 쁘라뜨야하라의 수련이 이루어지는 것이다.

3-48 절

ततो मनोजविद्वं विकिरणभावः प्रधानजयश्च॥

'tato mano javitvam vikarana bhavah pradhana jayas ca'

'따또 마노 자비뜨왐 비까라나 바와하 쁘라다나 자야스 짜'

'그러고 나면(tata) 마음(mana)과 같이 빠르게 움직일 수가 있고(javitvam) 기관들이 없는(vikarna) 상태에서(bhavah)도 토대(pradhana)를 지배(jaya) 할 수 있게 된다.'

해석 ; 따따(tata)'는 그러고 나면, '마노(mano)'는 마음, '자비뜨왐(javitvam)'은 덧없는 혹은 빠른, '비까라나(vikarna)'는 기관이 없는, '바와하(bhavah)'는 상태, '쁘라다나(pradhana)'는 기반 혹은 토대, '자야(jayah)'는 승리 혹은 지배, '짜(ca)'는 그리고 로 풀이한다.

주:- 이 구절은 많은 부분들이 축약되어 있다. 본문에서 '마음과 같이 빠르게 움직일 수 있다.' 라는 말은 3/41절에서부터 3/47절까지 다양한 수련으로 많은 초자연적인 능력을 얻었을 때(tata) 수행자가 생각과 동시에 원하는 곳으로 언

제 어디든지 이동할 수 있다는 것을 뜻한다. 그리고 '기관들이 없는 상태(vikarana-bhavah)'라는 말은 이미 수행자는 육체가 필요하지 않을 만큼 육체적 모든 기관의 기능들을 초월할 만큼의 초 자연력을 얻은 상태이므로 기관들이 없는 상태에서도 자유자재로 그 기능들을 활용할 수 있다는 의미이고, 이러한 능력들은 결국 우리 몸을 구성하는 근본 물질인 쁘라끄르띠(prakrti)를 마음대로 운용할 수 있는 능력을 갖게 된다는 의미이다.(pradhana-jayas) 따라서 이 구절에서 말하는 토대(pradhana)는 모든 만물을 구성하고 있는 쁘라끄르띠(prakrti)를 의미한다.

이러한 능력이 생기기까지는 앞에서 이미 조대원소(bhutas)와 미세원소(tanmatras), 마음, 감각기관, 구나(gunas) 등을 조절할 수 있는 능력을 성취하였기에 가능한 일이다.

3-49 절

सत्त्वपुरुषान्यताख्यातिमात्रस्य सर्वभावाधष्ठितृत्वं सर्वज्ञातृत्वं चा॥

'sattva purusanyata khyati matrasya sarva bhava adhisthatrtvam sarva jnatrtvam ca'

'사뜨와 뿌루사 안야따 캬띠 마뜨라스야 사르와 바와 아디스타뜨르뜨왐 사르와 즈나뜨르뜨왐 짜'

'그리고(ca) 참 자아(purusa)와 사뜨와(sattva)를 구별(anyata)

할 수 있는 통찰력(kjyati)을 가진 수행자에게만(matrasya) 모든 (sarva) 상태(bhava)를 지배(adhisthatrtvam) 할 수 있는 전지 전능한(sarva-jnatrthvam) 상태(abhva)가 된다.'

해석 ; '사뜨와(sattva)'는 쁘라그르띠를 구성하고 있는 세 구나중의 하나로 순수성을 나타낸다. '뿌루사(purusa)'는 참 자아 혹은 사람, '안야따(anyata)'는 식별 혹은 분별, '캬띠 (khyati)'는 통찰력, '마뜨라스야(matrasya)'는 그것으로부터 혹은 단지, '사르와(sarva)'는 전부 혹은 모두, '바와(bhava)'는 상태 혹은 상황 '아디스타뜨르뜨왐(adhisthatrtvam)'은 패권 혹은 지배, '사르와 즈나뜨르뜨왐(sarva jnatrtvam)'은 모든 것을 아는 지혜 다른 말로 전지전능한, '짜(ca)'는 그리고 라 고 풀이한다.

주:- 인간을 비롯한 삼라만상은 뿌루사와 쁘라끄르띠의 결합 으로 이루어져 있고 뿌루사는 순수의식으로 어떠한 영향을 받 지도 않고 주지도 않는 존재로서 영구불변하는 비 활동체이다. 그러나 이 뿌루사도 쁘라끄르띠와 결합을 하게 되면 활성체로 변해 무한으로 활성화된다.

이렇게 활성화 된 뿌루사는 우리 몸을 구성하고 있는 요소들 중 물질 외적인 정신적인 영적인 정서적인 우리 눈에 보이지 않는 부분들에 해당한다. 반면 쁘라끄르띠는 3구나를 내포하고 있으면서 우리 몸에서 눈에 보이는 물질적인 부분을 구성하면 서 육체적 신체적 물질적 구성요소인 5대(지수화풍공)로 이루 어져있다.

따라서 뿌루사와 쁘라끄르띠가 결합하는 순간 이 두 가지의 성질은 서로 뒤섞여 하나의 개체로 탄생한다. 이렇게 탄생한 개체가 사라져 갈 때에는 다시 원래의 모습인 뿌루사와 쁘라끄르띠로 돌아가게 된다. 이것을 우리는 흔히 자연으로 돌아간다. 라고 표현한다. 뿌루사와 쁘라끄르띠가 그 자체로 있을 때에는 비활성체로 존재하면서 활성체로서의 무한한 잠재력을 가지고 있다. 이 둘의 결합으로 활성화가 되는 과정은 상캬 철학에서 말하는 25원리에 따라 활성화된다. 이렇게 활성화된 존재는 지(地), 수(水), 화(火), 풍(風), 공(空)으로 이루어진 하나의 개체로서 우주의 한 구성물로 존재하게 된다. 결국 인간도 뿌루사와 쁘라끄르띠라는 두 가지 근본 물질의 결합체로서 탄생한 하나의 개체에 불과하다. 이 두 물질이 결합하여 활성화되는 과정에서 지성(buddhi)이 만들어지고, 마음(manas)이 만들어지고, 자기중심적인 에고(egoism, asmita)도 형성되고, 행동기관(karmendriyas), 감각기관(indriyas)들도 만들어져 희로애락(喜怒哀樂)을 경험하면서 살아가고 있는 것이다.

이 책을 구성하는 3장 신통품은 이렇게 구성된 활성체들을 대상으로 명상(samyama)을 함으로서 초자연적인 능력을 얻을 수 있다고 대부분의 구절들에서 설명하고 있다.

따라서 이 구절 첫머리에서 말하는 참 자아(purusa)와 사뜨와(sattva)를 구별(anyata)할 수 있는 능력 또한 우리 몸을 구성하는 요소들을 완전하게 이해하였을 때 가능한 것이고, 이때 비로소 참 자아와 사뜨와의 구분을 확실하게 할 수 있게 된다. 라는 것이다. 이렇게 되면 어떤 상황 어떤 순간에도 그 상황을 압도(adhisthatrtvam) 해 나갈 수 있는 전지전능한 능력(sarva jnatrtvam)을 갖게 된다. 는 뜻이다.

3-50 절

तद्वैराग्यादपि दोषबीजक्षये कैवल्यम्॥

'tad vairagyad api dosa bija ksaye kaivalyam'

'따드 바이라갸 아삐 도사 비자 크샤예 까이발얌'

'심지어(api) 이러한(tad) 기질들(dosa)의 종자(bija)까지도 분리(vairagya)시켜 용해(ksaye)되어야 독존(kaivalya)을 성취할 수 있다.'

해석 ; '따다(tada)'는 그것 혹은 이것, '바이라갸뜨(vairagyat)'는 분리 혹은 냉정, '아삐(api)'는 심지어, '도사(dosa)'는 결점 혹은 기질, '비자(bija)'는 씨앗 혹은 뿌리, '크샤예(ksaye)'는 파괴 혹은 용해, '까이발야(kaivalyam)'는 해방 혹은 독존이라 풀이한다.

주:- 앞 구절 3/49절에서는 뿌루사와 사뜨와를 구별 할 수 있어야 전지전능해 진다고 말하고 있고, 그 앞 구절들에서는 우리 몸을 구성하고 있는 활성체들을 통해 초자연적인 능력을 얻을 수 있다고도 말하고 있다.

  그러나 이 구절에서는 이러한 능력을 나타나게 하는 모든 기질들을 종자로 표현하면서 이러한 기질과 종자들마저도 아무조건 없이(vairagya) 버려야(ksaye) 진정한 독존(kaivalyam, 獨尊)이 온다고 말하고 있다. 여기서 말하는 독존이란 아뜨만(atman) 그 자체가 오로지 존귀(kaivalya)하다는 뜻이다. 아뜨만은 삼라만상 누구나 다 가지고 있는 것으로 높고 낮음이 없이 똑 같다. 따라서 알고 보면 삼라만상 모든 존재가 높고 낮음이 없고 누구는 특별하고 누구는 하찮은 존재라는 구분이 없이 모두가 존귀(尊貴)한 존재(存在)라는 뜻이다.

3-51 절

स्थान्युपनिमन्त्रणे सङ्गस्मयाकरणं पुनरनिष्टप्रसङ्गात्॥

'sthany upanimantrane sanga smaya karanam punaranista prasangat'

'스타니 우빠니만뜨라네 상가 스마야 까라남 뿌나라니스따 쁘라상가뜨'

'지위가 높은 존재(sthani)들의 초대(upanimantrana)에 자만(smaya)하고 집착(sanga)할 동기를 부여해서는 안 된다(akaranam). 왜냐면 원치 않는(anista) 성향(prasangat)들이 활동을 재개(punah)하기 때문이다.'

해석 ; '스타니(sthani)'는 지위가 높은 존재들. '우빠니만뜨라나(upanimantrana)'는 초대, '상가(sanga)'는 집착 혹은 애착. '스마야(smaya)'는 우쭐해짐 혹은 자만, '아까라남(akaranam)'은 동기(원인, 주장, 까닭, 이유, 근거)를 없애다. '뿌나흐(punah)'는 재개하다, 반복하다, '아니스따(anista)'는 바라지 않는, '쁘라상가뜨(prasangat)'는 성향 이라 풀이한다.

주:- 정신세계를 추구하는 수행자가 어느 정도 수행이 깊어지면

방해하는 세력들이 나타난다고 한다. 세속적으로는 지방 관리나 공동체를 이루는 사회단체들로부터 존경의 뜻으로 초대를 받고 선물을 받기도 한다. 심지어 눈에 보이지 않는 신들과 같은 존재들도 시기와 질투를 해서 여러 가지 방법으로 유혹을 하던가 아니면 일부러 시험에 들게 하면서 수행자를 최고의 경지에 드는 문턱에서 좌절하게 만든다.

때문에 수행자는 가능하면 세속과는 거리를 두고 공부에 전념하는 것이 옳고 그 어떤 유혹에도 넘어가지 않는 강인한 정신력이 필요하다. 이때 이것을 물리치지 못하고 같이 어울리다보면 자신이 공부한 것을 자랑스럽게 떠든다든지 자만심을 보이게 되면서 그동안 공부한 것들이 물거품이 되고 다시 원치 않는 성향들 즉 그동안 잠잠했던 상념과 잡념들이 다시 활동을 재개하면서 결국 세속적으로 퇴보하게 된다.

3-52 절

क्षणतत्क्रमयोः संयमाद्विवेकजं ज्ञानम्॥

'ksana tat kramayoh samyamad vivekajamjnanam'

'크샤나 따뜨 끄라마요 삼야마드 비베카잠 즈나남'

'찰나(ksana)와 그(tata) 찰나의 연속성(kramayo)을 대상으로 삼야마(samyamad)를 수행하면 분별지(vivekajamjnanam)를 얻는다.'

해석 ; '크샤나(ksana)'는 순간 혹은 찰나, '따뜨(tat)'는 그것 혹은 그들의, '끄라마요(kramayo)'는 연속, 계속, 반복. '삼야마 (samyama)'는 수련, 억제, 압박, '비베카잠(vivekajam)'은 분별 혹은 구별하는 능력, '즈자남(jnanam)'은 지혜 혹은 자각하다. 로 풀이한다.

주:- 분별지(vivekajamjnanam)라는 것은 모든 현상과 삼라만 상의 실체를 정확하게 꿰뚫어 보면서 그런 현상에 현혹되지 않는 것이다. 그런데 찰라와 찰나의 연속성에 삼야마를 하게 되면 분별지가 생긴다고 한다. 그렇다면 찰나란 무엇일까?

찰나는 시간의 최소 단위라고 말할 수 있겠으나 실상 시간 은 존재하지 않고 실지로는 찰라만 존재한다. 그런데 사람들 은 시간은 존재하는 것으로 생각하고 있고 시간에 얽매여 산 다. 왜 그런가하면, 점이 이어지면 선이 되듯이 매 순간 순간 끊어져 있던 순간(찰나)을 쭉 이어진 것으로 생각하는 착각에 서 시간이란 말이 탄생하게 된 것이다. 물론 '순간이 연속으로 이어진 것을 시간'이라고 정의를 한다면 말이 되는 소리이긴 하지만 실재로 시간은 존재하지 않는다.

예를 들어, 어떤 사람이 '오늘 오후 내내 나는 우울 했어' 라고 말한다면, 실지로는 오후 내내 한순간도 쉬지 않고 우울 했다. 라는 말이 아니다. 왜냐면 실지로는 다른 사람과 차도 마시고 담소를 나누기도 했고, 그때에는 잠시 우울했던 기분 은 잊어버리고 있었다. 그 시간이 지나자 다시 우울한 감정들 이 떠올랐고, 또 다른 일을 할 때에는 또 다시 우울 했던 생 각을 잠시 잊고 다른 일을 하면서 그 날 하루를 보내었다. 그 런데 그날 어떤 일로 인해 어느 순간에 우울한 일이 발생을 했는데, 그 시간은 이미 지나갔고 상황도 종료되었지만 그 사람은 우울했던 상황과 기분을 다음 순간, 다음 순간으로 계속해서 간직하고 가져갔기 때문에 그날 하루라는 전체를 우울했다고 생각하게 스스로 만든 것이다. 오후 내내 우울 할려면은 계속해서 그 상황이 오후 내내 일어나야하는데 상황은 지나간 어느 시점에서 이미 종료되었고 거기다가 자신은 이미 다른 일을 수도 없이 많이 했으면서도 나는 오후 내내 우울했어 라고 하는 어리석음을 범하고 있으면서 스스로를 지치게 하고 있는 것이다.

실지로는 우울한 순간도 있었고 우울하지 않았던 순간도 있었지만 우리 자신은 하루 종일 우울했던 것처럼 우울했던 기분을 연결하여 상상으로 자기스스로 하루 종일 우울증에 시달리게 고통을 자초 했던 것이다. 이러한 현상을 우리는 찰나를 시간의 연속성으로 그대로 받아들여서이다. 따라서 이것을 냉정하게 찰나로 쪼개 본다면 자신을 우울하게 만들었던 상황과 순간은 이미 지나간 일이기 때문에 그 순간 이후로는 우울해 할 이유도 없고 고통스러울 이유도 없는 것이다. 그런데 이것을 순간이나 찰나로 쪼개 분리시켜 버리면 아무 일도 없었던 것처럼 지나간 일이 되어 버릴 것을 우리는 자아의식과 기억 등이 연결되면서 쪼개서 나누어 생각하지 못하고, 점이 선으로 이어지듯이 순간(찰나)이 시간으로 이어지면서 스스로에게 더 크고 많은 고통으로 연결되는 것이다. 그래서 찰나와 그 찰나의 연속선상에 삼야마를 수행해 주면 시간에 대한 분별력이 없어서 발생하는 그러한 현상들을 구별할 수 있는 지혜를 갖게 된다.

3-53 절

जातलिक्षणदेशैरन्यतानवच्छेदाद् तुल्ययोस्ततः परतपिव्तनि॥

'jati laksana desair anyata anavacchedat tulyayos
tatah prattipattih'

'자띠 락사나 데샤이르 안야따 아나와쩨다뜨 뚤야요스 따따
쁘라디빠띠'

'분별지(viveka)를 얻은 수행자는 그때부터(tatah) 종류(jati)나 특
징(laksana), 기원(desa)이 명확하게 구분이 가지 않는(anavacchedat)
유사한(tulya) 물질들의 사이에 구별(anyata)할 수 있는 지혜를 얻
는다(pratipatti).'

해석 ; '자띠(jati)'는 탄생, 종류 혹은 범주, '락사나(laksana)'는
특징 혹은 현상, '데샤(desa)'는 장소, 기원, 지위, '안야따
(anyata)'는 구별, '아나와쩨다뜨(anavacchedat)'는 명확한 차이
가 없는 혹은 불확실한, '뚤야(tulya)'는 유사한 혹은 같은 것, '
따따(tata)'는 그것으로부터 혹은 그때부터, '쁘라띠빠띠
(pratipattih)'는 획득하다 혹은 인지, 각성하다. 로 풀이한다.

주:- 삼라만상 모든 물질들은 전변을 겪는다. 전변(parinama)
이란 그 어느 것이라 할 것 없이 모든 물질은 생성과 소멸이
라는 것을 반복 순환하면서 끊임없이 변화하는 동시에 이 세
상에는 같은 것 또한 존재하지 않는다는 의미이다.

같은 과일이라도 사과와 배, 복숭아를 구분하고 같은 사과끼리도 그 특징에 따라 나누어 빨간 사과 파란 사과라고 부른다. 한 어머니에게서 태어난 쌍둥이도 그 생김새나 기질과 성격이 다르다. 그런데 사람들은 빨간 것도 사과, 파란 것도 사과라고 부르며, 10년 전의 나와 현재의 나를 똑 같은 사람으로 대하고 10년 전에 가보았던 곳을 10년 후에 가보면서 옛날과 지금은 하나도 변한 게 없다. 라고 말한다. 10년 전의 나와 10년 전의 자연은 많은 변화가 있었는데도 사람들은 같다고 말한다. 이러한 현상은 서로 비슷한 유형은 하나의 현상으로 묶어 표현하는 어려서부터 배워온 학습에 의한 것이다.

예를 들면, 어린아이들에게 말을 가르치고 사물을 인식시킬 때 그림책을 갖다놓고 가르친다. 그림책 속에는 염소 그림이 있고 그 그림을 보면서 염소는 이렇게 생긴 것이다. 라고 배우고 그림에서 본 비슷한 동물을 현실에서 만나면 그 동물이 염소라고 인식하는 것이다. 그러나 실질적으로 그림은 그림 일 뿐이고 현실에서 본 염소는 비슷하게는 생겼지만 실질적으로 그림에 나온 그 염소는 아닌 것이다. 그리고 그 옆에 다른 염소가 있으면 그것도 처음 본 염소와 마찬가지로 같은 염소라고 한다. 실지로는 처음 본 염소와 그 옆에 있는 염소는 비슷하기는 하지만 똑같은 염소는 아니다. 그런데도 같은 염소라고 한다. 이것은 비슷한 유형끼리는 전체적으로 표현하는 사람들의 습관이다. 이러한 습관들에 의해 무상한 것을 영원한 것으로 착각하고 지난 시간에도 살아왔고 현재도 살아가고 있으니까 영원히 계속해서 살아 갈 것처럼 아옹다옹 하면서 살아가는 것이다.

어떤 좋지 못한 사건이 일어났을 때 사람들은 두고두고 몹시 괴로워한다. 그 사건은 이미 많은 시간이 흘렀음에도 불구하고 사람들은 괴로워한다. 그렇게 해서 트라우마나 우울증으로 고생을 한다. 이유는 그 사람이 그 사건을 연속적으로 생각하기 때문이다. 물론 여기에는 기억이라는 것이 한몫을 하지만 실질적으로는 그 사건은 사건이 일어난 직후부터는 없어져 사라진 일이다. 그런데도 사람들은 그 사건을 연속적으로 계속해서 생각하면서 괴로워한다. 이것은 어디까지나 착각이고 환상을 붙잡고 괴로워하는 것과 같다.

이러한 현상 역시 시간이라는 것에 대해 전체성을 가지고 지나간 10년 전의 일을 10년 전이나 지금이나 같은 시간이라는 전체성을 가지고 생각하기 때문에 10년 전에도 괴로웠고 지금도 괴로운 것이다. 따라서 3/52절에서 찰라와 찰라의 연속성을 가지고 명상(samyama)을 하게 되면 분별지(viveka, 分別智)를 이룬다고 하였다.

이때 비로소 시간은 존재하는 것이 아니며 순간과 찰라만 존재하고 순간과 찰라가 이어져 시간이 되어 사람들은 시간에 얽매여 살고 있다는 것을 인지하게 된다. 반대로 이렇게 이어진 전체적인 시간의 연속성이란 없고 찰라(ksana)만이 존재한다고 인식하는 순간 고통과 번뇌로부터 해방된다.

분별지(分別智)는 모든게 분명해지고 선과 악, 옳고 그름, 고통과 번뇌가 일어나는 현상, 삼라만상이 생겨나고 사멸하면서 나타나는 변화무상한 현상, 무상한 것과 영원한 것의 분명한 구분, 아뜨만(atman)과 개아(jivatman)의 구분이 명확해진다.

모든 것은 순간순간 전변한다. 수행이 깊은 수행자는 이러한 순간순간을 모두 자각할 수 있다고 말한다.

분별지(vivekajnanam)는 유분별지(有分別智)와 무분별지(無分別智)로 나누지만 삼라만상에서 일어나고 사라지는 변화무상한 변화하는 현상의 본질을 인지하는 방법은 같다.

분별지를 통해 선과 악, 흑과 백, 좋고 나쁨 등과 같이 이분법(二分法)으로 모든게 선명해 지고 분명해 지면 오히려 힘들어 질 수 있다. 그렇지만 더욱 본질적으로 선과 악이 어떻게 해서 생겨났는지에 대한 분별할 수 있는 지혜도 생기기 때문에 스트레스를 받지 않는다. 이때를 유 분별지(有 分別智)로 볼 수 있고, 나아가 더 공부를 하다보면 분별은 일어나지만 결국은 이러한 분별이 다 덧없고 선도 없고 악도 없고 좋고 나쁨도 없고 성인도 범부도 없이(聖凡不二) 하나로 귀결되는 순간이 온다. 이때를 무분별지(無分別智)로 볼 수 있다. 무분별지는 더 이상의 분별이 필요 없는 경지로 모든 것은 하나로 귀결된다. 그 하나가 있다고 하면, 아뜨만(atman)이라 하고, 없다고 하면 '공(空)'이 된다.

3-54 절

तारकं सर्ववषियं सर्वथावषियमक्रमं चेति विविकजं ज्ञानम्॥

'tarakam sarva visayam sarvatha visayam akramam ca iti vivekajam jnanam'

'따라깜 사르와 비사얌 사르와타 비사얌 아끄라맘 짜 이띠 비베카잠 즈나남'

'그러므로(iti) 분별지(viveka)에서 생겨난(jam) 영적지혜(jnanam)는 모든(sarva) 물질(visayam)과 개체(visaya) 그리고(ca) 시간을 포함한 모든 존재들(sarvatha)을 초월(tarakam)하며 비연속성(akramam)이다.

해석 ; '따라깜(tarakam)'은 초월 혹은 구원자, '사르와(sarva)'는 모든, '비사야(visayam)'는 물질, 목적, 개체, '사르와타(sarvatha)'는 모든 국면, 모든 존재들, '비사야(visayam)'은 대상, 개체, '아끄라맘(akramam)'은 연속성이 없는, '짜(ca)' 그리고 혹은 및, '이띠(iti)'는 그러므로, '비베카(viveka)' 구별 혹은 분별력, '잠(jam)'은 태어나다, '즈나남(jnanam)'은 지식 혹은 지혜라 풀이한다.

주:- 여기서 말하는 분별력이란 이것은 토끼 저것은 사자, 이것은 사과 저것은 배라고 하는 사물에 대한 단순한 구별을 의미하는 것이 아니다. 토끼와 사자, 사과와 배라는 구분을 넘어 그 물질에 대한 본질적 근원을 파헤쳐 그 물질을 그 물질의 본질로서 보게 된다. 따라서 누군가가 입고 있는 명품 옷을 보았을 때 그것이 명품으로 보이지 않고 어디까지나 그것은 재질이 무엇이던 간에 실로 짜여 진 옷일 뿐이고, 나아가 뿌루사와 쁘라끄르띠의 결합으로 이루어진 하나의 개체에 불과한 것이다. 따라서 실지로 수행자의 눈에는 그 무엇을 보더라도 뿌루사와 쁘라끄르띠의 결합으로 만들어진 하나의 개체에 불과 할 뿐 더 이상도 더 이하도 아니다.

따라서 분별지를 얻었다는 말은 일반적으로 오감(inddriys, 눈, 귀, 코, 혀, 촉감)을 통해 받아들여지는 어떤 세속적인 정보나 느낌도 수행자의 내면을 현혹시킬 수 없고, 지나간 과거의 일이나 현재 겪고 있는 일들로 인해 시간이라는 연속성에서 초월한 수행자는 어떠한 괴로움도 겪지 않게 된다. 이러한 현상은 백번 천 번을 머리로 이해를 해도 제대로 경험할 수 없는 것들이다. 이해했다고 해도 이해했다고 하는 착각일 뿐이다. 어디까지나 실질적으로 공부해 체득되어진 경험에서만 제대로 이해할 수 있는 부분들이다.

이때 '진리는 있는 그대로 바라보는 것'이라는 말도 성립되고, '산은 산이요 물은 물이다.'라고 할 수 있는 지혜가 생긴다.

3-55 절

सत्त्वपुरुषयोः शुद्धिसाम्ये कैवल्यमिति॥

'sattva purusayoh suddhi samye kaivalyam'

'사뜨와 뿌루사요 숫디 삼예 까이발얌'

'뿌루사(purusa)와 사뜨와(sattva)의 순수성(suddhi)이 같아(samye) 졌을 때 해방 (kaivalya)이 이루어진다.'

해석 ; '사뜨와(sattva)'는 개아 적 순수성, '뿌루사(purusa)'는 사람 혹은 참 자아, '숫디(suddhi)'는 순수한, '삼야(samya)'는 균등 혹은 평등, '까이발야(kaivalya)'는 해방 또는 독존이라 풀이한다.

주:- 요가에서는 모든 만물은 뿌루사와 쁘라끄르띠의 합성으로 하나의 개체가 이루어진다. 이때 형성된 개체는 뿌루사와 쁘라끄르띠의 결합으로 그 순수성을 잃게 되고 하나의 개체로 완성되는데, 이것을 사람의 경우는 개아(個我, jivatman)라 부른다.

뿌루사와 쁘라끄르띠의 결합으로 인해 사람들은 정체성을 잃고 좌충우돌하면서 불안과 근심, 걱정, 윤회 등을 반복하면 살아간다. 그러다가 한번씩 '나는 누구인가?' 라고 하면서 자신에 대한 정체성을 확인하고 싶어 하고 참 자아에 대한 궁금증과 함께 자아를 찾으려고 애를 쓴다. 그러나 실질적인 현실에서 인간은 개아로 살아가면서 모든 현상에 반응하면서 해결하고 극복해 살아가면서 온갖 괴로움과 고통, 스트레스를 겪으면서 살아간다. 반면 참자아인 아트만은 개아의 그늘에 가려 그 존재감을 나타내지 못하고 있으면서 개아가 겪는 모든 괴로움과 고통을 관조자로서 바라보고만 있으면서 그 존재조차도 있는지 없는지 모르게 존재한다. 참자아인 아뜨만의 존재는 물질적 존재와 무관하고 고통과 괴로움 슬픔과 즐거움이라는 모든 현상에서 벗어나 초월 해 있는 존재이다. 따라서 만약에 참자아인 아뜨만이라는 존재가 가지고 있는 특징으로 살아가는 세상이라면 물질적 풍요에서 오는 탐욕과 욕망, 지위나 명예와 같은 갈등과 경쟁에서 오는 고통, 그 외 어떤 정신적 심리적, 육체적 고통과 괴로움에서 오는 모든 현상에서 자유로운 존재로 살아갈 수 있다. 그야 말로 이상세계(paradise) 속에 살 수 있다.

이 구절에서 말하는 참 자아(여기서는 뿌루사로 표현하고 있다.)와 사뜨와의 순수성이 같아질 때라고 했는데, 참 자아는 근본적인 자아인 반면 사뜨와(참자아의 존재를 인식하지 못하는 사람 즉 개아라는 결합물 중에서는 가장 순수한 존재이다.)는 둘이 같을 래야 같을 수가 없는 근본적으로 다른 존재이지만, 지금까지 경전 내용들을 토대로 공부해 온 결과 참자아를 발견하게 되면 비록 개아의 사뜨와 적인 의식이 참자아가 가진 순수의식세계에 용해되면서 마치 물에 소금을 녹이면 소금이 물에 용해되어 물이 소금에 스며들었는지 소금이 물에 녹아들었는지 구분을 할 수 없는 것과 같아지면서 그 동안에 의식으로 좌충우돌하면서 온갖 괴로움과 고통을 겪으면서 살아 왔다면 참자아적인 삶이 같이 결합되면서 좌충우돌하던 삶이 아닌 안정되고 정체성 있는 삶으로 변환되는 것을 의미하고, 이때 느끼는 자신의 존재감이 얼마나 고귀한 존재인지를 깨닫게 된다.

이것을 바로 까이발야 즉 독존(獨尊)이라 한다. 이때의 독존(獨尊)은 내가 최고라는 오만과 교만함과는 관계가 없는 차원이 다른 자기 자신에 대한 자존감(自尊感)이다. 이 자존감은 자신에게만 해당되는 것이 아니고 길가에 나 있는 풀 한 포기에도 존재한다는 것을 깨닫게 하는 자존감으로 모두가 얼마나 소중한 존재인가를 깨닫게 해 준다.

따라서 천상천하(天上天下) 유아독존(唯我獨尊)이란,

이 세상에 존재하는 것은 어느 것 하나 똑 같은 것이 없고,

이 세상에 존재하는 모든 것은 어느 것이라 말할 것 없이 모

두가 다르고, 같은 나무, 같은 돌멩이, 같은 사람, 같은 산, 같은 개, 같은 소, 같은 말, 같은 돼지.. 라고 말하지만 그 같은 나무 하나하나, 그 같은 돌멩이 하나하나, 같은 사람 한 사람이 제각각 얼굴이 다르고 귀가 다르고 코가 다르고 형태가 다르고 모양이 다르고 피부색이 다르고 발가락이 다르고 발톱이 다르다. 이것은 제 각각의 개성과 기질, 성품, 모양, 형태 등이 그 어느 것 하나 똑 같지 않은 다른 개성과 특성을 가지고 태어났다는 것을 의미한다. 그 하나하나가 모두 독립적이고 독창적이고 개성적이다. 그래서 개아(個我, jivatman)라 했다.

이것이 무엇을 의미하는가?

하늘 위, 하늘 아래 그 어디에서도 오로지 삼라만상 그 하나하나 모두가 소중하고 존귀하다는 것을 의미하고 그 모두가 존중받아야 한다는 것을 의미한다.

한발 더 나아가 본질적으로는 뿌루사 하나로 귀결된다.

뿌루사는 오염되지 않은 순수 그 자체이다. 그리고 뿌루사는 같다. 모든 개아(個我)가 가진 뿌루사는 같다.

개가 가진 뿌루사, 소가 가진 뿌루사, 돼지가 가진 뿌루사, 사람이 가진 뿌루사, 참나무가 가진 뿌루사, 대나무가 가진 뿌루사 등등 이 세상에 존재하는 삼라만상 모두가 같은 뿌루사를 가지고 있다. 따라서 그 누구는 고귀하고 그 누구는 천한 존재라고 차별하는 인간은 스스로가 천한 존재라고 말하는 것과 같다. 반대로 다른 사람을 존중하고 귀하게 여기는 사람은 스스로의 뿌루사를 존중하고 존귀한 존재로 대하는 것과 같다.

그래서 천상천하(天上天下) 유아독존(唯我獨尊)이라는 말도 있고, 성범불이(聖凡不二) 내지는 성범일여(聖凡一如)라는 말도 있는 것이다. 따라서 이 세상에 존재하는 그 어떤 존재도 특별한 존재는 있을 수 없고, 특별한 존재가 있다면 이 세상의 모든 존재 역시 모두가 특별한 존재이다.

이렇게 하여 요가 수트라 3장 비부띠 빠다(신통품)를 마친다.

해탈 품
(요가의 결실)

제 4장. 까이발야 빠다

Kaivalya pada

까이발야라는 말은 독존(獨尊)이란 말을 많이 쓴다. 독존(獨尊)이란 말의 본질은 상캬와 요가의 실제론 적 존재론의 바탕인 25원리에서 찾아 볼 수 있다. 세상의 모든 존재는 뿌루사와 쁘라끄르디를 바탕으로 전개되었고, 그 전개된 바탕 속에서 우리는 살아가는데 전개되기 전의 뿌루사는 순수의식으로 참자아(atman)로 대변된다. 참 자아는 순수하면서 변화가 없는 존재이다. 순수하고 변화가 없다는 것은 안정감과 평화로움을 상징한다. 그러나 현실적인 우리의 삶은 불안과 번민으로 고통받으면서 살아간다.

그 이유는 뿌루사와 쁘라끄르띠의 결합으로 순수자아인 참자아를 잃어버림으로서 참 다운 내가 아닌 또 다른 나 즉 뿌루사와 쁘라끄르띠에 의해 합성된 자아인 개아(jivatma)에 의해 살게 됨으로서 겪는 현상이다.

　그래서 요가에서는 이러한 현상을 근본적으로 해결하고 본래의 참 자아를 찾음으로서 본래의 순수하고 안정적이면서 고통 없는 평화로운 삶을 되찾기 위한 작업으로 요가수련을 권장하면서 요가 수트라의 마지막 장인 까이발야 빠다(Kaivalya padah)는 참자아를 찾아가는데 방해되는 요소들을 어떻게 하면 제기하고 결국 세상의 근본전개의 바탕인 뿌루사를 찾아가는 과정을 설명하고 있다. 그 과정을 마치고 나면 결국 뿌루사와 쁘라그르띠가 결합되기 전의 자신의 참모습을 경험하고 최종적으로 뿌루사 혼자만 남게 되는 것을 경험하게 된다. 이러한 상태를 까이발야(kaivalya) 즉 참 자아 하나 만이 나타나는 독존(獨尊)의 상태를 경험하고 신체적 정신적 해방감을 경험하게 된다.

　이때 베단타 학파가 말하는 불이 일원론(不二 一元論, advaita vedantha)의 '아뜨만(atman)' 하나로 귀결된다는 의미이고, 참자아 혼자만이 오로지 존귀한 존재라는 뜻으로 독존(獨尊)이라 한 것이다. <3/55절>

참자아의 경험, 이것이 '해탈'인 것이다. 그래서 이 독존 품을 다른 말로 해탈 품이라고도 말한다.

जन्मौषधिमन्त्रतपःसमाधिजाःसद्धियः ॥

'janmausadhi mantra tapah samadhijah siddhayah'

'잔마우사디 만뜨라 따빠 사마디자 싯다야'

'초자연적인 능력(siddhi)은 태어나면서(janma), 약(ausadhi), 주문(mantra), 고행(tapah), 사마디(samadhi)를 통해 이룰 수 있다.'

해석 ; 잔마(janma)'는 탄생, '아우사디(ausadhi)'는 약, '따빠(tapah)'는 고행, '만뜨라(mantra)'는 주문 혹은 하나 또는 그 이상의 글자로 이루어진 성스러운 문구. '사마디(samadhi)'는 삼매, '싯디(siddhi)'는 초자연적인 힘 혹은 완전한 으로 풀이한다.

주:- 인간은 태어나면서 무한한 잠재력을 가지고 태어난다. 물론 그 잠재력은 태어나면서부터 누구나 가지고 태어나지만 저절로 주어지는 것은 아니다.

이러한 능력은 누구나 똑 같이 갖고 태어나지만 누가 무었을 어떻게 개발시키느냐에 따라 잠재력은 다양하게 전개된다. 요가에서는 잠재력을 초인간적인 능력에 초점을 맞추고 있지만 잠재력은 초인간적인 능력에만 국한 된 것은 아니다. 누군가가 어떤 분야에서 다른 사람보다 월등히 뛰어난 능력을 보여준다면 그것도 일종의 초능력이라 볼 수 있다.

명상을 하다 몰입이 깊어져 삼매에 들게 되면 의식과 신경, 뇌파, 호르몬 등의 변화가 온다. 이때 갖고 태어난 잠재력의 일부가 개발되어 일반 사람들이 가지지 못한 능력이 개발될 수도 있다. 그래서 초인간적인 능력을 갖게 되는 경우 중의 하나로 사마디(삼매)도 들어있는데, 사마디를 경험하고 나면 강력한 사마디의 매력에 빠져들게 되고, 그 순간의 경험은 평생을 좌우하게 된다. 그런데 문제는 그 사마디라는 것이 그렇게 쉽게 다시 와 주지 않고 한번 경험을 했다하더라도 두 번은 더욱 힘들다. 그래서 계속해서 꾸준히 수련을 이어가는 사람에게는 사마디 라는 것이 그렇게 어렵지 않게 다시 와 주는 반면, 그렇지 못하고 수련이 지속적이지 못한 경우는 사마디가 쉽게 와주지 않는다.

그래서 사마디를 경험했던 느낌을 다시 경험하고 싶은 욕심에 환각작용을 일으키는 약물(ausadhi)의 유혹을 뿌리치지 못하고 복용하게 된다. 물론 신비한 약초를 복용함으로서 초인간적인 힘을 얻을 수도 있겠지만, 잘못 복용한 약물은 대단히 불행하고 위험한 일이다. 이것은 깊은 몰입상태에서 체험하는 사마디와 비슷하지만 사마디와는 전혀 다른 환각에 의한 것으로 수행자의 마음과 정신, 육체를 피폐하게 만들고 목숨도 단축시키는 치명적인 해를 주기 때문에 절대 삼가야 한다. 따라서 환각적인 약효가 있는 약과 연계되는 것은 문제가 된다. 그런데 모든 것은 훈련하고 반복하면 익숙해지고 숙달되듯이 사마디도 마찬가지로 꾸준히 계속 훈련을 거듭한 수행자에게는 언제 어디서나 수행자가 원할 때 들어갈 수 있는 게 사마디 이기도하다.

한편, 만뜨라(mantra, 주문)를 외움으로서 초자연적인 능력을 얻을 수도 있지만 만뜨라 수행도 대단히 조심스럽게 수련하여야 한다. 만뜨라의 효과는 산만한 마음을 안정시킨다. 그러나 만뜨라의 수련은 깊이가 깊어지면 질수록 부정적인 현상과 긍정적인 현상이 나타나기 때문에 그때그때 스승의 조언을 꼭 받아야 한다. 그렇지 않으면 어떤 부정적인 효과가 나타날 지도 모르기 때문이다. 고행(tapas)은 과도한 고행은 삼가고 지혜로운 수련과정이 필요하다. 고행은 극도의 과도한 수련일 필요는 없다. 그래서 붇다(buddha)는 중도(中道)를 강조하였다. 고행은 자신의 업장(業障)의 무게를 줄이는 정화(淨化)과정으로 사마디(삼매)를 이루는데 필수 과정이다. 사마디는 정화(고행, tapas)라는 과정을 거쳐야만 이루어지기 때문이다. 따라서 명상 중에 일어나는 고통과 현상들은 자신을 정화해 나가는 과정이고 이를 극복함으로서 사마디가 이루어지고 해탈도 가능하다.

4-2 절

जात्यन्तरपरिणामः प्रकृत्यापूरात् ॥

'jatyantara parinamah prakrtyapurat'

'자뜨얀따라 빠리나마하 쁘라끄르뜨야뿌라뜨'

'넘쳐나는(apura) 쁘라끄르띠(prakrti)로 인해 다른(antara) 형태(jati)로의 전변(parinama)이 일어난다.'

해석 ; '자띠(jati)'는 존재, 형태, 여기서는 종류 혹은 범주, '안따라(antara)'는 다른 혹은 내부, '빠리나마(parinama)'는 변화 혹은 전변, '쁘라끄르띠(prakrti)'는 본질, 자연 혹은 동력인, '아뿌라(apura)'는 유입 혹은 완전이라 풀이한다.

주:- 상캬나 요가 철학에서는 우주의 창조의 근본물질로 뿌루사와 쁘라끄르디를 설정해 놓고 있다.

뿌루사와 쁘라끄르띠는 온 우주에 편재한다. 이 둘의 차이점은 뿌루사는 어느 것이나 할 것 없이 똑 같고, 쁘라끄르띠는 제 각각 다르다는 점이다. 따라서 본문에 나오는 '넘쳐나는 쁘라끄르띠'라는 말은 온 우주에 편재하고 있는 쁘라끄르띠를 의미하고, 이 들로 인해 다른 형태의 전변이 일어난다는 말은, 제 각각 다른 쁘라끄르띠들이 서로 뒤섞일 때 또 다른 형태의 새로운 창조물이 나온다는 말이다. 그래서 상캬나 요가 철학의 인중유과론(satkaryavada, 因中有果論)에는, 세상에 존재하는 그 어떤 물질도 무(無)에서 유(有)를 창조해 낼 수 없고, 쁘라끄르띠가 존재하기 때문에 유(有)에서 새로운 존재물이 다른 새로운 형태로 전변되어 창조된다고 한다. 그런데 윤회설은 이미 존재하던 쁘라끄르띠에 새로운 형태의 또 다른 쁘라끄르띠의 결합으로 연결되기 때문에 원래의 쁘라끄르띠가 가진 업(業)에 새로 결합하는 쁘라끄르띠가 가진 업(業)이 합쳐져서 더해지기 때문에 업이 더 무거워 질 수 있다. 따라서 까르마 요가(karma yoga)의 실천이 더욱 중요하게 작용한다.

नमित्तिमप्रयोजकं प्रकृतीनां वरणभेदस्तु ततः क्षेत्रकिवत्॥

'nimittam aprayojakam prakrtinam varana bhedastu tatah ksetrika vat'

'니미땀 아쁘라요자깜 쁘라끄르띠남 와라나 베다스뚜 따따 크세뜨리까 왓'

'흔히 있는 부수적인 원인(nimittam)들은 쁘라끄르띠(prakrti)에 직접적인 원인으로 작용하지 않는다(aprayojakam). 그러나 (tu) 그것은(tatah) 마치 물꼬를 터주기 위해 장애물(varana)을 제거해(bheda) 주는 농부와 같다(ksetrikavat).'

해석 ; '니미땀(nimaittam)'은 부수적인 원인, '아쁘라요자깜 (aprayojakam)'은 원인이 아닌 혹은 시작하지 않는, '쁘라 끄르띠남(prakrtinam)'은 쁘라끄르띠, '와라나(varana)'는 선택 혹은 장애물, '베다스(bhedas)'는 제거하다 혹은 ~중 하나, '뚜(tu)'는 그러나 혹은 사실, '따따(tatah)'는 그것은, '크세뜨리까(ksetrika)' 는 농부, '왓(vat)'은 ~같이, 라 풀이 한다.

주:- 앞의 4정 2절에 이어, 윤회설에 따르면, 인간의 모든 행위(업, 業)는 상카라(sankahra, 윤회의 사슬고리)를 남기고 그 업에 따라 그 행위에 대한 보(報)를 받는다고 했다. 심지어는 이 업에 따라 다음 생으로 연결되어 그 행위에 맞게 태어난다고 했다. 다음 생으로 태어나기 위해서는 자신이 저지른 행위가 어딘가에 저장되어야 하는데 그 저장고가 바로 쁘라끄르띠인 것이다.

이 쁘라끄르띠라는 저장고는 수퍼[100] 컴퓨터보다도 큰 어마어마한 용량으로 수많은 기억들이 잠재적 활성체로 저장되어 있다.

그러나 인간이 저지르는 수많은 크고 작은 행위들 모두가 쁘라끄르띠라는 저장고에 저장이 된다고 하더라도 그 많은 행위에 대한 대가로 저장된 대로 삶을 살아가지는 않는다. 예를 들어 큰일을 저지른 사람은 그 행위로 인해 쁘라끄르띠에 직접적으로 영향을 미쳐 그에 대한 대가를 바로 치를 수도 있다. 그러나 아무렇지도 않게 흔히 저지르는 일들은 쁘라끄르띠의 전변에 직접적인 원인으로 작용하지는 않지만 잠재 활성체로 쁘라끄르띠 속에 저장됨과 동시에 이 행위로 인해 전변의 원인 작용으로 작용할 가능성이 있다는 것을 이 구절에서는 말하고 있다.

그것은 마치 여러 많은 논 가운데에 메마른 논에 농부가 물을 대기위해 막아 놓았던 보(여기서 말하는 장애물 'varana')를 터 줌으로 해서 물길이 형성되어 농부가 원하는 논에 물이 들어가듯이 보를 터주는 행위가 바로 지금 현재의 아무렇지도 않게 흔히 저지르는 행위에 해당하는 것이다. 어디를 어떻게 터주느냐에 따라 논으로 흘러들어 가는 물길이 달라지듯이 지금 현재의 사소하고 흔한 행위로 인해 쁘라끄르띠라는 저장고에 저장되어 있는 자신이 갖고 태어난 크고 작은 다른 상카라(윤회의 사슬고리)를 일깨워 자신의 삶을 완전히 다른 삶을 살게 되는 원인으로 작용할 가능성이 있다는 뜻이다.

그래서 비슷한 예로 사람들은 모든 일에 첫 단추를 잘 꿰어야 한다고 말하는 것이다.

지난 과거의 업 때문에 인간의 운명은 정해져 있다고 윤회설에서는 말하지만 이 정해진 업이 다양하기 때문에 어느 방향으로 흘러갈지는 아무도 모른다. 이것을 사람들은 그 사람이 가지고 태어난 자원(資源)이라고 하면서 자신의 자원을 개발하라고 도 하는데, 이 자원을 개발하기 위한 선택은 자기 스스로의 책임이면서 그 선택된 자원의 개발은 자신의 지난 과거 행위로 인해 저장되어 있던 저장고에서 빼내 오는 행위이고, 이것은 어디까지나 자신의 지난 과거의 업(karma)에 대한 대가이다.

물론 긍정적이고 선하고 맑고 밝은 업은 선업(善業)으로 이러한 업은 계속저장하고 현재에도 지속되어야 하겠지만, 나쁘고 탁한 악업(惡業)들은 정화(淨化)시켜 소멸해 제거되어야 한다. 이 정화하는 가장 좋은 방법이 바로 명상(瞑想)이다.

4-4 절

नर्मिाणचवितान्यस्मितामात्रात्॥

'nirmana cittanyasmita matrat'

'니르마나 찌딴야 아스미따 마뜨라뜨'

'개별화된(nirmana) 의식(citta)은 근본적(matra)으로 자아의식(asmita)에서 비롯된다.'

해석 ; '니르마나(nirmana)'는 형성하다 혹은 창조하다 또는 개별화된 이라는 뜻이 있다. '찌따(citta)'는 의식, '아스미따(asmita)'는 이기심 혹은 자아의식, '마뜨라(matra)'는 근본적인이라 풀이한다.

주:- 인간이 가지고 태어나는 기질을 끌레사(klesa)라고 하는데 이 끌레사에는 5가지가 있다.

(1) 아비드야(avidya, 부지) (2) 아스미따(asmita, 자아의식) (3) 라가(raga, 집착) (4) 드웨사(dvesa, 혐오) (5) 아비니웨사(abhinivesa, 죽음에 대한 공포) 등이다.

이 모두는 자아의식(asmita)이 있기 때문에 기질로서 발현한다. 그러나 알고 보면 여기서 말하는 자아의식(asmita) 역시 어리석음(avidya)에서 비롯한다. 왜냐면 참자아를 알고 나면 자아의식(asmita)이라는 게 얼마나 부질없는 존재인가를 깨닫게 되고 여기서 '나'라고 말하는 자아의식과 본질적인 참나(atman)는 완전히 다르기 때문이다. 따라서 개별화된 의식이란, 마음이 다양한 형태로 작용하는 마음작용을 말한다.

이 의식은 본질적 자아(atman)가 아닌 개아에서 작용하는 마음 작용임으로 이러한 작용은 결국은 이기심(ego)의 발로에 의한 것이다. 이로 인한 온갖 다양한 마음 작용은 상카라를 남기면서 윤회의 사슬고리를 만든다. 그래서 불교에서 말하길 모든 현상은 마음(의식)작용에서 비롯된다고 말하고 이기심의 욕구에 의해 일어난다고 말한다.

그러나 요가에서는 이러한 마음 작용도 무지에서 일어난다고 본다. 5가지 기질들의 면면을 살펴보면 하나하나가 모두 강력한 힘을 가지고 있는 것은 사실이나 우리 자신의 참자아인 아뜨만을 알고 나면 모두가 허황된 허상에 불과하다는 것을 알게 된다. 따라서 무지라는 장막을 걷어내면 자연스럽게 모든 게 명명 백백(明明白白)해 진다.

4-5 절

पुरवृत्तभिदे पुरयोजकं चत्तितमेकमनेकेषाम् ॥

'pravrtti bhede prayojakam cittam ekamanekesam'

'쁘라브르띠 베데 쁘라요자까 찌땀 에깜 아네께삼'

'마음을 자극하는(prayojaka) 여러 가지(bheda) 많은(aneka) 작용(pravrtti) 뒤에는 하나(eka)의 의식(citta)이 있다.'

해석 ; '쁘라브르띠(pravrtti)'는 작용 혹은 경향. '베다(bheda)'는 여러 가지 혹은 다른. '쁘라요자까(prayojaka)'는 추진력 혹은 자극하는 것, 원인, '찌따(citta)'는 마음(의식), '에까(eka)'는 하나, '아네까(aneka)'는 '에까'의 반대말로서 많은 으로 풀이한다.

주:- 마음작용이라는 것은 언제나 변화무상하게 변화하는 다양성을 가지고 있다. 그리고 이들은 상카라를 남기고 윤회의 사슬고리로 윤회의 원인으로 작용한다. 그러나 이런 마음 작용 뒤에 윤회의 사슬고리를 만들지 않는 의식 작용이 하나 있다. 그것은 다음 구절에 나온다.

4-6 절

तत्र ध्यानजमनाशयम् ॥

'tatra dhyana jam anasyam'

'따뜨라 드야나잠 안아스얌'

'그 중(tatra)에 선정 상태(dhyanajam)에서 생산(ja)되는 의식 작용은 저장(asya)되지 않는다(an).'

해석 ; '따뜨라(tatra)'는 거기에 혹은 그것들 중, '드야나(dhyana)'는 선정, '자(ja)'는 생산 혹은 발생하다. '안아스얌(anasyam)'은 저장되지 않는, 으로 풀이한다.

주:- 일반적으로 모든 행위와 변화무상한 마음작용들은 업(karma)을 남기면서 윤회(samskara)의 잠재 씨앗인 상카라(shankara)를 남기지만 선정 즉 드야나(dhyana) 상태에서 일어나는 모든 의식활동은 윤회의 잠재인상인 상카라(shankara)를 남기지 않는다. 이것이 4/5절에서 말하는 윤회의 사슬고리를 만들지 않는 의식작용중의 하나이다.

4-7 절

कर्माशुक्लाकृष्णं योगिनस्त्रिविधमितरेषाम् ॥

'karma suklakrsnam yoginas trividham itaresam'

'까르마 아수끌라 아끄르스남 요기나스 뜨리비담 이따레샴'

'요가 수행자(yogin)의 행위(karma)는 희지(asukla)도 검지도 않다(akrsnam). 다른 사람들(itaresam)은 세 가지 형태(trividha)가 있다.'

해석 ; '까르마(karma)'는 업 혹은 행위, '아수끌라(asukla)'는 순수하지 못한 혹은 희지 않은, '아끄르스나(akrsna)'는 죄악으로 가득차지 않은 혹은 검지 않은, '요긴(yogin)'은 요가수행자, '뜨리비다(trividha)'는 세 가지 형태, '이따레삼(itaresam)'은 다른, 이라 풀이한다.

주:- 이 세상은 선과 악 내지는 음과 양 그리고 흑과 백 같은 이중성내지는 다양성으로 이루어져 있다. 우리는 이러한 이중성 및 다양성을 구별함으로서 희로애락의 갈등을 느끼고 상카라를 남기면서 결국은 윤회를 한다. 그러나 제대로 된 요가수행자는 이러한 구별과 차별성을 벗어나 초월하기 때문에 그의 행위는 잠재인상을 남기지 않는다. 그러나 보통의 사람들은 흑백논리에 치우치거나 아니면 흑백논리를 섞어서 말하고 행동하기 때문에 악한 사람은 흑이라 하고, 선한사람은 백이라 하고, 때로는 선했다 때로는 악했다 하는 세 가지 형태로 구분하고 그 행위들은 모두가 상카라를 남기고 그 결과에 따라 윤회를 한다.

ततस्तद्विपाकानुगुणानामेवाभिव्यक्तिर्वासनानाम् ॥

'tatas tad vipakanugunanam eva abhivyaktir vasanam'

'따따스 따드 위빠까 아누구나남 에와 아비뱍띠르 와사남'

'그것 때문에(tatas) 나타나는(abhivyakti) 잠재적 경향(vasana) 들은 오직(eva) 그것(tad)의 결과(vipaka)에 부합(anuguna)한다.'

해석 ; '따따스(tatas)'는 그것 때문에, '따드(tad)'는 그것, '위빠까(vipaka)'는 결과 혹은 성과, '아누구나(anuguna)'는 해당 혹은 부합하다, '에와(eva)'는 단지, '아비뱍띠르(abhivyatir)' 는 현시 혹은 출현, '와사나(vasana)'는 의도 혹은 잠재적인 특성이라 풀이한다.

주:- 우리는 흔한 말로 '죄는 지은대로 받을 것이다.' 라고 말한다. 따라서 인과(因果)의 법칙에 따라 어떤 특정한 행위 를 하게 되면 그 행위에 해당하는 결과로 나타난다. 마치 자 물쇠와 열쇠의 관계처럼 그 업보(業報)를 받고 윤회를 하게 된다.

여기서 말하는 '그것(tatas)'은 지난 과거의 업(業障)을 말한 다.

जातिदेशकालव्यवहितानामप्यानन्तर्यं   स्मृतिसंस्कारयोरेकरू
पत्वात् ॥

'jati desa kala vyavahitanam apy anantaryam smrti samskarayor eka rupatvat'

'자띠 데샤 깔라 뱌와히따남 아삐 아난따르얌 스므르띠 삼스까라요르 에까 루빠뜨와드'

'과거의 기억(smrti)과 잠재인상(samskara)의 동일성(ekarupatva) 때문에 비록(api) 시간(kala)과 장소(desa), 태어나는 존재의 범주(jati)가 다를지 라도(vyavahita) 인과관계(anantarya)는 나타난다.'

해석 ; '자띠(jati)'는 출생, 여기서는 태어나는 존재의 범주, '데샤(desa)'는 장소 혹은 지역, '깔라(kala)'는 시간, '뱌와히따(vyavahita)'는 구별 혹은 분리된, '아삐(api)'는 심지어 혹은 또한, '아난따르야(anantarya)'는 인과관계, '스므르띠(smrti)'는 기억, '삼스까라요르(samskarayor)'는 잠재적 활동체 혹은 남은 인상, '에까(eka)'는 하나, '루빠뜨와(rupatva)'는 획일성 혹은 균등성이라 풀이한다.

주:- 윤회설에 따르면 누군가 어떤 행위를 하였을 때 그 행위에 대한 과보(果報)는 시간과 장소, 그리고 그 행위자가 어떤 모습으로 태어나던지 그가 한 행위의 대가에 해당하는 업보(業報)를 치르게 된다는 말로서 지금은 사람이지만 엄청난 악

행을 저질렀다고 해서 현생에 그 대가를 치루는 경우도 있지만 그렇지 않고 죽어서 다른 사람으로 태어나 그 악행에 대한 대가를 치를 수도 있고, 그렇지 않으면 다른 동물이나 짐승 등과 같이 다른 어떤 형태로 태어나서 그 대가를 치룰 수도 있다는 것이다.

이것은 과거의 기억(smrti)과 윤회 재생의 원인으로 작용하는 잠재인상(samskara)이 우리 의식 속에 내제되어 있고, 이러한 기억과 내장된 잠재의식은 다르지 않고 서로 동일하기 때문에 그 행위의 결과는 없어지지 않고 그 행위에 대한 업(karma)를 해소하기 위해 언젠가는 발현하게 되고 그때 지은 행위에 대한 대가를 치루는 것이다.

「기억이란, 참으로 중요하다. 우리가 흔히 말하는 좋은 기억, 나쁜 기억이라는 것들이 잠재인상으로 남는다. 이 잠재인상은 다른 말로 표현하면 잠재의식이고, 이 잠재의식은 유전된다고 할 수 있다. 왜냐면 내가 경험해서 얻어진 기억들은 단순히 나에게 끝나는 것이 아니라, 내 의식과 세포하나하나에 저장되고 잠재의식 속에 저장된다.

이렇게 저장된 기억들은 내가 살아 있는 동안에는 좋은 기억은 기분 좋게, 나쁜 기억은 트라우마로 나를 괴롭힐 것이다. 특히 나쁜 기억들은 평소의 생활에서도 괴롭힐 것이고 명상을 해도 나의 집중력을 흩트리면서 내 명상을 방해 할 것이다. 그러나 더 큰 문제는 여기서 끝나지 않고 내가 죽은 뒤에도 계속된다는 것이다.

내가 죽어 썩어 문드러지든가 아니면 화장되어 가루가

된 나의 조각들은 양자로 바뀌어 그대로 우주 공간으로 퍼져나가 우주 공동의 유전인자로 바뀌면서 우주를 오염시킨다. 이것을 히란야가르와(hiranya-garbha)라 한다. 이렇게 떠돌던 나의 흔적들은 또 다른 히란야가르와와 섞여 또 다른 누군가로 이 세상에 태어날 가능성이 충분하다. 그가 어떤 의식을 가졌던 인간이었던가를 불문하고 그가 과거에 가지고 있었던 의식을 그대로 가지고 또 다른 범주의 새로운 인간 혹은 동물 등 그 무엇으로 태어날 것이다.

이것이 쁘라끄르띠(prakrti)이고 우리의 의식이다.

그래서 이때 필요한 것이 우리 의식의 정화이다. 의식의 정화는 명상만큼 좋은 게 없다. 이렇게 정화된 내 몸과 마음은 순수한 상태로 죽게 되면 내 몸과 마음, 의식이 순수하기 때문에 죽어 흩어진 내 조각들이 우주 공동의 축적물이 되어 언제 어디서 어떤 것과 결합을 하더라도 내가 순수하기 때문에 우주를 더욱 순수한 우주를 만들 수 있고 새로 태어나는 그 무엇도 좀 더 순수해진 모습으로 새로 태어날 수 있기 때문이다.

명상을 하게 되면 좋고 나쁨의 구별이 확실해지고, 나아가 구별하는 근본 물질(쁘라끄르띠)조차도 분명하게 구별되면서 더 이상 구별이 필요 없어지는 경지가 온다.

이것을 '비베카 캬띠(viveka khyti)' 분별지(分別智)라고 한다.」

तासामनादित्वं चाशषिो नदि्यत्वात् ॥

'tasam anaditvam casiso nityatvat'

'따삼 안아디뜨왐 짜 아시소 니뜨야뜨와뜨'

'그리고(ca) 이러한 것들은(tasam) 영속(nityatva)하는 본질적의지(asis) 때문에 시작이 없다(anaditva).'

해석 ; '따삼(tasam)'은 이러한 것들, '안아디뜨와(anaditva)'는 시작이 없는, '짜(ca)'는 그리고, '아시소(asiso)'는 본질적인 혹은 근본적인 의지, '니뜨야뜨와뜨(nityatvat)'는 영원불멸이라 풀이한다.

주:- 본문에서 말하는 이러한 것들은 업(業)이다. 업의 본질은 삼라만상의 기원에서부터 시작한다. 요가에서는 그 기원이 뿌루사와 쁘라끄르띠의 결합에서부터 시작된다. 이렇게 시작된 하나의 개체는 언제 어떻게 누구로부터 시작되었는지 알 수가 없다.

모든 생명체는 형성되면서부터 행위가 이루어지고 그 행위는 상카라를 남기고, 상카라는 윤회의 사슬고리로 남아 결국은 그 업으로 인해 윤회를 하면서 본질적인 의지로 영속하게 된다.

업과 윤회는 과거의 기억이나 잠재인상들이다. 한번 내재된 업의 잠재인상들은 윤회재생의 토대로 자리 잡고 이것이 해소되지 않는 한 업(karma, 業)의 수레바퀴는 계속된다. 게다가 그 업이 해소되었다하더라도 새로운 업을 또 짓게 됨으로 윤회의 악순환의 연속이다.

그래서 브리하다란야까 우빠니샤드 4장 4편3절에 풀벌레가 다 갉아먹은 풀을 버리고 다른 풀로 옮겨가서 그곳에 새로 정착하는 것에 업(業)을 비유하고 있고, 4장 4편4절에는 연금 술사가 금으로 장신구를 만드는 것에 비유를 하면서 자아도 그와 같이 새로운 존재로 탄생하지만 업은 그대로 간직한 채 로 새로운 업(業)을 쌓아 윤회는 계속 이어진다고 4장 4편5 절에는 말하고 있다.

그러나 윤회의 사슬고리가 되는 이러한 잠재적인 인상들은 시작은 알 수 없지만 끝은 있다. 그 끝은 자아(atman)를 찾아 세상의 이치를 깨닫고 자연에 순응하면서 그 동안 지은 업 (業)을 모두 해소하고 더 이상의 새로운 업을 쌓지 않을 때 가능하다. 업을 해소하는 방법에는 많은 시간이 소요 될 수도 있지만 기도와 명상 그리고 까르마 요가의 실천에서 비롯된 다. 그래서 이러한 까르마 요가의 실천이 가능하기 위해서는 인간만이 가능하다. 이것은 지성이 없는 동물이나 짐승은 실 천 할 수 없는 일이다. 이 지성을 통해 의식을 정화시킴으로 순수해 질 수 있기 때문에 오로지 인간만이 할 수 있는 일이 다.

हेतुफलाश्रयालम्बनैः संगृहीतत्वादेषामभावे तदभावः ॥

'hetu phalasray alambanaih samgrhitatvad esam abhave tad abhavah'

'헤뚜 팔라 아스라야 알람바나이 삼그르히따뜨와드 에삼
아바베 따드 아바와'

'원인(hetu)과 결과(phala)는 서로 같은 지지(alambana)
기반(asraya)으로 연결(samgrhitatva)되어 있다. 그래서 이
러한 것들(esam)이 사라지면(abhave) 그것들(tad)도 사라
진다(abhava).'

해석 ; '헤뚜(hetu)'는 원인 혹은 이유, '팔라(phala)'는 결과 혹은
성과, '아스라야(asraya)'는 토대, 기초, 근거, '알람바나(alambana)'
는 지원, 지지하다. '삼그르히따뜨와(samgrhitatva)'는 연결하다. '
에삼(esam)'은 이것들의, '아바베(abhave)'는 사라지다. '따드
(tad)'는 그것의, '아바와(abhava)'는 사라지다 혹은 부재로 풀이
한다.

주:- 인과의 법칙에서 원인이 있기 때문에 그 원인에 해당하는
결과로서 업보(業報)를 받는 다고 했다. 그래서 원인과 결과는
뗄래야 뗄 수 없는 관계로 존재하기 때문에 원인을 만들지 않
으면 결과도 생기지 않는 법이다. 그러나 앞 구절에서 인용한
브리하다란야까 우빠니샤드의 구절처럼 비록 생을 바꾼다고
하더라도 업(karma)은 짓게 되어 있고 심지어 그동안 지었던

업을 그대로 간직한 채 다른 삶으로 옮겨간다. 그래서 처음부터 업(業)을 짓지 않는 까르마 요가의 실천이 무엇보다 중요하다는 것을 새삼 깨닫게 된다. 이는 중국의 도교에서 노자는 道常無爲(도상무위) 而無不爲(이무불위)라 하였다. <1/37절>

한편으로 지은 업은 기도와 명상, 까르마 요가의 실천으로 해소 할 수가 있고 이러한 윤회의 원인물질들(esam)이 사라지면 윤회(tad)도 당연히 함께 사라지는 것이다.

4-12 절

अतीतानागतं स्वरूपतोऽस्त्यध्वभेदाद्धर्माणाम् ॥

'atitanagatam svarupatosty adhva bhedad dharmanam'

'아띠따 아나가땀 스와루빠또스띠 아드와 베다드 다르마남'

'과거(atita)와 미래(anagata)가 그런 형태(svarupa)로 존재(asti)하는 것은 특성(dharma)과 조건(adhva)이 다르기(bheda) 때문이다.'

해석 ; '아띠따(atita)'는 과거, '아나가따(anagata)'는 미래, '스와(sva)'는 스스로의, '루빠따스(rupatas)'는 형태 속에, 따라서 이 둘을 합쳐 '스와루빠'는 그 자체의 형태 안에, '아스띠(asti)'는 존재, '아드와(adhva)'는 조건 혹은 경로, '베다(bheda)'는 다른 혹은 차이, '다르마(dharma)'는 본질적 기질(prakrti)로 풀이한다.

주:- 과거는 현재라는 모습으로 구체화 되었다가 과거라는 잠

재의식 속으로 저장된다. 현재는 순간순간 내지는 찰라 찰나 간의 연속성으로 만들어간다. 그렇게 지나간 순간들을 우리는 과거라고 하고 아직 오지 않았으면 미래라고 한다. 그 하나하나를 잘라서 보면 결국은 찰나라는 순간을 이어놓은 것이다.

그래서 사실 과거와 미래는 존재하지 않는다. 시간과 마찬가지로<3/52절>, 그러나 편리함을 위해 순서대로 과거와 미래라 부르는 것이다. 먼저 왔다가는 순서와 경로에 따라 먼저 왔다 가면 과거가 되고, 아직 오지 않았다면 미래가 되는 것이다. 미래는 아직 구체적으로 현실화되지 않았지만 실현될 수 있는 잠재적인 형태로 구성되어 있다. 미래 또한 과거와 연결 지어 미래를 구상 할 수 있다. 예를 들면, 지난 시간에는 이렇게 해서 실패를 하였기 때문에 이제는 이 방법을 바꾸어서 다음에는 그 방법이 아닌 다른 방법으로 일을 추진 할 것이다. 라고 한다면 이것은 과거와 연결 지어 구상한 것이다. 실지로 모든 일은 이렇게 과거와 연관 지어 일어난다.

그런데 여기서 이 구절이 왜 나와 있을까? 그리고 무엇을 의미하고자 하는 것일까?

우리 마음은 언제나 과거와 미래를 방황하고 있으면서 좋은 기억은 추억으로 간직하면서 즐거워하고, 나쁜 기억은 그 후유증으로 트라우마를 겪으면서 힘들어한다.

그리고 오지도 않은 미래에 대한 불안감이나 두려움에 떨기도 하고, 반면 어떤 기대감으로 마음이 부풀기도 한다. 이러한 현상은 모두가 착각에 의한 것이다.

이 모두가 결국은 마음작용에 의한 것으로 실질적인 현실은 아니다. 그런데 사람들은 실질적인 것으로 착각하는 경우를 흔히 볼 수 있다.

마찬가지로 명상을 할 때에도 똑 같은 현상이 의식 속에서 작용한다. 우리의 마음(의식)은 과거와 미래를 방황하면서 과거의 일에 집착을 하고 미래의 일에 골몰하면서 현재에 머물기를 거부한다. 이 모두가 과고와 미래와 연결 지은 마음 혹은 뇌의 착각이다. 이것은 쁘라끄르띠의 운동성에 의해 기인한다.

그래서 이것을 각성하고 깨우치기 위해서는 무엇보다 과거와 미래에 집착하고 방황하는 마음을 차단하고 현재에 집중해 주는 것이 무엇보다 중요하다. 우리 뇌는 생각하면 하는 그것이 현실로 착각하는 기능이 있다. 그래서 이미 지나간 과거의 기억만으로도 진짜인양 괴로워하는 것이다. 오지도 않은 미래를 상상만으로도 흥분을 한다.

그래서 과거와 미래를 방황하는 생각과 의식을 지금 이 순간 현재에 집중해 줌으로서 과거나 미래에서 벗어나 현재의 나에게 집중해 줌으로서 참자아를 발견하고 자신의 정체성을 회복하고 자신을 바로 바라볼 수 있게 된다.

또한 개아(個我)를 참자아라고 착각하고 있는 자아에 대한 의식도 현재의 나를 직시함으로서 진정한 나를 발견할 수 있다. 진정한 나를 발견하기 위해 과거와 미래의 연결고리를 끊고, 지금 현재 여기에 있는 나를 직시하는 방법이 바로 명상이고, 이를 통해 참자아를 찾아 자신의 정체성을 회복해야 한다는 것, 이것이 이 구절에 숨어있는 뜻이다.

ते व्यक्तसूक्ष्मा गुणात्मानः॥

'te vyakta suksma gunatmanah'

'떼 뱍따 숙스마 구나 아뜨마나흐'

'이러한 것(te)들이 명백한 것이든(vyakta) 미묘한 것이든(suksma), 본질적인(atman) 구성 요소(guna)로 이루어져 있다.

해석 ; '떼(te)'는 이러한 것, '뱍따(vyakta)'는 분명한 혹은 명백한, '숙스마(suksma)'는 미세한 또는 미묘한, '구나(guna)'는 본질적인 구성물인 3구나, '아뜨만(atman)'은 원뜻은 '참 자아'이나 여기서는 본질로 풀이한다.

주:- 눈으로 보고 손으로 만질 수 있는 물질적이고 물리적인 것을 여기서는 뱍따(vyakta)라 하면서 '명백한' 것들이라 하고, '명백한' 것들을 제외한 마음이나 영혼, 정신, 희망 등과 같이 눈에 보이지 않고 만질 수도 없는 비물질적이고 비물리적인 것들을 숙스마(suksma)라고 말하면서 '미묘한' 것들이라 말하고 있다.

그런데 이 모든 것들이 비록 명백한 것과 미묘한 것으로 구분을 하고는 있지만 실질적으로는 삼라만상 모든 존재들은 3구나(gunas)들로 이루어진 쁘라끄르띠(prakrti)로 구성되어 있기 때문에 이 둘을 구분할 것도 없이 본질적으로 결국에는 똑 같다는 말이다.

정신세계의 수련 과정을 보면 그 과정은 간단하다. 처음에는 어느 정도 경지에 오르면 분별지(vikas)를 얻게 된다. 이때는 모든 것이 선명하게 구분이 되면서 사물을 보는 눈이 명확해 진다. 그러나 시간이 지나고 수련이 깊어지면서 이 분별지 또한 초월하게 된다. 이것을 초분별지라고 한다.

　　이 말은 '명백한 것'이던 '미묘한 것'이던 결국 본질적인 구성물질인 쁘라끄르띠라는 물질로 이루어졌기 때문에 결국은 둘이 아닌 하나라는 말이다. 그런데 어떻게 해서

제각각의 물질(개체)들은 다르게 보이는 것인가에 대한 답은 다음 구절에 나온다.

4-14 절

परिणामैकत्वाद्वस्तुतत्त्वम् ॥

'parinama ekatvad vastu tattvam'

'빠리나마 에까뜨와 와스뚜 따뜨왐'

　'물질(vastu)이 가진 고유의 성질(tattva)은 전변(parinama)의 균등성(ekatva)으로부터 온다.

해석 ; '빠리나마(parinama)'는 전변 혹은 변화, '에까뜨와(ekatva)'는 동질성 혹은 균질성, '와스뚜(vastu)'는 대상 혹은 물질, '따뜨와(tattva)'는 모든 사물이 가지고 있는 요소(지, 수, 화, 풍, 공)를 뜻하는데, 여기서는 고유의 성질이라

풀이한다.

주:- 여기서 말하는 물질이 가진 고유의 성질이란 제각각의 개체(사물)들이 가지고 있는 고유의 특성들을 말한다. 예를 들면, 사람과 짐승이 다르고 나무와 바위, 산과 강이 다르고 같은 사람이라도 제각각의 모습이 다르듯이 그 제각각의 개체들이 가지고 있는 모양과 형태, 기질들이 제각각 다르다.

이렇게 제각각 다른 이유는 유전 형질 때문이지만, 요가에서는 유전 형질이라 하지 않고 쁘라끄르띠라는 근본물질 안에서 작용하고 있는 세 구나(gunas)들 때문이다.

이 구나들의 조합(調合)이 어떻게 되는가에 따라 제각각의 사물(그것이 무엇이던)의 특성이 나타난다. 이러한 조합은 어느 물질이나 할 것 없이 똑 같이 적용된다.

그래서 본문에 전변은 균등성(parinama ekatva)에서 온다고 표현한 것이다. 이렇게 조합이 가능한 이유는 구나들의 특징이 상호의존적이면서 끊임없이 움직이는 운동성에 있다.

그런데 불행하게도 끊임없이 움직이는 이 운동성은 모든 사물이 가지고 있는 무상함의 원천으로서 이 운동성으로 인해 쇠퇴해 지면서 소멸해간다. 그러면서 불안함의 원천이기도하다. 움직인다는 것은 안정감이 없고 안정감이 없다는 것은 불안하다. 우리 몸이 흔들릴 때, 마음이 흔들릴 때를 상상해 보라,

그래서 이 운동성은 명상으로 잠재웠을 때 사마디(smadhi)에 들 수 있고, 참 자아(atman)를 만날 수 있다.

वस्तुसाम्ये चित्तभेदात्तयोर्विभक्तःपन्थाः ॥

'vastu samye citta bhedat tayorvibhaktah panthah'

'와스뚜 삼예 찌따 베다뜨 따요르비박따 빤타'

'같은 사물(samyevastu)도 의식(citta)의 차이(bhedat) 때문에 그들(tayor)의 인식방법(pantha)이 제각각(vibhakti) 이다.'

해석 ; '와스뚜(vastu)'는 물질 혹은 대상, '삼예(samye)'는 동일 혹은 일치, '찌따(citta)'는 의식, '베다뜨(bhedat)'는 다양성 혹은 다수, 차이, '따요르(tayor)'는 그들 혹은 두 가지의, '비박따(vibhakta)'는 제각각 혹은 분리, '빤타(panthah)'는 경로 혹은 수준, 여기서는 인식방법이라 풀이한다.

주:- 하나의 사물과 현상을 두고 여러 사람이 보게 되면 보는 사람마다 제각각 다르게 말할 수 있다. 그것은 사람들이 갖고 있는 생각과 의식이 다르기 때문이다.

이것을 심리학에서는 그 사람이 세상을 바라보는 세상모형이라고 한다. 이 말은 다르게 표현하면 사람들은 자신만이 갖고 있는 색안경을 끼고 어떤 현상이나 사물을 본다는 것이다. 예를 들어, 빨간 안경을 낀 사람은 사물이 빨갛게 보일 것이고, 노란 안경을 낀 사람은 노랗게 보일 것이다. 그래서 세상에는 온갖 흑백논리가 만연하다고 한다. 이런 현상은 각 사람마다 형성되어 있는 의식구조가 다르기 때문인데,

제각각의 의식구조가 다른 이유는 여러 가지가 있겠으나 보통은 타고난 성격일 수도 있고, 어려서부터 성장해오던 환경과 교육의 영향일 수도 있다. 그러나 요가에서는 더욱 더 근본적으로 3구나(gunas)로 조합을 이루고 있는 쁘라끄르띠(prakrti) 때문이라고 한다.

삼라만상 모든 물질과 현상에는 쁘라끄르띠로 이루어져 있고, 이 쁘라끄르띠는 무수히 많은 잠재 활성체(유전인자)를 내포하고 있다. 이것을 잠재적 자원이라 표현한다. 이 쁘라끄르띠 혹은 유전인자는 윤회재생의 근원이기도 하다. 윤회나 유전인자의 발현은 소위 잠재적 자원의 개발 내지는 잠재 활성체의 현현으로 표현하는데, 이들의 발현원리는 인과응보(因果應報)라는 인과설(因果說)에 바탕을 두고 있고, 이들의 발현원리는 4/3절 농부가 물꼬는 터 준다는 비유를 들어 잘 표현해 주고 있다. 따라서 모든 것은 자기 자신에게 얽히고 설켜 내재되어 있는 잠재 활성체 내지는 유전인자를 언제 어디가 어떻게 자극되는가에 따라 개발되고 발현되는 것들에 따라 다르게 나타날 것이다. 마찬가지로 어떤 하나의 현상, 어떤 하나의 사물을 놓고 보더라고 보는 사람 제각각의 의식 속에 내재되어 있는 제 제각각의 쁘라끄르띠(gunas)와 접촉하고 있는 외부 대상이 내포하고 있는 제각각의 쁘라끄르띠(gunas)들이 다르게 접촉되기 때문에 보는 사람들의 인지력에도 다르게 인식되어 다르게 보이는 것이다. 그래서 흔한 말로 '뭐 눈에는 뭐만 보인다.'는 격언도 생기고, 유유상종(類類相從)이란 말도 생겨 난 것이다.

그러나 이러한 원리를 알고 나면 이 세상은 그 무엇이나 똑 같다는 것을 알 수 있고, 그 무엇도 특별한 존재도 없다는 것을 알 수 있다. 그래서 궁극적으로는 뿌루사와 쁘라끄르띠로 귀결되지만, 이러한 원리를 모르고 있는 일반 범인(凡人)들은 적어도 그 누구도 특별한 존재는 없으면서 제 각각의 개체들은 모두가 동일하게 존중받아야 한다는 것을 알아야 한다. 따라서 모두가 이러한 원리를 깨우치는 세상이 온다면 이 세상은 이상세계(paradise)가 될 것이다.

4-16 절

न चैकचित्ततन्त्रं वस्तु तदप्रमाणकं तदा किं स्यात् ॥

'na ca eka citta tantram vastu tad apramanakam tadakim syat'

'나 짜 에까 찌따 딴뜨람 와스뚜 따드 아쁘라마나깜 따다 낌 스야뜨'

'그리고(ca) 사물(vastu)은 하나(citta)의 의식(eka)에 의해 좌우되는(tantra) 것이 아니다(na). 그러면(tada) 실증할 수 없는(apramanakam) 것은 무엇(kim)이 되겠는가(syat)?

해석 ; '나(na)'는 아니다, '짜(ca)'는 그리고, '에까(eka)'는 하나, '찌따(citta)'는 의식, '딴뜨라(tantra)'는 좌우되는 혹은 의존적인, '와스뚜(vastu)'는 사물 혹은 대상, '따드(tad)'는 그것 혹은 이것, '아쁘라마나깜(apramanakam)'은 비존재 혹은 비

실제, '따다(tada)'는 그러면 혹은 게다가, '낌(kim)'은 무엇, '스얏(syat)'은 되다 혹은 있다. 로 풀이한다.

주:- 이 구절은 불교에서 말하는 모든 현상은 마음하나에서 비롯한다고 말하는 일체 유심조(一切唯心造)를 반박하고 있는 구절이다.

그래서 빠딴잘리는 '하나의 의식 즉 마음이라는 하나(eka)의 의식 작용에 의해 좌우되는 것이 아니다(na).' 라고 말하고 있다.

불교에서 말하는 하나의 의식에 의존한다는 말은 모든 현상은 결국 마음에 의해 작용하는데, 예를 들면, 화가 나는 것도 즐거워하는 것도 모든 것이 마음에서 일어나는 작용이라 하고, 심지어 눈앞에 실제 하는 꽃밭이나 화분, 산, 나무 등과 같은 모든 삼라만상이 마음에서 만들어 낸 환영 같은 것이라고 한다. 그래서 빠딴잘리는 그렇다면 이러한 것들이 마음과 연결되었기 때문에 마음에서 만들어낸 것이 라면, 햇볕이 든다고 블라인드를 쳐서 햇볕을 가리면 해가 마음과 연결되지 않았기 때문에 해가 없는 것이냐고 반박한다. 그리고 해가 블라인드 뒤에 숨어있어서 실증할 수 없는 것(apramanakam)은 무엇(kim)이 되는가(syat)? 해가 없는 것인가? 라고 묻고 있다.

그러면서 빠딴잘리는 모든 현상은 마음작용과는 아무런 관계가 없이 실제하고 있으며, 이러한 현상의 근원에는 3구나(gunas)를 내포하고 있는 쁘라끄르띠가 존재하기 때문이며, 삼라만상 역시 쁘라끄르띠로 인해 구성되어 있고, 이러한 구성으로 인해 제각각의 마음작용도 일어난다고 말한다.

한편으로 불교적인 관점은 더욱 본질적으로 보아야한다. 왜냐면 더 근원적으로 들어가 보면, 불교에서는 모든 것은 마음작용에 의해 나타났다 사라지는 무상(無常)한 것이고, 그 핵심에는 아무것도 없는 공(空)이기 때문에 실지로는 마음조차도 없는 것이 불교의 핵심이다. 그래서 사실 불교적인 입장에서 보면 앞에 놓여 있는 대상과 그것을 바라보고 있는 나를 구분하는 것 자체가 다 쓸데없는 것이다. 왜냐면 내 앞에 놓여 있는 사물도 없는 것이고, 그것을 바라보고 있는 나 역시 존재하지 않는 존재이기 때문이다.

그래서 요가를 비롯한 전반적인 인도 철학에서는 참자아의 존재인 아뜨만(atman)을 인정하지만 불교에서는 참자아도 존재하지 않는 무아(無我)라고 말하는 것이다.

그러나 알고 보면 요가에서 말하는 참 자아(atman)나 불교에서 말하는 무아(無我)는 결국에는 똑 같다는 것을 알 수 있다. 왜냐면 참자아도 있다 없다. 라는 이원론 적인 물질적인 존재로 보면 존재하지 않기 때문이다.

4-17 절

तदुपरागापेक्षत्वाच्चचित्तस्य वस्तु ज्ञाताज्ञातम् ॥

'tad uparaga apeksitvac cittasya vastu jnata
 ajnatam'

'따드 우빠라가 아뻭시뜨와 찌따스야 와스뚜 즈나따 아즈나땀'

'그것(tad)은 착색(uparaga)되어 있는 의식(citta)의 조건 (apeksitva)에 따라 대상(vastu)을 알(jnana) 수도 있고 모를 (ajnana) 수도 있다.'

해석 ; '따드(tad)'는 그것 혹은 저것, '우빠라가(uparaga)'는 착색되다. '아뻭시뜨와(apeksitva)'는 요구 혹은 조건, '찌따 (citta)는 의식, '와스뚜(vastu)'는 사물 혹은 대상, 즈나따 (jnata)는 알다 혹은 알고 있는, '아즈나따(ajnata)'은 알 수 없는 혹은 모르는 으로 풀이한다.

주:- 4/15절에 어떤 하나의 대상을 놓고 보는 사람들 마다 제 각각 보는 견해가 다르다고 했다. 같은 맥락에서, 제각각의 사람들이 가지고 있는 의식 상태에 따라 똑 같이 보일 수도 있고 다르게 보일 수도 있다는 말이다. 이 말을 본문에서는 '착색되어 있는(uparaga) 의식(citta)의 조건(apeksitva)에 따라'라고 표현하고 있다.

일반적으로는 사람의 마음(의식)은 이미 앞 구절 4/15절에서 말하였듯이 어릴 적 받은 교육이나 학습, 자라온 환경에 의해 그 사람의 성격을 형성하게 되고, 성장한 후에는 그것을 바탕으로 생각하고 행동하면서 세상을 바라보게 된다고 하였다. 이 뿐만이 아니다. 세상을 바라보는 시선은 지난 과거의 유전인자나 윤회에 의해서도 잠재의식에 의해 세상을 바라보는 시선이 다를 수도 있다. 일반적인 삶에서 이것은 매우 중요하다.

왜냐면 어릴 적 받은 교육과 학습 그리고 자라온 환경과 거기다 유전과 윤회가 어우러져 이 사람이 태어나 성장한 후의 삶의 질에 지대한 영향을 미치기 때문이다. 그 사람의 삶에 영향을 미치는 것에는 어떻게 살아 왔느냐에 따라 혹은 어떤 유전자를 가지고 태어났느냐에 따라 여러 가지의 경우로 나타난다. 예를 들면, 긍정적인 것을 긍정적으로, 부정적인 것을 부정적으로, 긍정적인 것을 부정 적인 것으로, 부정적인 것을 긍정적으로 볼 수 있는 바탕이 되는데, 이것은 이러한 경우들이 가지고 태어난 유전인자, 윤회설에 따라 가지고 태어난 업보(業報), 그리고 태어나 어릴 적 받은 교육과 학습, 가정환경 등, 성장과정이나 자신이 경험한 삶을 바탕으로 왜곡되게 바라보게 하고, 반대로 정확하고 바르게 바라볼 수 있게 하는 바탕이 되기 때문이다. 그래서 이렇게 형성된 인격 내지는 의식을 가지고 어떤 대상을 보고 판단할 때 올바르게 볼 수도 있고 왜곡되게 볼 수도 있다는 것을 본문에는 '대상(vastu)을 제대로 알 수(jnata)도 있고 모를 수(ajnata)도 있다.' 고 표현한 것이다.

그러나 여기서 말하는 진정한 의미는 이 보다 더 본질적이다.

일반적으로는 우리가 태어나면서 가지고 태어난 유전인자, 그리고 교육과 경험에 의해 내 마음이 어떻게 착색되었는가에 따라 세상을 바라보는 눈이 달라진다고 하였는데, 보다 본질적이란 말은 깨달은 수행자의 눈으로 바라보는 세상을 뜻한다.

깨달은 수행자가 바라보는 세상은 어떤 세상일까?

앞 구절 2/19절, 2/21절 등에서 수행의 결과 모든 것은 뿌루사와 쁘라끄르띠로 귀결된다고 하였다. 그래서 수행자는 뿌루사와 쁘라끄르띠로 바라보는 것이다.

이 경우에는 윤회와 유전, 학습과 교육 경험 등을 모두 초월해 세상을 바라보게 된다. 이렇게 바라보면 어떻게 될까?

이때는 모든 게 순수하게 보여 진다. 왜냐면 뿌루사와 쁘라끄르띠는 순수 그 자체이고, 의식이 오염되어 착색되어 있지 않은 본래의 원질 그 자체이기 때문이다. 색안경을 끼고 세상을 바라본다는 것은 내 안경이 물감으로 착색되었기 때문이고, 수행자의 눈은 착색된 안경을 탈색을 했기 때문에 투명하고 순수하게 보이기 때문이다. 수행자는 어떻게 탈색이 가능해 졌을까?

그것이 바로 수행(abiyasan)이다.

고행(tapas)과 수련이 탈색하는 과정이고, 이러한 과정을 통해 수행자 자신을 정화함으로서 순수해지고, 그 순수해진 마음으로 바라보는 세상은 모두가 순수하게 보이고, 나아가 궁극적으로 순수한 뿌루사의 상태로 살아가는 것이다.

이로 인해 수행자는 윤회에서도 벗어나고 자유인이 된다. 왜냐면 참자아가 관조자로 존재하듯이 수행자 역시 관조자처럼 살아가기 때문이다.

순수해 지는 방법은 이미 여러 가지 방법으로 설명하였다.

만뜨라(mantra)를 외우고, 아사나(고행, tapas)를 수련하고, 경전을 공부하고(svadhyaya, 학습), 기도, 명상(samyama)을 하고.. 이러한 수행을 통해 나를 탈색시켜 무 체색 화(kriya) 시킨다. 탈색은 정화이고, 정화하는 과정은 수행이다. 이러한 수런(수행)을 통해 유전적으로 전해내려 오고, 윤회론 적으로 까르마를 형성해 가지고 태어났던 업장 내지는 십자가를 소멸시키는 것이 착색되어 있던 물감을 탈색하는 것이다. 그 결과 수행자는 다른 사물과 현상을 볼 때, 있는 그대로 순수한 모습으로 보고 느끼면서 관조자로서 자유로운 삶을 살게 된다.

4-18 절

सदा ज्ञाताश्चित्तवृत्तयस्तत्प्रभोः पुरुषस्यापरिणामित्वात्॥

'sada jnatas citta vrttayas tat prabhoh purusasya parinamitvat'

'사다 즈나따스 찌따 브르따야스 따뜨 쁘라보 뿌루사스야 빠리나미뜨와뜨'

'그(tad) 의식 작용(cittavrttaya)들은 언제나(sada) 불변하는(aparinamitvat) 지고한(prabhu) 뿌루사(purusa)에 의해 인지되고(jnata)있다.'

해석 ; '사다(sada)'는 항상 혹은 언제나, '즈나따(jnata)'는 알다 혹은 인지하다. '찌따브르따야(cittavrttaya)'는 의식작용, '따드(tad)'는 그들의, '쁘라보(prabhu)'는 우월한, 탁월한 혹은 마스터, '뿌루사(purusa)'는 자아, '아빠리나미뜨왓(aparinamitvat)'는 불변성으로 풀이한다.

주:- 요가에서 인간은 뿌루사와 쁘라끄르띠의 결합에 의해 하나의 개체로 형성되었다고 한다. 마음이나 의식, 지성, 감

성, 자아의식 등 그 외의 것은 모두가 부수적인 것들이다. 그래서 뿌루사는 부수적인 어떤 것들보다 우월하면서 불변하는 순수의식으로 참 자아(atman)로서 진정한 주인으로 존재한다.

그래서 인간의 의식이나 마음, 지성, 감성 등에서 작용하는 모든 일들은 뿌루사에 의해 관찰되고 인지된다. 그러나 뿌루사는 관조자로서 관찰만 할 뿐 어떤 의지를 가지고 관여하거나 개입하지는 않는다. 왜냐면 뿌루사는 순수의식이기 때문이고, 순수의식인 뿌루사(purusa)는 의식(citta)의 주인 노릇을 한다. 뿌루사는 의식(citta)이나 마음의 주인 노릇을 하고 싶어서 하는 것이 아니라, 뿌루사가 존재함으로서 개체가 존재할 수 있기 때문이다.

뿌루사(purusa) 없이 의식(citta)만 가진 개체는 혼(魂)이나 넋(靈)이 나간 좀비(zombie)와 같다. 따라서 뿌루사가 존재하지 않는 개아(個我)는 있을 수 없으며, 의식과 뿌루사는 항상 같이 존재하고, 함께 존재하고 있음에도 불구하고 의식은 엄마를 잃어버린 어린 아이처럼 항상 불안 해 한다. 왜냐면 의식과 뿌루사는 함께 존재함에도 불구하고 참자아인 뿌루사의 존재를 잊고 살기 때문이다. 그래서 의지가 강한 사람들은 스스로 뿌루사(atman, 참 자아)를 찾기 위해 기도를 하고 명상을 한다. 그렇지 않고 의지가 약한 사람은 종교시설을 찾아가서 아예 절대자에 귀의해서 모든 것을 절대자에 맡기고 만다. 이것을 종교라 하고 신앙이라 한다.

न तत्स्वाभासं दृश्यत्वात् ॥

'na tat svabhasam drsyatvat'

'나 따뜨 스와바삼 드르스야뜨와드'

'그것(tad)은 인지(drsyatva)대상이기 때문에 스스로(sva) 빛을 발(abhasa) 할 수는 없다(na).'

해석 ; '나(na)'는 아니다 혹은 없다. '따드(tad)'는 그것, '스와(sva)'는 자기 자신, '아바사(abhasa)'는 빛 혹은 조명, sva + bhasa를 합쳐 스스로 깨우치다 혹은 자체발광이라 풀이한다. '드르스야뜨와(drsyatva)'는 인지 혹은 지각 할 수 있는 것으로 풀이한다.

주:- 이 구절은 순수의식인 참자아인 뿌루사(purusa)와 개아(jivatma)가 가진 의식(마음)의 특징을 설명하는 것으로, 여기서 말하는 '따드(tad)' 즉 그것이란 의식(마음)을 말한다.

일상에서 어려운 일이나 힘든 일을 겪을 때 사람들은 묵상을 하고 명상을 한다. 그때 힘들어하고 괴로워하는 자신의 마음과 의식을 대상으로 관조를 한다. 의식이나 마음을 대상으로 관조를 하는 것은 안정감을 찾기 위한 것이다.

의식과 마음을 대상으로 관조를 하는 이유는 이미 앞에서도 여러 번 언급하였듯이 이들을 대상으로 관조(명상)를 함으로서 불안감을 해소하고, 참자아를 만날 수 있기 때문이다. 참자아를 찾는 이유는 이미 앞 구절(4장 18절)에서 말하였지만 참자아의 존재를 잊고 있는 순간에는 엄마 잃은 어린아이와 같이 불안하고, 영혼(넋)이 나간 좀비와 같기 때문이다. 따라서 의식과 마음을 대상으로 묵상과 명상을 하게 되면 깊은 몰입(samadhi)이 일어나고 이 몰입 속에서 잃어버렸던 참자아의 존재를 확인하면서 안정감을 찾을 수 있는데, 이때 참자아를 예감할 수 있는 느낌이 빛으로 느껴진다.

따라서 참자아를 찾기 위해 참 자아 자체를 대상으로 묵상을 하고 명상을 하는 것이 아니라, 마음과 의식을 대상으로 명상을 함으로서 참자아를 찾을 수 있는 것이다.

그래서 의식과 마음은 대상이 될 수 있지만 참 자아는 대상이 될 수 없고, 스스로의 빛 역시 참 자아는 발할 수 있으나 의식과 마음은 스스로 빛을 발하지 못한다.

따라서 이 구절 본문에 의식과 마음은 인지의 대상은 될지언정 참자아인 아뜨만(atman)처럼 빛을 발하지는 못한다는 것이다.

4-20 절

एक समये चोभयानवधारणम्   ॥

'eka samaye ca ubhaya anavadharanam'

'에까 사마예 짜 우바야 아나와다라남'

'그리고(ca) 둘(ubhaya)을 동시(ekasamaye)에 인지 할 수 없다(anavadharanam),'

해석 ; '에까(eka)'는 하나, '사마예(samaye)'는 시간, 따라서 '에까 + 사마예'를 동시에 라 풀이하고, '짜(ca)'는 그리고 '우바야(ubhaya)'는 둘 다, '아나와다라나(anavadharana)'는 인지 할 수 없다. 로 풀이한다.

주:- 이 구절 역시 19절에 이어 계속해서 찌따(의식 혹은 마음)의 특징에 관한 설명이다. 그런데 이 구절에서 가장 먼저 알아야 할 것은 여기서 말하는 '둘(ubhaya)'이란 과연 무엇을 뜻하는 것일까?

여기서 말하는 둘은 사물을 바라보고 인지하는 의식자체와 바라보고 있는 대상을 말한다.

의식 자체와 대상을 한꺼번에 동시에 바라본다?

일상에서 사물이 감각기관을 통해 인지되어야 의식은 뇌의 기억장치를 통해 그것이 무엇인지 인식을 한다. 그래서 어떤 일이 있어도 동시에 인식을 할 수가 없다. 그러나 참자아인 뿌루사는 관조자로서 다르다. 이것을 이해하기 위해서는 앞 구절 4/19절에 이어 명상의 깊은 몰입 상태인 사마디(samadhi)를 경험해 보아야 해답이 분명해 진다.

명상을 하다보면 명상 중에 의식이나 마음작용은 그 하나하나가 모두 관찰의 대상이 되면서 억제의 대상이다. 그래서 요가수트라 1/2절에는 요가란 '찌따 브르띠 니로다'라고 하면서 의식은 어디까지나 더도 덜도 아닌 억제되어야하고 관찰의 대상일 뿐 관찰자는 될 수 없다는 것이다.

그러나 참 자아(atman)는 4/19절과 같이 깊은 몰입 상태의 독존(kaivalya, 獨尊)상태에서 보면 의식과 무의식의 세계를 동시에 관조할 수 있는 관조자로서 나타난다. 그래서 1/3절에 '따다 드라 스뚜 스와루빠 와스타남' 이라했다.

만약 의식이 둘을 동시에 인지할 수 있게 된다면 어떻게 되느냐하면 다음 구절에 나온다.

4-21 절

चवितान्तर द्रृश्ये बुद्धबुिद्धेः अतप्रिसङ्गः सम्रृतसिंकरश्च ॥

'citta antara drsye buddhi buddher atiprasangah smrti samkaras ca'

'찌따 안따라 드르스예 붓디 붓더 아띠쁘라상가 스므르띠 상카라스 짜'

'의식(citta)이 다른 의식(antara)에 의해 인지(drsye)된다면 인식작용(buddhi)으로부터 인식(budher)을 하면서 무한 회귀(atiprasangah)를 하고 그리고 (ca) 기억력(smrti)에도 혼돈(samkara)이 올 것이다.'

해석 ; '찌따(citta)'는 의식, '안따라(antara)'는 다른, 드르스예(drsye)'는 인지되다, '붓디(buddhi)'는 인지 혹은 지각, '아띠쁘라상가(atiprasanga)'는 역행 혹은 퇴보하다. '스므르띠(smrti)' 기억, '상카라(sankara)'는 혼란, '짜(ca)'는 그리고, 라 풀이한다.

주:- 4/19절에 말한 것처럼 의식이 자기 자신도 인지하고

동시에 다른 대상도 인식 할 수 있다면 사람의 의식기관과 기억 시스템에는 엄청난 혼란이 올 것이다.

왜냐면 사람의 의식과 기억은 오로지 한가지씩만 인지하고 기억하는 시스템을 가지고 있기 때문이다. 물론 일상에서 많은 일들을 동시다발적으로 겪으면서 살아가지만 그것은 동시다발적으로 보일뿐이지 실지로는 인간의 의식은 하나하나씩 일어난 순서대로 인지하고, 기억력 역시 그것을 하나하나 따로따로 나름대로는 순서대로 기억이라는 저장창고에 저장한다. 물론 시간이 지나면 어느 게 먼저 일어난 일이었던지 가물가물 하면서 헷갈릴 수는 있지만 어쨌건 기억력은 순서대로 기억을 해 놓는다.

그것은 마치 영화관의 필름처럼 한순간 한순간을 한 컷 한 컷으로 녹화해 잘 연결시켜 놓은 것과 같다. 그러나 만약에 동시에 일어나는 모든 일을 동시에 인지하고 기억한다면 의식의 인지 기능이나 기억력의 저장시스템은 마치 영상을 기록해 놓은 한 컷 한 컷이 앞뒤 할 것 없이 뒤섞여 뒤죽박죽 엉망진창이 된 영화필름과 같을 것이다.

그러나 참자아인 아뜨만은 모든 것을 동시에 인지 가능하다. 왜냐면 참 자아는 관찰자로서 관조만 하기 때문에 그 시야가 의식과 무의식의 세계를 무한대로 관조만 할 수 있고, 거기다가 기억할 필요도 없기 때문에 아무런 제한이 없다.

चतिरप्रतसिंक्रमायास्तदाकारापवृत्तौ स्वबुद्धसिंवेदनम् ॥

'citter apratisamkramayas tad akara apattau sva buddhi samvedanam'

'찌떼르 아쁘라띠삼끄라마야스 따드 아까라 아빠따우 스와 붓디 삼베다남'

'불변(apratisamkrama)의 의식(citter)이 모습(akara)을 나타낼 (apattau) 때 자기 스스로(sva) 경험적(samvedanam)으로 인지 (buddhi)된다.

해석 ; '찌떼르(citter)'는 의식, '아쁘라띠상끄라마(apratisamkrama)' 는 불변의, '따드(tas)'는 그것, '아까라(akara)'는 모양, 형태, '아빠 띠(apattau)'는 발생하다 혹은 간주하다. '스와(sva)'는 자신의, '붓 디(buddhi)'는 인지하다 혹은 알다. '삼베다남(samvedanam)'은 경 험하다로 풀이한다.

주:- 본문에서 말하는 불변(apratisamkrama)하는 의식(citter) 이란, 참 자아인 뿌루사를 말한다. 불변하는 참자아인 뿌루사 가 실지로 수행자에게 그 모습을 드러내고 경험적으로 인지 되는 순간을 묘사하고 있다.

일상생활에서는 의식이 마치 자기 자신(참 자아, purusa)의 진정한 주인인양 행세한다고 했다. 그래서 참 자아를 느껴 볼 수가 없는데, 깊은 몰입(선정, 삼매) 상태에서 수행자는 의식 을 통해 진정한 참 자아의 모습을 경험할 수 있다

그래서 중요한 것은 불변의 존재인 뿌루사를 경험적으로 느껴 보기 위해서는 어떻게 해야 하는가 라는 게 핵심이다.

'모든 믿음은 경험이 바탕이 되어야 하고, 그렇지 못하면 공허한 관념론일 뿐이다.' 라는 말이 있다. 마찬가지로 참 자아에 대한 존재를 믿기 위해서는 실지로 경험적으로 참 자아를 경험해 보아야 할 것이다. 그래서 4/20절에서 의식은 자기 자신과 다른 대상을 동시에 인식할 수 없다고 했다. 그러면서 의식 스스로가 대상(도구)이 되어 깊은 몰입(samadhi) 속으로 들어갔을 때<2/18절 사다리 론 참고>, 비로소 그때 참자아인 뿌루사가 모습을 나타낸다. 이때 수행자는 참자아인 뿌루사의 존재를 실감할 수가 있다.

그래서 4/19절에서 수행이 깊어지면 자아는 빛이 난다고 했으며, 1/3절에는 관조자(drastu)로 나타난다고 했다.

참자아를 경험한 수행자는 모든 일상생활 속에서 참자아를 경험하면서 산다.

그것은 '알아차림'을 통해서 가능하다. '알아차림'은 의식이 하는 일이고, 알아차림을 통해 참자아를 자각 할 수 있는데, 의식이 참자아를 알아차린다는 것은 자신의 본질을 알아차리는 순간이다. 이 말은 4/18절에서 언급한 것처럼 참자아를 자각하지 못하는 순간 사람들은 불안을 느끼면서 안절부절 못하고 정신없이 마치 좀비와 같이 된다고 하였다. 따라서 참자아를 자각하고 알아차리고 있는 순간은 항상 평정심이 유지되면서 편안하고 안정감을 갖게 된다. 이것이 참자아를 알아차림에 대한 혜택이다.

द्रष्टृदृश्योपरक्तं चित्तं सर्वार्थम् ॥

'drastr drsya uparaktam cittam sarva artham'

'드르스뜨르 드르스야 우빠락땀 찌땀 사르와 아르땀'

'관찰자(drstr)와 보여 지는 것(drsya)이 서로 채색되어지면 (uparaktam) 의식(citta)도 모든(sarva) 대상(artha)을 인식하게 된다.'

해석 ; '드르스뜨르(drstr)'는 관찰자, '드르스야(drsya)'는 보여 지는 것, '우빠락땀(uparaktam)'은 착색하다. '찌땀(citam)'은 의식, '사르와(sarva)'는 모두 혹은 전부, '아르타(artha)'는 목적 혹은 대상이라 풀이한다.

주:- 앞 구절 4/22절에서 수행자의 의식이 깊은 몰입 속에 들어가게 되면 참자아가 모습을 나타낸다고 하였다. 이때 몰입 속의 관찰자(drastr)인 수행자와 명상의 대상drsya)은 서로가 하나로 용해되어 무한한 잠재의식 속에서 모든 것을 인식하게 된다. 이때 의식도 함께 모든 것을 인식하게 된다.

물론 의식과 참 자아는 서로 섞일 수 없는 완전히 다른 존재이다. 그런데 여기 사마디(삼매) 속에서는 찌따(의식, 마음)도 용해되어 모든 현상을 참자아인 관조자의 순수의식으로 인식하게 된다.

사람이 살아가는 일상에서 찌따(citta)인 의식과 마음은 모든 외부 현상세계를 접촉하면서 그대로 받아들이고 반응하면서 자신이 주인인양 행세를 하며 살아간다.

그러나 이 순간만큼은 하나로 용해되어 범아일여(梵我一如)
상태가 된다. 이렇게 사마디가 반복되면, 이후로 찌따(의식과
마음)는 지성(buddhi)과 자아의식(asmita) 등의 의지나 욕망
보다는 참 자아인 아뜨만(atman)과 뿌루사의 영향을 받으면
서 순수의식으로 살게 된다.

아뜨만과 뿌루사의 순수의식의 영향이란, 모든 현상은 자아
의식(asmita)의 발로이고 이것은 아비드야(avidya) 즉 무지에
의한 어리석음의 결과라는 것을 인식하면서 감각기관에 휘둘
리고 외향적인 삶을 살아가면서 근심과 걱정, 불안, 희노애락,
윤회재생을 겪으면서 살아가지만, 이렇게 지금까지 살아온 의
식과 습관이 순수의식으로 바뀌면서 새로운 삶의 패턴이 형
성되면서 완전히 새롭게 태어나는 제 2의 새로운 삶을 경험
하게 된다. 나아가 결국 대자유인(大自由人)의 삶(kaivalya)을
살게 된다.

4-24 절

तद संख्येय वासनाभि श्रूचतिरमपि परार्थं संहत्य कारतिवात् ॥

'tad asamkhyeya vasanabhis citram api para artham
samhatya karitvat'

'따드 아삼크예야 바사나비스 찌뜨람 아삐 빠라 아르탐
삼하뜨야 까리뜨왓'

'그것(tad)이 셀 수 없이 많은(asamkhyeya) 잠재의식(vasana)으로 다양하게 점철되어(citra) 있다 해도(api) 다른(para) 목적(artha)을 위해 협동(samhatya)적으로 활동(karitva)한다.'

해석 ; '따드(tad)'는 그것(여기서는 찌따), 아삼크예아(asamkhyeya)'는 셀 수 없는, '바사나비스(vasanabhis)'는 잠재적 욕망 혹은 인상, '찌뜨라(citra)'는 다양한 혹은 얼룩으로 점철된 '아삐(api)'는 또한 혹은 그렇다 해도, '빠라(para)'는 다른, '아르타(artha)'는 목적, 빠라+아르타 는 다른 목적, '삼하뜨야(samhatya)'는 협동하다 또는 결합된, '까리뜨와(karitva)'는 활동하다로 풀이한다.

주:- 여기서 말하는 그것은 의식(마음) 즉 찌따이다.

우리의 의식작용은 일반적으로 다양하고 복잡하다. 그 이유는 외부적으로 받아들이는 것도 많지만 그로인한 기억으로 저장되는 잠재의식도 다양하기 때문에 의식의 변화무상한 다양성은 결국은 의식 속에 잠재되어 있는 잠재의식의 분출인 것이다.

이러한 의식(마음)의 다양성은 결국 개개인이 가진 지난 일들의 미련과 아쉬움으로 기억(smrti)과 잠재인상(samskara)들로 의해 저장된 것이고, 이들의 욕구가 현재 발현되는 현상으로 저장된 만큼 그 욕구의 분출도 다양하게 나타나는 것이다. 이러한 다양함도 결국은 다른 어떤 것을 위한 것이라고 하는데, 여기서 말하는 다른 것이란 쁘라끄르띠를 말한다. 결국 이모든 작용과 현상들이 쁘라끄르띠를 위한 것으로 만들어졌다는 것이다. 쁘라끄르띠를 구성하고 있는 것은 의식뿐만이 아니다. 3구나(gunas)를 포함하여 지성(buddhi), 아함까라

(ahamkara), 마나스(manas) 등 모든 의식과 무의식의 세계는 모두 쁘라끄르띠에 속한다. 물론 이들은 뿌루사와의 합성에 의해 만들어진다. 이때는 뿌루사의 순수성이 상실되면서 새로운 존재물들이 전개된다.

이렇게 전개된 새로운 물질은 뿌루사를 포함하고 있지만 이미 뿌루사의 순수성은 상실되고, 개아로 살아가면서 참자아의 잠재인상만 남아서 사람들을 한번씩 '나는 이게 아닌데.,'라는 본질적 회의와 감회를 느끼게 한다.

그러므로 이들의 조합으로 인해 갈등과 스트레스, 고통이 유발되고, 이러한 갈등과 괴로움으로부터 해방되기 위해 참자아를 찾아서 고통과 괴로움으로 부터 해방되고, 이렇게 해방되기 위해서는 결국은 찌따(citta, 의식과 마음)를 통해<2/18절 사다리 론 참고> 참자아를 찾게 된다.

의식과 마음이 없다면 고통도 없고 갈등도 없기 때문에 참자아를 찾을 필요성을 못 느끼겠지만 모든 일은 이들의 작용으로 발생하고 이들을 통해 자아도 발견하고 해탈도 할 수 있기 때문에 의식과 마음은 다양한 성격을 가지고 있고, 이러한 작용은 결국은 뿌루사를 위해 존재한다고 역설적으로 말하고 있는 것이다.

वशिषदर्शनि आत्मभावभावनावनिविृवृत्तिः ॥

'visesa darsina atma bhava bhavana vinivrttih'

'비세사 다르시나 아뜨마 바와 바와나 비니브르띠'

'관찰자(darsina)를 구별(visesa) 할 수 있는 사람은 자아의식(atmabhava)에 대한 투사(bhavana)를 멈출 수 있다(vinivrtti).'

해석 ; '비세사(visesa)'는 구별하다, '다르시나(darsina)'는 관찰자. '아뜨마(atma)'는 자아, '바와(bhava)'는 되다 혹은 상태, 따라서 여기서 '아뜨마(atma)+바와(bhava)' = 아뜨마바와(atmabhava)는 자기 자신의 상태 혹은 자아의식을 뜻한다. '바와나(bhavana)'는 투영, 투사 그리고 경작하다. '비니브르띠(vinivrtti)'는 중단 혹은 차단으로 풀이한다.

주:- 본문에서 관찰자를 구별할 수 있다는 말은 참 자아 즉 뿌루사를 경험해 보았다는 말이 된다.

참자아를 경험해 보았다는 것은 분별지[비따르까 사마빠띠(vitarka samapatti)라고 하고, 유심등지(有尋等至) 내지는 분별삼매(分別三昧)라 한다.]도 얻었다는 말이기도 하다. 따라서 이런 경지에 오른 사람은 자기 자신에 대한 생각을 완전히 멈출 수 있다.

자기 자신에 대한 생각이란, 여러 가지가 있겠으나, 사람들은 자기 자신에 대한 본질적인 의문을 갖고 있다. 말하자면, '나는 누구이며, 이렇게 살아가는 의미는 무엇이며, 내 과거 전생에는 무엇이었으며, 앞으로는 어떻게 될 것이며, 지금 현재는 올바르게 살고 있는 것인지.. 등에 대한 생각들로 갈등과 번민을 하게 되는데, 이 구절에서는 참 자아와 개아 혹은 의식(마음)을 구별할 수 있는 사람은 지금까지 갖고 있던 이러한 본질적인 궁금증이 풀리면서 이러한 생각과 갈등, 번민으로부터 해방된다는 말이다.

4-26 절

तदा विविकनिम्नं कैवल्यप्राग्भारं चरितम् ॥

'tada viveka nimnam kaivalya pragbharam cittam'

'따다 비베까 님남 까이발야 쁘라그바람 찌땀'

'그러고 나면(tada) 의식(citta)은 분별지(viveka)로 기울고(nimna) 독존(kaivalya)으로(prag) 끌리게(bharam)된다.'

해석 ; '따다(tada)'는 그리고 나면, '비베카(viveka)'는 차별 혹은 구별, 통찰력, '님나(nimna)'는 기울다. '까이발야(kaivalya)'는 독존, '쁘라그(prag)'는 ~의 쪽으로, '바람(bharam)'은 끌리다. '찌따(citta)'는 의식, 이라 풀이한다.

주:- 앞의 4/25절에서 분별지를 얻어 뿌루사와 의식을 구별할 수 있게 되고, 자기 자신에 대한 궁극적인 의문(atmabhava)으로부터 해방된 수행자의 의식은 마치 쇠붙이가 자력에 의해 자석에 달라붙듯이 자연스럽게 절대 지고한 경지인 독존

(kaivalya)을 향해 나아가게 된다.

4-27 절

तच्छिद्रेषु प्रत्ययान्तराणि संस्कारेभ्यः ॥

'tad chidresu pratyaya antarani samskarebhayah'

'따다 찌드레수 쁘라뜨야야 안따라니 삼스까레바야'

'그것(tad)들 사이(chidra)에서 잠재의식(samskara)에 의해 다른(antara) 개념(pratyaya)들이 나타날 수도 있다.'

해석 ; '따다(tad)'는 그것, 찌드라(chidra)'는 간격 혹은 틈새, '쁘라뜨야야(pratyaya)'는 나타나는 생각 혹은 개념, 느낌, '안따라(antara)'는 다른, '삼스까라(samskara)'는 잠재인상, 잠재의식으로 풀이한다.

주:- 본문의 '그것(tad)들 사이(chiter)란,' 깊은 몰입(samadhi) 상태에서 나타날 수 있는 현상으로 분별지와 독존사이를 의미한다.

깊은 몰입이 이루어지면 그 몰입이 이어져 독존에 이르고, 결국은 더 이상 깊이 들어갈 수 없는 법운 삼매(dharmamega samadhi)에 이르러야 하는데, 몰입(samadhi)의 상태는 한 번에 짧게는 몇 초, 또는 길게는 몇 분에 불과한 경우가 많다. 이렇게 몰입이 꾸준히 길게 이어지는 것이 아니라 끊어지면서 끊어지는 사이 또 다른 상념들이 잠재의식으로부터 나타난다. 따라서 수행자는 몰입(samadhi)상태가 끊어짐이 없이 길게 이어질 수 있는 능력도 갖추어야한다.

한편, 사마디를 경험하는 수행자는 24시간을 항상 삼매(samadhi) 속에서 생활할 수는 없다. 삼매 속에서는 관계가 없겠지만 사마디 상태에서 깨어났을 때에는 실질적이고 현실적인 삶속에서 다양한 의식의 활동으로 새로운 업을 짓게 되고, 잠재되어 있던 깊은 잠재인상들이 다시 발현되면서 또 다른 업(karma)을 짓게 마련이다.

따라서 여기서 말하는 '그것(tad)들 사이(chiter)란.' 삼매(samadhi)를 이루고 있는 순간과 사마디 상태에서 깨어나 일반적인 의식 상태의 사이를 말할 수도 있다. 이러한 두 의식 사이에서 수행자는 새로운 업(karma, 경험)을 쌓을 수도 있다는 말이다.

그래서 수행자에게 있어서 중요한 것은 1/51절에서 말하는 니르비자 사마디(nirbija samadhi, 무 종자 삼매)를 이루어야 한다고 강조한다. 니르비자 사마디가 이루어져야 비로소 모든 잠재 인상들이 사라지고 평정심을 유지 할 수 있다고 하는데, 니르비자 사마디 역시 한 번의 성취로 이루어지는 것이 아니라 꾸준히 끊임없이 계속해서 반복해서 수련이 이루어 질 때 비로소 완전하고 영구적인 니르비자 사마디가 이루어진다고 말한다. 그만큼 사람이 갖고 태어나는 업장의 두께와 무게가 무겁다는 것을 의미한다.

이렇게 되면 비로소 무지(avidya)의 장막을 걷어내고, 자아의식 역시 영구적으로 사라지게 된다. 이런 과정을 겪으면서 모든 잠재의식들이 사라졌을 때 비로소 다르마 메가 사마디(dharmamefha samadhi, 법운 삼매)를 이룰 수 있다고 말한

다. <4/29절 참조>

무상삼매의 최상경지를 법운 삼매(法雲三昧)라 한다.

4-28 절

हानमेषां क्लेशवदुक्तम् ॥

'hanam esam klesavad uktam'

'하남 에삼 끌레사와드 욱땀'

'이러한 것들(esam)은 고통의 원인(klesavad)을 제거 (hana)하는 것과 같다고 말한다(uktam).'

해석 ; '하남(hanam)'은 정지 혹은 소멸, 제거, '에삼(esam)' 은 이러한 것들 또는 이들 중, '끌레사와드(klesavad)'는 고 통의 원인으로 작용하는 끌레사와 같은, '욱땀(uktam)'은 설 명하다 혹은 말하다. 로 풀이한다.

주:- 본문에 나오는 이러한 것들(esam)이란, 4/27절에서 말 한 몰입의 상태가 오래 가지 못한다든지, 사마디 상태가 아닐 때 다시 나타나는 잠재인상들을 제거하는 방법으로 끌레샤 (klesa)를 제거하는 방법과 같다고 했는데, 끌레샤의 제거는 수행자는 초심(初心)으로 돌아가 초심자의 마음가짐으로 초심 자와 같은 방법으로 수련할 것을 말한다. 사다나 빠다 (Sadhana pada) 2/1절에 수행의 목적이 끌레샤(klesa)를 약 화시키고 사마디를 이루는데 있으며, 사마디를 통해 끌레샤를 타파하고<2/25절> 분별지(vivekhyatir)를 얻어 독존(kaivalya)

에 이르러<2/26절> 대 자유를 누리는 것이 요가의 궁극적인 목적이다. 라고 하였다. 그 방법으로는 2/3절부터 2/25절까지 잘 설명되어 있다. 실지로 몰입 속에서 몰입이 지속되지 못하고 중단된다는 것은 더 강한 고도의 집중력이 요구된다.

4-29 절

पुरसंख्यानेऽप्यकुसीदस्य सर्वथा विविकख्यातेर्धर्ममेघः समाधिः ॥

'prasamkhyane py akusidasya sarvatha viveka khyater dharma meghah samadhih'

'쁘라상캬네 삐 아꾸시다스야 사르와타 비베카 캬떼르 다르마 메가 사마디'

'여기에(apy) 최상(prasamkhyane)의 식별지(vivekakhyter)를 얻고서도 항상(sarvatha) 무욕(akusida)의 상태를 유지하게 되면 다르마 메가 사마디(dhaemamegah samadhi, 법운삼매)를 얻는다.'

해석 ; '쁘라상캬네(prasamkhyane)'는 고도의, 최상의 지혜, '아삐(apy)'는 심지어 혹은 또한, '아꾸시다(akusida)'는 고리대금업자가 아닌 혹은 비이기적인, 비 탐욕적인, '사르와타(sarvatha)'는 모든 것에서 또는 항상 '비베카(viveka)'는 구별 혹은 식별력, '캬떼르(khyater)'는 실질적인 깨달음 혹은 전망, '다르마(dharma)'는 법, 진리, '메가megha)'는 구름, '사마디(samadhi)'는 삼매, 라 풀이한다. '다르마(dharma)+

메가(mega)'를 합쳐 '다르마 메가(dharma mega)=법운'이라
풀이한다.'

주:- 요가 수행자가 추구하는 목표와 요가의 목적은 궁극적
인 깨달음과 최고 최상의 지혜이다. 이 지혜와 깨달음을 얻기
위해 수행자는 수행을 하는데, 그 수행하는 과정에서 처음에
는 사비따르까(savitarka, 총체적 개념)사마디 혹은 사비짜라
(savicara, 총체적 느낌)사마디를 이루게 된다.

　　이것은 모든 생각과 인식 등이 작용하고 있는 상태로 이
것을 사비자(sabija) 사마디라 했는데, 사비자(sabija)란 씨앗
이 있는 사마디로 기회만 있으면 언제든지 다시 발현할 수
있는 종자를 갖고 있다는 의미로서 유 종자 삼매(有 種子 三
昧)라 했고, 다른 말로 유상삼매(有相三昧, samprajnatha
samadhi)라고 한다. 이 유상 삼매를 지나고 나면 니르비따르
까(nirvitarka, 총체적 개념이 사라진) 혹은 니르비짜라
(nirvicara, 총체적 느낌이 사라진)사마디라 해서 유상삼매나
유 종자 삼매에서 느껴지든 모든 현상들이 사라진 상태의 사
마디로 종자가 없다 해서 니르비자(nirbija)사마디라 하고, 이
것을 무 종자 삼매(無 種子 三昧)라 번역하고, 다른 말로는
무상삼매(無相三昧, asamprajnatha samadhi)라고 한다.

　　유상삼매 상태에서 일어나는 모든 현상들은 기회가 있으
면 언제든지 나타날 수 있는 잠재인상들로 간주되고 있고, 이
것을 넘어 무상삼매의 상태에서 모든 잠재인상들이 사라졌다
고는 하지만 세속적인 일로 얽혀 있는 이상 언뜻 언뜻 불규
칙적으로 다시 나타난다.<4/27절>

사마디(samadhi, 삼매)에도 그 정도의 깊고 얕음이 있지만 일반적으로 사마디를 경험하게 되면 세상의 진리(dharma, 법)를 다 깨달은 듯한 착각과 희열(ananda)을 느끼게 된다. 그러나 결코 이것이 다가 아니고, 사마디를 경험하고 나서부터가 더 중요하다. 사마디의 경험은 순간이고, 이 순간의 경험은 평생을 좌우하게 된다. 그러나 한 번의 경험은 한순간의 일이고, 한순간의 경험으로 세상의 진리를 결코 다 알 수 없다. 한 번의 경험으로 세상의 진리를 다 알았노라고 호기를 부린다는 것은 자가당착(自家撞着)에 빠진 것이다.

심지어 이 구절에서는 이보다 더 높고 깊은 경지에 오른 수행자일지라도 이기적인 생각이나 욕심을 내지 않고, 이 뿐만 아니라 어떠한 상(想, 표시)도 내지 않으면서 소위 노자도덕경(老子道德經)에서 말하는 도상무위(道常無爲) 이무불위(而無不爲)를 실천하게 되면 더 높은 차원의 법운 삼매(Dharma Mega Samadhi)를 얻게 된다고 말하고 있다.

도상무위(道常無爲) 이무불위(而無不爲)라는 말은 '도는 항상 하는 것이 없어 보이지만 하지 않는 것이 없다.'라고 풀이한다.

이 말은 까르마 요가(karma yoga)와도 일맥상통하는 말로서, 수련을 하더라도 수련하는 것을 자랑하지 말고, 그 수련을 통해 어떤 경지를 얻었다고 해서 '나는 이 경지까지 얻었는데.'라는 상(想, 자랑)을 내지 않으면서, 더 나아가 수련을 해도 수련을 하지 않는 듯이. 경지에 올라도 경지에 오르지 않은 듯이, 모든 수련과 경지를 안으로 다스리고 더 깊이 수련하여 사마디 속에서나 사마디가 아닌 상태에서나 언제 어디서나 모든 것으로 부터 초월하여 항상 무념무상 속에 평정심을 유지하면서 수련을 계속 해 줄 때, 비로소 대 자유인의 삶을 누릴 수 있는 법운 삼매(Dharma Mega Samadhi)에 도달할 수 있다.

다르마(Dharma)란, 법(法, 진리)이란 뜻이고 메가(megah)란, 구름이란 뜻으로 법운 삼매(法雲三昧)라 풀이한다.

법운 삼매란 법의 구름이 드리워진 삼매라는 뜻인데, 법의 구름이란, 구름 속에는 일반적으로 비를 머금고 있다. 따라서 이 법운(法雲)에는 법(진리)의 비를 머금고 있으면서 법운 삼매를 이룬 수행자에게 법(진리)의 비를 쏟아 법(진리)으로 샤워를 시켜주듯 진리의 축복 속에서 지고한 희열감을 느끼는 것을 말한다. 여기서 법이란 모든 종교나 철학, 정신세계에서 말하는 자연의 이치나 섭리 등과 같은 진리(眞理)를 뜻한다.

따라서 법운 삼매를 이룬 수행자는 신성(神性)한 진리(眞理)의 구름으로부터 신성한 진리의 비로 샤워를 하듯 언제나 진리(법, Dharma))의 축복 속에서 까르마 요가(karma yoga)를 완성해서 모든 업(業)은 소멸하고, 지혜의 요가(jnana yoga)를 성취하여 완전한 지혜를 얻어 모든 것으로부터 초월(akusida)한 완전한 상태를 말한다.

ततः क्लेशकर्मनिवृत्तिः ॥

'tatah klesa karma nivrttih'

'따따 끌레사 까르마 니브르띠'

'그리고 나면(tata) 고통의 원인(klesa)과 업(karma)의 축적이 종말(nivrtti)을 고하게 된다.'

해석 ; '따따(tata)'는 그리고 나면 혹은 그 이후, '끌레사 (klesa)'는 다섯 가지 고통의 원인, '까르마(karma)'는 업, ' 니브르띠(nivrtti)'는 종료 혹은 종결, 중단하다 로 풀이하다.

주:- 4/29절의 법운 삼매에 이르면 더 이상의 무지(avidya) 에서 벗어나게 되고, 더 이상의 업(karma)을 짓지 않게 된 다. 따라서 수행자는 지혜의 요가를 완성하고 까르마 요가 를 완성하여 윤회에서 벗어나고 고통과 괴로움에서 벗어나 모든 것으로 부터 초월한 자유인으로서의 삶을 누릴 수 있 게 된다.

업(karma)의 축적이란, 내가 유전적으로 물려받은 것을 포함하여, 윤회설에 따른 전생의 삶에서 지은 업과 살아오 면서 알게 모르게 지은 업 등과 같은 내 몸과 마음에 축적 되어 있는 업장(業障)들이다. 이들 업장은 수련 또는 수행, 고행이라는 과정을 거치면서 정화되고 소멸되었을 때 해탈 (moksa)과 독존(kaivalya)도 이루어진다.

지금까지 수련해 오는 과정을 전체적으로 정리를 해 보

면, 수행하는 방법은, 가장 먼저 하나의 대상을 가지고 그 대상에다 집중을 해 주면서 그 집중력 훈련을 통해 외부 지향적인 마음을 내면으로 이끌어 심리적 안정감과 평화를 얻는 수련과정을 1/30절부터 1/39절까지 설명을 하고 있다. 예를 들면 1/36절은 내면의 빛에, 1/37절에는 감각에...

그리고 나면 2장부터는 내면으로 들어온 의식을 총체적이면서 더 구체적인 무지(avidya)로 대표되는 끌레샤를 끄리야 요가를 통해 제거하고 <2/1절부터 2/9절까지>, 나아가 우리 몸을 구성하고 있는 5대 조대원소와 감각기관, 그리고 본질적인 구성요소인 뿌루사와 쁘라끄르띠를 대상으로 수련해 줌으로서 그동안 축적되어 있던 까르마(업, 業)를 완전히 소멸하고, 윤회의 사슬고리를 끊어 윤회로 부터도 벗어나고 참자아를 찾고, 참자아를 찾는데 만 그치는 게 아니라 참 자아에 대한 의식을 확고하게 확립하는데 까지 이르고 있다. 따라서 본 구절에서 말하는 끌레샤와 업(業. karma)의 종말(終末)을 고한다는 것은 자기 자신의 참 자아(atman)의 확실한 확립과 정착을 의미한다.

이것은 자신의 정체성(正體性)과 흔들림 없는 불혹(不惑)의 철학(哲學)을 의미한다.

तदा सर्वावरणमलापेतस्य ज्ञानस्यानन्त्याज्ज्ञेयमल्पम्॥

'tada sarva avarana mala apetasya jnanasya anantyaj jneyam alpam'

'따다 사르와 아와라나 말라 아뻬따스야 즈나나스야 아난뜨아즈 즈네얌 알빰'

'그러고 나면(tada) 지혜(jnana)를 가리고(avarana)있던 모든(sarava) 부정한 것(mala, 장애물)들이 사라지고(apeta) 무한한(anantya) 지혜를 얻어 앎에 대한 가치(jneya)가 작아진다(alpa).'

해석 ; '따다(tada)'는 그러고 나면, 사르와(sarva)'는 모두, '아와라나(avarana)'는 가리개 혹은 덮개, '말라(mala)'는 불순물(장애물), '아뻬따(apeta)'는 제거하다 혹은 ~로부터 해방되는, '즈나나(jnana)'는 지혜, '아난뜨야(anantya)'는 끝이 없는 무한한, '즈네야(jneya)'는 앎의 가치, 알빠(alpa)'는 작은, 으로 풀이한다.

주:- 다르마 메가 사마디를 이룬 요가 수행자는 우주의 진리와 이치를 깨닫게 되어 더 이상 알고 싶은 것도 없고 관심도 사라진다. 그리고 그에게는 새로운 지식에 대한 궁금증도 없어진다. 왜냐면 새로운 지식이라 한들, 이미 그가 알고 있는 범위를 벗어나지 못하기 때문이다. 이러한 현상은 다르마 메가 사마디를 경험한 수행자의 의식세계는 무한한 의식의 확

장이 오면서 그 한계가 없기 때문이다.

한편으로 수행자의 의식은 모든 불순물과 장애물들이 제거된 상태이기 때문에 어떤 현상이나 어떤 사물을 볼 때 있는 그대로를 보게 된다. 보통 사람들의 경우 이미 앞에서도 설명되었지만 의식(citta)의 차이(bhedat)에 따라 인식(pantha)하는 게 제각각(vibhakti)이라 하였고<4/15절>, 의식이 어떻게 착색(uparaga)되어 있는 가에 따라 사물(vastu)의 본질을 알 수(jnana)도 있고 모를(ajnana) 수도 있다. 라고 했다<4/17절>.'

따라서 여기서는 이미 모든 불순물과 장애물을 벗어버린 수행자의 의식은 순수의식<4/17절 참조> 그 자체이기 때문에 있는 그대로를 보게 되면서 '산은 산이요, 물은 물인 것'으로 표현할 수가 있는 것이다.

그래서 진리는 멀리 있는 것이 아니라 우리 주변에 있는 산과 들처럼 가까이 있지만 무지(avidya)가 눈앞을 가리고 있기 때문에 멀리 찾아 헤매는 것이다.

4-32 절

ततः कृतार्थानां परिणामक्रमसमाप्तिर्गुणानाम् ॥

'tatah krta arthnam parinama krama samaptir gunanam'

'따따 끄르따 아르땀 빠리나마 끄라마 사맙띠르 구나남'

'그 때부터(tata) 구나(guna)들의 목적(artha)은 성취(krta) 되었고, 계속(krama)되던 전변(parinama)은 끝이(samapti) 난다.'

해석 ; '따따(tata),는 그 때부터, '끄르따(krta)'는 채우다 혹은 성취하다. '아르타(artha)'는 목적, 빠리나마(parinama)는 전변, '끄라마(krama)'는 과정 혹은 순서, 연속, 계속, '사맙 띠(samapti)'는 끝 혹은 종결, 결말, '구나(guna)'는 근본 구성 물질, 로 풀이한다.

주:- 이 구절에서 말하는 구나(gunas)들의 목적은 무엇일까?

먼저 구나들의 목적을 말하기 전에 구나들의 특징을 알아보면,

첫째, 구나들은 만물의 창조적 근본 물질로서 항상 움직이는 동력인(動力因)이다.

둘째, 구나들은 사뜨와(satva), 라자스(rajas), 타마스(tamas)라는 세 가지로 구성되어 있고, 이들 각각은 희고, 밝으며, 조화로움과 안정감을 나타내는 것이 사뜨와적 기질이며, 라자스는 붉고, 가벼우며, 활동적이며, 불안하다. 타마스는 검고 무거우며. 어둡고, 모든 것을 지연시킨다. 이들은 끊임없이 움직이면서 새로운 물질을 창조해 내면서 그 물질의 특성들은 이들 세 구나의 구성 비율에 따라 그 물질의 특성이 나타난다.

셋째, 이들 구나들은 어떻게 개발 하느냐에 따라 변할 수 있는 변화(전변)의 주체이며, 변화된 물질은 구나들의 목적이 성취된 결과물이다.

예를 들어, 우유를 오래 보관하였더니 그 맛이 상했다든지,

우유로 치즈를 만들었다든지, 감자를 땅에 묻었더니 싹이 새로 나서 감자가 달렸다든지 하는 등의 모든 변화는 구나들의 작용이다. 마찬가지로 사람이 변했다고 하는 것도 같은 이치이다.

넷째, 이러한 변화(전변, parinama) 자체가 구나의 특성이자 목적이다.

다섯째, 쁘라끄르띠를 구성하고 있는 구나(guna)들의 시작도 끝도 없으면서 변화하면서 영원하다.

여섯째, 이러한 변화하는 구나들의 특성은 궁극적으로 불안과 갈등, 고통을 수반한다.

따라서 인간을 포함한 모든 삼라만상은 이러한 변화를 겪으면서 무상한 존재로서 항상 불안함을 느낀다.

그런데 병의 원인을 알면 치료가 가능한 것처럼, 이러한 개념들을 머리로만 이해한다면 이것은 어디까지나 관념론일 뿐이다. 그래서 요가에서는 명상을 통해 이러한 원리를 확인 가능하다는 것을 보여준다. 뿐만 아니라, 3/44절, 3/45절을 참고해보면, 크고 작은 우리 몸의 구성 물질을 대상으로 삼야마(명상)을 하게 되면, 그 물질의 특성을 알 수 있고, 심지어는 그 물질들을 마음대로 조절할 수 있는 능력도 얻을 수 있다고 말한다. 여기서 말하는 크고 작은 물질(요소)들은 모두 쁘라끄르띠로 구성되어 있다.

이 말은 구나들을 포함하고 있는 쁘라끄르띠를 내 마음대로 조절 하면서 내가 원하는 대로 할 수 있다는 의미이다. <3/44절, 3/45절>

이와 같이 구나들의 특징과 목적은 물질들을 다양하게 변화시키는 전변이 목적이지만 수행자가 그 전변하는 원인을 파악하고 조절 할 수 있는 능력을 가짐으로서 구나들의 작용을 완전히 무력화시키고 전변을 근본적으로 이해하고 알아차림으로 구나들을 완전히 정복하게 됐다는 의미를 역설적이면서 은유적으로 '구나들의 목적은 성취되었고 전변은 끝이 난다.' 라고 표현한 것이다. 그렇다고 전변이 일어나지 않는 것은 아니다. 그러나 이미 구나와 전변의 기능들을 파악하고 있는 수행자에게는 구나들의 전변이 아무런 영향을 미치지 못한다.

다르게 표현하면 괴로움과 불안을 조장하던 변화는 모든 것이 구나들의 장난 이었던 것을 알게 되었고, 그 장난이 누구의 장난인지를 아는 순간 장난은 멈추어졌고, 그 결과 전변이 멈추고 불안도 해소되었으며 자유로움과 평화만이 느껴지는 것이다.

4-33 절

क्षणप्रतियोगी परिणामापरान्तनिर्ग्राह्यः क्रमः ॥

'ksana pratiyogi parinama apara anta nirgrahyah kramah'

'크샤나 쁘라띠요기 빠리나마 아빠라 안따 니르그라흐야 그라마'

'찰나(ksana)의 끊어짐 없는 연속성(pratiyogi)에서 일어난 전변(parinama)의 결과(krama)는 최종 끝(aparanta)에서 확

인하게 된다(nirgrahya).'

해석 ; '크샤나(ksana)'는 순간 혹은 찰나, '쁘라띠요기(pratiyogi)'
는 상호의존 하는 혹은 끊어짐 없는 연속, '빠리나마(parinama)'
는 전변, '아빠라(apara)'는 궁극적인, '안따(anta)'는 끝, '니르그
라흐야(nirgrahya)'는 확인하다 혹은 이해할 수 있는. '끄라마
(krama)'는 연속, 혹은 결과로 풀이한다.

주:- 본문 **'찰나(ksana)의 끊어짐 없는 연속성(pratiyogi)'**이란,
모든 순간은 점이 연결되어 선이 되듯이, 마찬가지로 순간, 즉
찰라(ksana)의 순간이 연결되는 것을 '찰나의 끊어짐 없는 연
속성'이라 표현하였다. 변화라는 것은 이러한 순간순간에도 일
어나지만 우리가 순간순간에 일어나는 변화를 감지하는 것은
불가능하다. 그래서 어느 일정한 시간이 지나서야 어떤 일의
변화를 보고서 변화의 결과를 확인할 수 있다.

　예를 들어, 봄이 와도 새싹이 움을 틔워야 봄이 온 것을 실
감하게 되고, 또한 꽃 봉우리를 만들고 꽃을 피웠을 때 봄이
왔다는 것을 실감한다. 봄이 와서 새싹이 움을 틔우기까지의
순간순간의 과정이나, 움이 터는 과정이나 움이 터서 꽃 봉우
리가 맺히는 과정이나, 꽃 봉우리가 꽃을 활짝 피우는 과정의
순간순간을 우리는 관찰할 수가 없다. 매 마른 가지에서 움이
터 있는 변화를 보고 봄이 오고 있구나를 예상하고, 움이 터
있는 것을 보고, 한참을 지나 꽃 봉우리가 맺힌 것을 보고 꽃
이 필 것이라는 변화를 감지하고, 또 한참의 시간이 지나서 활
짝 핀 꽃이 핀 변화를 보고서야 꽃이 피었고 봄이 왔다는 것
을 실감한다. 이렇게 모든 것은 변화의 과정 순간순간을 일일
이 다 알아차리지는 못하지만 변화 즉 전변의 끄트머리인 움

이 터 있는 결과, 꽃 봉우리가 맺혀 있는 결과, 꽃이 활짝 핀 결과에서 우리는 그 변화를 확인 할 수 있다. 꽃 뿐 만아니라 변화무상한 삼라만상의 모든 일들이 이와 같이 변화의 끝에서 확인이 가능하다.

지금 여기서 말하고자 하는 영적 정신적 마음수련도 마찬가지이다.

의식자체는 변화무상하다. 변화무상함은 구나들의 특징이 운동성이기 때문이다. 그런데 운동성으로 인해 안정감이 없고 안정감이 없다 보니 불안하고, 결국에는 쇠퇴해 소멸해간다. 고 말한다.<4장14절 참고>

이렇게 변화하는 전변(parinama)과정을 명상을 해 보면 의식이라는 것이 얼마나 변화무상하게 시시각각 변화하는 지를 순간순간 느껴 볼 수가 있고, 그러한 과정을 겪은 후에야 비로소 최종적으로 경험하면서 확인 할 수 있는 것이 사마디(삼매 혹은 선정)이다.

사마디(samadhi)는 모든 움직임이 정지된다. 육체적 움직임도 정지하고 의식이나 잠재의식의 흐름도 정지한다.

역설적으로 이 정지(멈춤)를 통해 구나들의 전변을 깨닫게 된다. 정지는 전변의 끝에 있고 전변의 끝에서 확인 할 수 있다. 전변은 변화무상함이고, 그 변화무상함을 멈춘 순간이 사마디이고, 이 사마디를 진공묘유(眞空妙有)라 한다.

पुरुषार्थशून्यानां गुणानां प्रतिप्रसवः कैवल्यं स्वरूपप्रतिष्ठा वा
चितिशक्तिरिति ॥

'purusa artha sunyanam gunanam pratiprasavah
kaivalyam sva rupa pratistha va citi saktir iti'

'뿌루사 아르타 순야남 구나남 쁘라띠쁘라사와 까이발얌
스와 루빠 쁘라띠스타 와 찌띠 삭띠르 이띠'

'뿌루사(purusa)에 대한 목적(artha)이 사라진(sunya) 구
나(guna)들은 자기스스로(svarupa) 퇴화(pratiprasava)하고,
순수의식의 힘(citisakti)이 확립(pratistha) 되면서(va) 까이
발야(kaivalya, 독존)가 나타난다.

해석 ; '뿌루사아르타(purusartha)'는 뿌루사의 목적, '순야
(sunya)'는 공(空) 혹은 흥미가(아무것도)없는, '구나(guna)'
는 근본구성 물질, '쁘라띠쁘라사와(pratiprasava)'는 역 진
화, '까이발야(kaivalya)'는 해탈 혹은 독존, '스와(sva)'는
자신의, '루빠(rupa)'는 형태 '쁘라띠스타(pratistha)'는 확
립하다 혹은 자리 잡다. 토대, 기초, '와(va)'는 혹은, '찌띠
(citi)'는 의식, '삭띠(sakti)'는 힘, '이띠(iti)'는 끝, 이라 풀
이한다.

주:- 지금까지 사마디를 통해 분별지(vivekakhyatir)를 이루
고, 이 분별지를 통해 뿌루사와 의식(citta)의 차이를 분명하
게 인식하게 되었고, 이를 통해 요가에서 말하는 최상의 경지

인 다르마메가 사마디를 이룸으로서 수행자는 자신의 목표를 완성한 것이다.

이로서 쁘라끄르띠의 구성요소로서 구나들의 역할도 끝이 났다. 구나들의 역할은 다양하게 변화하는 의식의 주체였고, 그 다양한 의식의 변화를 통해 의식(개아, jivatma)자신이 마치 진정한 자아인양 행세를 하였지만 수행자가 수련한 강력한 명상의 결과 구나들의 활동을 대신한 의식 활동이 멈추자 그 때서야 비로소 순수의식이면서 참자아인 뿌루사의 본래모습을 드러내면서 관조자(drastuh)의 모습으로 나타난다.<1/3절>

이때 의식은 자신의 본래모습인 쁘라끄르띠로 회기하게 되는데, 여기 본문에서는 '**자기스스로(svarupa) 퇴화(pratiprasava)**' 하는 것으로 표현하였다. 본래 모습인 참자아인 관조자의 모습을 경험함으로서 비로소 까이발야(獨尊, 독존)을 체득하게 된다.

이것은 마치 사다리를 타고 올라가야 비로소 사다리 위에 무엇이 있는가를 알 수 있는 것과 같이, 수행자가 독존을 깨닫기 위해서는 의식이라는 사다리를 딛고 올라가야 비로소 의식과 독존(atman)을 깨닫게 된다.

독존을 경험한 수행자는 유유자적(悠悠自適) 대자유인(大自由人)의 삶을 누리게 된다.

<독존에 대한 자세한 내용은 3장 55절 참조>

요가 수행자가 추구하는 목표와 요가의 목적은 궁극적인 깨달음과 최고 최상의 지혜를 완성하는 것이다. 라고 4/29절에서 말하고 있다.

따라서 요가수트라의 대미(大尾)를 장식하는 이 구절은 깨달음으로 인한 해탈을 만물의 생성원리인 상캬철학의 25원리인 뿌루사와 쁘라끄르띠의 결합에 의해 생성된 개체 혹은 개아를 삼매를 통해 분별지를 얻고, 이 분별지를 통해 뿌루사와 쁘라끄르띠의 본질을 알 수 있고, 결국은 뿌루사의 본래의 모습을 확인함으로서 마무리된다.

그 확인하는 과정이 마음 작용의 지멸<1/2절>을 가져오는 삼매<1/42~49절>이고, 삼매를 통해 분별지(vivekakhyater)를 얻어 의식을 비롯한 뿌루사와 쁘라끄르띠의 본질을 알고, 모든 혼돈에서 벗어나 최종적으로 뿌루사와 쁘라그르띠의 결합에 의해 형성된 의식을 비롯한 모든 존재들은 본래의 자리로 회기(回期)하여 쁘라끄르띠로 되돌아가고, 뿌루사 만이 그 참 모습으로 홀로 남아 존재[drastuh(관조자) = kaivalya(독존)] 하는 것<1/3절>으로 요가수트라를 종결한다.

- 끝 -

감사의 글

오래전부터 요가를 수련 해오고 그 요가를 통해 많은 혜택을 입은 한 사람으로서 다른 사람들에게도 요가의 혜택을 나누기 위해서는 어떤 방법이 있을까를 고민하다가 여러 사람이 함께 하기에는 책만큼 좋은 게 없을 듯하여 '하타요가쁘라디피카'를 편역하게 되었고, '요가마르가'도 출판하게 되었다.

이 책들을 출판하게 되면서 요가수트라는 자연스럽게 참고하게 되었고, 그 참고한 자료들이 쌓이면서 요가수트라 전체를 어렵지 않게 번역하게 되었다.

이미 다른 책에서도 언급하였지만 요가는 역사(歷史) 이전부터 존재하던 문화와 전통으로 역사 그 자체이면서 최고(最高)의 학문이자 철학이다. 그래서 비록 이 책은 기껏해야 195구절뿐이지만 한 구절 한 구절 뒤에 내포되어 숨어있는 의미는 무궁무진하다. 그도 그럴 것이 수 천 년 동안 요가의 성인(聖人)들에 의해 전해져 내려오던 내용을 한권의 책으로 엮어 놓았으니 그 뜻은 아무나 쉽게 이해 할 수 있는 것들이 아니었다.

그래서 해석하는 사람에 따라 그 내용이 달라질 수 있는데 무엇보다 중요한 것은 정신세계는 단순한 지적인 이해만으로 알 수 있는 부분이 아니라 실천 수련한 결과 경험을 통한 체득되어진 사람만이 이해 할 수 있는 부분이라 어떤 번역서는 번역서를 읽으면서도 번역서 자체가 이해가 안 되는 아이러니를 느끼면서, 그 동안 모아놓은 자료를 정리하여 이렇게 세상에 빛을 보게 되었다. 이 책은 최대한 이해하기 쉽게 쓰려고 노력하였다.

그러나 모든 것은 완벽할 수 없다. 이 책 역시 부족하고 잘못된 부분에 대한 질책과 조언은 언제나 겸허하게 받아들이고, 이 책에 대한 토론의 장도 마다하지 않겠다.

그러면서 어언 30년 가까이 수련해온 비빠사나 명상과 요가를 통한 체득되어진 경험이 밑바탕이 되어 이 책을 번역하고 해석하는데 너무나 커다란 도움이 되었고, 내 자신의 삶은 말할 필요도 없다.

요가를 하는 분들이나 남녀노소 누구나 할 것 없이 모든 분들이 이 책을 읽고 삶의 지혜를 터득하는데 보탬이 되었으면 더할 나위 없겠다.

결과가 있으면 과정이 있게 마련으로 이 책이 나오기 까지 많은 분들의 도움이 있었습니다. 그 중에 요가 진흥회 이 영경 부회장은 물심양면으로 큰 도움을 주셨고, 그리고 바쁜 와중에도 이 책을 디자인 해 주신 김 경희 선생께도 감사를 드립니다. 또한 비빠사나 명상이 맺은 인연으로 김 경희 선생을 소개하여 주신 김 민정 선생께도 깊이 감사드립니다. 그리고 이 책의 인쇄를 위해 어려운 결정을 내려주신 지혜의 나무 이 의성 선생께도 무한한 감사를 드리고, 마지막으로 진흥회 부회장 이 영경 선생의 강건함을 다시 한 번 기원 드립니다.

All Being Be Happy!   2019. 6. 20

오 경 식

오 경 식
출생 -

✿ 경남 거창

학력사항 -

✿ 인도 바라나시 산스크리트 대학교 Certificate Course 1년 수료

✿ 인도 바라나시 Hindu 대학교 인도 철학과 졸업

✿ 인도 깐뿌르 C. S. J. M University 철학과 석사 졸업

✿ 동아대학교 체육학과 응용과학 생리학 박사 과정 수료

요가 및 명상 수련 일지 -

✿ 인도 뿌나 B. K. S. 아엥가 요가 스쿨 수련

✿ 인도 뿌나 Sunjeevan Yoga Darsan 요가치유센터 수련

✿ 인도 나식 Yoga Vidiya Dham 수련

✿ 인도 리쉬케쉬 빠르마르타 니케탄 수련

✿ 인도 뱅갈로르 S-VYASA 요가 대학 수련

✿ 인도 마이소르 만달라 요가 샬라 수련

✿ 인도 뉴델리 MDNIY 요가대학 수련

✿ 인도 알라하바드 Vihangam 요가 수련

✿ 인도 이갓뿌리(담마기리) Vipassana 10day 코스 및 Satipatthana 코스 다수 수련

저서 및 공저 -

- 하타요가쁘라디피카 (2009)

- 마흔 젊음을 지켜주는 생활요가 (2009) 공저

- 요가마르가 (2014)

요가 수트라

초판발행 : 2019년 6월 25일

편역자 : 오경식

발행인 : 오경식

펴낸 곳: 아까시

등록번호 : 제 2016-000008 호

Isbn : 978-89-962675-2-2

주 소 : 부산광역시 해운대구 대천로 28(중동145-5)

전 화 : (051) 744-8114

Mobile : 010-3732-5597

정가 : 25,000원